Albert Kloss

Das Wissen der Mönche

«Die Gelehrsamkeit bewegt sich in den Formen des vorausgegangenen Priestertums.»

Oswald Spengler (1880-1936)
in: «Der Untergang des Abendlandes» (1917)

VIA·VERITAS·VITA

Albert Kloss

ALBERT KLOSS

Das Wissen der Mönche

Die Wurzeln der modernen Zivilisation

Der Beitrag von Geistlichen zur Entwicklung der Wissenschaften

CHRISTIANA-VERLAG
STEIN AM RHEIN

Albert Kloss, 1931 in Prag geboren, studierte dort an der Technischen Fachhochschule und der Karls-Universität. Dann wirkte er als Ingenieur; zuerst in Prag, nach 1968 dann in Baden, Schweiz. Hier gab er auch Vorlesungen an der Technischen Fachschule in Winterthur und der technischen Akademie in Wuppertal, Deutschland. Darüber hinaus hielt er Vorträge an zahlreichen internationalen Konferenzen, wie in Japan, den USA, Kanada, England, Belgien und Italien. In der ersten beruflichen Periode gehörte zu seiner Tätigkeit hauptsächlich die Vakuumtechnologie, Halbleitertechnik und elektrische Traktion. Im zweiten beruflichen Lebensabschnitt ging es um Leistungselektronik und Netzbeeinflussungsprobleme.
Nebenberuflich widmete er sich intensiv sowohl der Geschichte der Technik und der Naturwissenschaften als auch gesellschaftsphilosophischen Fragen. Zu diesen Themen publizierte er sowohl Dutzende von Artikeln, wie «Geschichte der Entwicklung der Elektrotechnik der Schweiz», «Die Rolle der Frau in der Geschichte der Elektrotechnik», «Elektriker im Priesterrock», «Technik und Glaube» oder «Unfall im Paradies», als auch mehrere Bücher, wie «Von der Electricitaet zur Elektrizität», «Vom Windwagen zum Elektromobil» oder «Geschichte des Magnetismus». In seinen Publikationen erinnerte er stets an die hervorragenden wissenschaftlichen Leistungen der Geistlichen.
Der Autor ist verheiratet, hat zwei Töchter und fünf Enkelkinder. Er ist Schweizer Bürger und lebt seit Jahrzehnten in Fislisbach, Aargau. In der Freizeit beschäftigt er sich neben der Geschichte mit Philosophie, Theologie und mit der Astronomie.

1. Auflage 2008

CH-8260 STEIN AM RHEIN/SCHWEIZ

Satz und Layout: CHRISTIANA-VERLAG
Druck: Rub Graf-Lehmann AG, Bern –
Printed in Switzerland

Bibliografische Information
der Deutschen Nationalbibliothek

Die Deutsche Nationalbibliothek verzeichnet diese Publikation in der Deutschen Nationalbibliografie; detaillierte bibliografische Daten sind im Internet über http://dnb.d-nb.de abrufbar.

ISBN 978-3-7171-1132-0

Inhalt

Einführung:
Die Entwicklung der modernen Welt begann hinter Klostermauern ... 9

Flammarions Mönch
Ein Holzschnitt als Verbreiter des Schlagwortes von der Antiwissenschaftlichkeit der Kirche ... 14

NATURWISSENSCHAFTEN UND TECHNIK

Am Anfang war die Genesis
Die Bibel als Ansporn zum wissenschaftlichen Denken – der heilige Augustinus ... 20

Es waren Mönche, die das «finstere Mittelalter» erleuchteten
Albertus Magnus – der große Mönch und Schutzpatron der Naturwissenschaftler ... 29

Der Finger Gottes
Des Augustiners Neckam erste Kompassbeschreibung ... 38

Heliozentrismus – Eine Schöpfung der Geistlichen
Kardinal Cusanus, Kanonikus Kopernikus und Pater Riccioli ... 45

Astronomie der Nichtkopernikaner
Von den Sonnenflecken zu den Schwarzen Löchern und zum Big Bang ... 55

Geistliche Atomphysik
Von Bacon und Albertus zu Cusanus und Boskovich ... 61

Kardinäle sehen besser
Die Brille und andere Erfindungen des Mittelalters ... 67

Pfarrer kämpfen gegen Blitze
Blitzableiter und Elektrisiermaschinen ... 70

Große Männer in kleiner Sekte
Der lange Weg zum Elektromagnetismus ... 81

Ein Abbé baut den ersten Telegraphen
Von der Feuer- zur Bildtelegraphie 85

Von der Kirchenuhr zur Rechenmaschine
Abt Richard von Wallingford, Vikar Wilhelm Schickard und Pfarrer Philipp Matthäus Hahn 91

Kirchendiener rechnen schneller
Von doppelter Buchführung zur Unendlichkeit 96

Auch Berge wachsen
Hildegards «Physica» und Stensens «Vom Festen im Festen» 103

Genforschung im Klostergarten
Der Augustiner Johann Gregor Mendel, der Piarist Jan Evangelista Purkyne und Pfarrer Thomas R. Malthus 106

Der vatikanische Zeitsprung
Das Osterproblem: vom Mönch Dionysius Exiguus zu Papst Gregor XIII. 111

Klosterheilkunde
Von Hildegard von Bingen zu Pfarrer Sebastian Kneipp ... 120

Der Pater, der alles wusste
Athanasius Kircher 124

Mönche als Technologen und Bierbrauer
Inständiges Gebet und harte Arbeit 130

Die Kirche und die Pseudowissenschaften
Der Himmel der Theologen, Astronomen und Astrologen 138

Das Wissen der Ketzer
Origenes und Giordano Bruno 146

Der letzte gelehrte Jesuit
Teilhard de Chardin 155

Geisteswissenschaften und Kultur

Von Klosterschulen zu Jesuitenuniversitäten
Alkuin, Petrus Canisius und Johann Amos Comenius 158

Sprachforschung in der klösterlichen Stille
Benediktiner, Jesuiten und Pfarrer begründen die Wissenschaft der Landessprachen 163

Bischöfe und Science Fiction
Vom heiligen Thomas Morus zu den Bischöfen Wilkins, Godwin und Comenius 168

Die Geistlichen und die Kultur
Literatur, Kunst, Theater und Musik der Geistlichen 175

Chronisten und Historiker
Von Eusebius zu Priestley 184

Geistliche Geographen und Meteorologen
Papst Pius II., der Jesuit Marquette und der Benediktiner Steinlehner 195

Kolumbus und die Franziskaner
Warum Kolumbus nicht heilig gesprochen wurde 204

Priester gegen Sklaverei und Tierquälerei
Der Dominikaner Las Casas, der Jesuit Petrus Claver und die Pietisten Dann und Knapp 209

Die Söhne und Schüler der Geistlichen
Leonhard Euler, Samuel Finley Breese Morse und Sherlock Holmes 213

Vom Morgenrot zur Gewitternacht
Das Ende des monastischen Zeitalters 222

Epilog 225

Literatur 227

Zeittafel: Pionierleistungen der Geistlichen 230

Anhang 247

Dieses Buch konnte nur dank der sprachlichen Bearbeitung des Teams vom CHRISTIANA-VERLAG, der technischen Hilfe von Dr. Georg Mastner und der Initiative meiner Frau Galina verwirklicht werden.

Der Autor

Einführung

Die Entwicklung der modernen Welt begann hinter Klostermauern

Wir leben in einer hochtechnologischen Umwelt. Wir genießen ihre Vorteile und halten den Fortschritt für einen selbstverständlichen Vorgang, ohne uns darüber Gedanken zu machen, wie es eigentlich dazu gekommen ist. Überzeugt, dass wir viel mehr als die vorherigen Generationen wissen, lächeln wir über die Unkenntnis unserer Großväter, ahnen dabei aber nicht, dass unser individuelles Wissen im Verhältnis zum kollektiven Wissen der Menschheit stetig abnimmt.

Wir benutzen zwar immer mehr technische Neuheiten, verstehen das Neue aber immer weniger. Fragen, woher das alles eigentlich stammt und warum uns heute Dinge zur Verfügung stehen, von denen unsere Vorfahren nicht einmal träumen konnten, stellen wir uns nur selten – und wenn, dann beantworten wir sie meist nur mit bewährten Schlagworten. Und da das Neue oft schwer zu verstehen ist, wenden sich viele dem Aberglauben, der Esoterik und der Astrologie zu.

Von den unzähligen Forschern, Entdeckern und Erfindern der Vergangenheit, die unsere moderne Gegenwart schufen, sind uns nur einige bekannt. Dass viele von ihnen Geistliche waren, wissen wir nur in seltenen Fällen.

Als die Europäische Union für die Weltausstellung 1967, die auf dem amerikanischen Kontinent stattfand, die Publikation «Große Europäer» herausgab, hat sie zwischen den hervorragenden Gelehrten auch mehrere Geistliche wie den heiligen Albertus Magnus, den Jesuitenpater Christophor Scheiner oder den Dominikanermönch Tommaso Campanella vorgestellt. Aber bei keinem von ihnen wurde ihr geistlicher Stand erwähnt.

Es ist uns Heutigen kaum bewusst, dass die Grundlagen der modernen Natur- und Geisteswissenschaften größtenteils von Geistlichen gelegt wurden.

Jahrhundertelang bildeten Mönche, Priester, Bischöfe, Kardinäle und sogar Päpste und Heilige das Rückgrat des kulturwissenschaftlichen Fortschritts.

Sie wirkten sowohl als Astronomen, Mathematiker und Physiker, wie auch als Biologen, Geographen und Sprachforscher.

Die Geistlichen forschten hinter den Mauern der Klöster und Pfarrhäuser spontan, freiwillig und ohne jeglichen Lohn oder eine Aussicht, dass sie einmal berühmt werden könnten. Meist jung, wurden sie nur durch den Glauben und die Neugier getrieben. Niemand hat ihre Forschung organisiert oder geplant. Und es standen ihnen praktisch auch keine technischen Hilfsmittel zur Verfügung. Sie schrieben ihre Bücher mit Gänsefedern bei Kerzenlicht und der einzige Computer, den sie benützen konnten, war ihr eigenes Gehirn.

Dass sie dabei fähig waren, Sonnenfinsternisse auf die Minute genau jahrelang voraus zu berechnen, können wir uns heute kaum vorstellen. Es war aber ein Geistlicher, der die Sonnenflecken entdeckte. Der Benediktinermönch Guido von Arezzo (992-1050), Musiktheoretiker und Lehrer an der Kathedralschule von Arezzo, führte die Notenschrift (Notation auf vier Linien) in die Musik ein. Es waren Geistliche, die den heutigen Kalender begründeten und die ersten Uhren in Kirchtürme hängten.

Es war ein Mönch, der den magnetischen Kompass zuerst beschrieben hat, und ein Pfarrer, der die ersten Elektrisier- und Rechenmaschinen baute. Und – kaum vorstellbar – der Gedanke, dass sich die Erde bewegt, ist zuerst einem Kardinal gekommen. Dass mehr als dreißig Mondkrater noch heute Jesuitennamen tragen, beweist, wie hoch das Niveau der geistlichen Wissenschaft damals war. Schließlich war auch der Schöpfer des neuzeitlichen Weltbildes, Kopernikus, ein Geistlicher.

Wer weiß schon, dass der Autor der Utopie, Thomas Morus, im Lexikon der Heiligen aufgeführt wird, oder dass der erste Science-Fiction-Roman von John Wilkins, dem Bischof von Chester, stammt. Geistliche entwickelten die Telegraphie, erfanden die elektrische Energiespeicherung und führten sogar die Atomlehre in die neuzeitliche Physik ein.

Ohne die Hilfe der Geistlichen hätte Christoph Kolumbus Amerika nie entdecken können. Das erste Wissen über andere Kontinente haben uns Missionare gebracht. Sogar die Genforschung hat in einem Kloster mit Gregor Mendel ihren Anfang genommen. Auch die Nationalhymne der Schweiz wurde in einem

Kloster komponiert, nämlich vom Urner Komponisten und Priester Alberik Zwyssig (1808-1854).

Und: die Blume Kamelie erhielt ihren Namen nicht zu Ehren einer Dame, sondern eines Mönchs namens Camellus, der den Pillnitzer Kamelienbaum im Jahre 1639 auf den Philippinen fand. Anno 1751 hat der Botaniker Carl von Linné den Mönch Camellus mit dieser Namensgebung ehren wollen.

Die Wurzeln unseres Bildungssystems liegen in den Kloster- und Kathedralschulen. Zahlreiche Forscher erhielten ihre Ausbildung in Jesuitengymnasien.

Viele Mathematiker kamen aus der päpstlichen Universität. Und sie haben die Wissenschaft auch popularisiert; das welterste naturwissenschaftliche Museum hat ein Pater gegründet.

Die erste industrielle Revolution spielte sich in den Klöstern ab. Die Benediktinerregel «Bete und arbeite» führte zu regelmäßiger Beschäftigung und so zu einem neuem Zeitgefühl; ein Mönch erfand die Glocken. Die Mönche bauten mechanische Mühlen, produzierten Eisen und stellten Ziegel her. Die katholischen Geistlichen lebten zwar zölibatär, waren aber nicht lebensfremd: Sie gehörten zu den Ersten, die Bier und Champagner herstellten.

Die insbesondere in intellektuellen Kreisen verbreitete These von einer wissenschaftsbremsenden Rolle der Kirche des lateinischen Christentums ist deshalb historisch unhaltbar. Im Gegenteil, ein weltweiter Vergleich zeigt, dass in keiner anderen religiösen Einflusszone in dieser Zeitspanne größere technisch-wissenschaftliche Erfolge erreicht wurden als im westlichen Christentum.

Dies offen zu legen und ins Bewusstsein zu rücken ist das Hauptanliegen des Buches.

Hinweise für den Leser

Es ist nicht leicht, wissenschaftshistorische Lektüre zu lesen, insbesondere wenn es sich dabei um den Zusammenhang mit der katholischen Kirche handelt. Schon bei den Personennamen findet man in der Literatur oft ganz unterschiedliche Varianten, die meistens davon abhängen, in welcher Sprache – der Landessprache, Deutsch, Lateinisch, Englisch o.ä. – sie geschrieben wurden. Ein Wilhelm kann so auch als William oder Guillaume erscheinen und der Autor muss sich entscheiden, welchen Namen er wählt. Auch bei den Ortsnamen bestehen manchmal große Differenzen. Viele antike Städte wurden entweder umbenannt oder es gibt sie nicht mehr. Einige Orte werden in der entsprechenden Landessprache, andere wieder in der deutschen Fassung angegeben. So findet man auf heutigen Landkarten anstelle von Breslau Wroclaw, anstelle von Ragusa Dubrovnik und anstelle von Brünn Brno.

Schwierigkeiten entstehen weiter bei der Bestimmung der Nationalität. Da viele der heutigen Nationalstaaten andere Grenzen als noch vor fünfzig oder hundert Jahren haben, kann man einer historischen Person entweder die heutige oder die Nationalität, die sie zu Lebzeiten hatte, zuschreiben. Oder man kann sich nach der Muttersprache, der Abstammung, der später angenommenen Staatsangehörigkeit oder dem längsten Aufenthalt der betreffenden Person in einem Lande richten. Oft hängt daher die Nationalität der historischen Person von der Nationalität des Historikers ab. Man kann zum Beispiel den Begründer der Genetik Gregor Mendel als einen Deutschen, Österreicher oder Tschechen betrachten .

Schließlich stehen auch die beruflichen und kirchlichen Eigenschaften der Personen dem Historiker frei zur Wahl. Ob man jemanden als Mönch, Priester, Theologen, Bischof oder Heiligen bezeichnet, hängt davon ab, über welchen Lebensabschnitt man berichtet und was man betonen will. So kann man beispielsweise genau genommen über den heiligen Albert den Großen erst nach 1931 sprechen.

Heute werden allerdings oft die kirchlichen Bezeichnungen weggelassen und nur die beruflichen Angaben betont, wobei auch hier die Sicht des Historikers maßgebend ist. Man kann ein und denselben Gelehrten als berühmten Philosophen, Mathematiker, Astronomen oder Astrologen vorstellen. Nicht alle, die wir als Geistliche bezeichnen, blieben das ganze Leben ihrem Stand treu. Das gilt auch umgekehrt; viele Laien wechselten erst in der zweiten Lebenshälfte ihren Stand und wurden Geistliche.

Und da kein Mensch von Jugend auf das ganze Leben lang genau die selbe Meinung hat, kann man durch die Wahl der Zitate aus seinen Schriften – und da spielt auch noch die Art der Übersetzung eine wichtige Rolle – unterschiedliche Schlüsse ziehen. Niemand, auch der zukunftsweisendste Wissenschaftler nicht, konnte je seine Zeit verlassen; nur ein sehr kleiner Teil seiner Arbeit war wirklich neu und progressiv. Zum größten Teil haben sich alle, Kopernikus, Newton und Einstein inbegriffen, geirrt.

Jemandem Bestimmtes eine Entdeckung zuzuschreiben, ist nicht immer einfach und es gibt in der Geschichte nur wenige Entdeckungen und Erfindungen, die unbestritten sind. Denn eine unbewusste, falsch interpretierte oder nicht publizierte Beobachtung ist noch keine Entdeckung. Da viele Entdeckungen und Erfindungen quasi «in der Luft liegen», kommt es sehr oft zu einer Mehrfachentdeckung. Solange es beispielsweise keine Teleskope gab, konnte niemand Sonnenflecken entdecken. Nach deren Erfindung wurden sie aber von drei Astronomen praktisch gleichzeitig bemerkt. Da sich das jeweils ohne Zeugen oder glaubwürdige Registrierung abspielte, abgesehen davon, dass man zuerst noch glaubte, es seien eigentlich keine auf der Sonnenoberfläche liegenden Objekte, sondern neue, in der Nähe der Sonne umlaufende kleine Planeten, ist es schwierig, den «wahren» Entdecker festzustellen.

Die Kapitel des Buches sind jeweils einem bestimmten Thema gewidmet. Man kann daher nach individuellem Interesse das Werk in frei gewählter Reihenfolge lesen oder es einfach als eine Enzyklopädie nutzen. Um dies zu erreichen, werden ab und zu die selben Fakten in unterschiedlichen Kapiteln kurz wiederholt.

Flammarions Mönch

Ein Holzschnitt als Verbreiter des Schlagwortes von der Antiwissenschaftlichkeit der Kirche

Es ist die bekannteste Abbildung mit astronomisch-historischer Symbolik, die es je gegeben hat: einem mittelalterlichen Mönch gelingt es, auf der Erdscheibe das Ende der Welt zu erreichen, das Himmelsgewölbe zu durchbrechen und einen Blick in die Tiefen des fremdartigen Universums zu werfen. Der Holzschnitt ist so symbolträchtig, dass er mehr als hundert Jahre lang nicht nur den Astronomen, Kosmologen und Astrologen, sondern auch den Philosophen, Historikern, Psychologen und Pädagogen als die anschaulichste Darstellung des mittelalterlichen Weltbildes diente. Denn, dass sich die geistlichen Gelehrten des damaligen «finsteren Mittelalters» den Kosmos so und nicht anders vorgestellt haben, wird kaum bezweifelt.

Das Bild erschien zum ersten Mal 1888 in der «Atmosphäre», einem Buch über populäre Meteorologie von Camille Flammarion. Der Autor spricht dort von einem naiven mittelalterlichen Mönch, der erzählt haben soll, dass er den Punkt erreicht hätte, wo sich der Himmel mit der Erde treffe, und dass er dabei die Fixsternensphäre durchbohrt habe. Dies sei, so Camille Flammarion ironisch, selbstverständlich ein Unsinn, denn die flache Erde und ein himmlisches Gewölbe existierten doch nur in den Köpfen der Theologen.

Camille Flammarion war der berühmteste Astronom des 19. Jahrhunderts und einer der erfolgreichsten Buchautoren Frankreichs. Er gründete die Französische Gesellschaft für Astronomie und war auch bekannt durch seine Ballonfahrten und spiritistischen Seancen. Obwohl katholisch getauft, betrachtete sich der Astronom später nicht mehr als Christ. Seine religiöse Einstellung war sogar ausgesprochen antiklerikal: «Alle Kirchen sind Gefängnisse des Geistes» und «Die Theologen stehen immer in Opposition zur Wahrheit», schrieb er und plädierte für eine Religion der Wissenschaften: «Es ist an den Astronomen, eine Religion der Zukunft zu gründen.»

Den Kampf für eine wissenschaftliche Religion führte Flammarion allerdings mit sehr unwissenschaftlichen Methoden: Er unterstellte den mittelalterlichen Theologen Meinungen, die sie nicht hatten, und stellte das Mittelalter verzerrt dar. Das war zwar in seiner Zeit bei den Intellektuellen gängige Meinung; mit den historischen Tatsachen hat es aber wenig zu tun. Schon die Darstellung der Erde als einer Scheibe, wie es das Bild zeigt, gehörte keineswegs zur herrschenden Weltanschauung der Gelehrten des christlichen Mittelalters.

Kein gelehrter Geistlicher hat je behauptet, die Erde habe eine Scheibenform. Eine allgemein anerkannte oder gar kirchlich proklamierte Flacherdelehre gab es im christlichen Abendland eben nie. Die so genannte kopernikanische Wende, der Übergang vom Geozentrismus zum Heliozentrismus, hatte mit der Gestalt der Erde, obwohl dies auch heute viele Autoren immer noch nicht begreifen, nichts zu tun. Jahrhunderte vor Kopernikus nämlich war die Vorstellung einer runden Erde die gängige Lehrmeinung der Gelehrten im Mittelalter. Wegen der Idee, die Erde sei eine Kugel, wurde niemand von der Kirche verurteilt und es wurde auch kein Buch darüber verboten. Im Gegenteil, es waren die Geistlichen, die die Erdkugellehre im Mittelalter in den neu christianisierten Ländern verkündeten.

Der Holzschnitt von Flammarion ist trotz seiner Faszination ein Falschbild. Es stellt keineswegs die historische Wende vom Mittelalter in die Neuzeit dar, wie manchmal hineininterpretiert wird, sondern im Gegenteil, eine unhistorische Karikatur der mittelalterlichen Kirche. Der berühmte Astronom missbraucht seine Autorität und stellt suggestiv ein Weltbild, das höchstens in den noch nicht christianisierten Ländern oder im ungebildeten Volk herrschte, als eine typische Vorstellung der mittelalterlichen geistlichen Gelehrtenwelt vor.

Flammarion mischt geschickt Dichtung und Wahrheit und hat damit bis heute Erfolg: Mehrheitlich herrscht immer noch die Auffassung, sein Bild sei eine zutreffende Darstellung des gelehrten mittelalterlichen Weltbildes. Viele Autoren haben sogar jahrzehntelang geglaubt, dass es sich dabei um eine echte Darstellung aus dem 16. Jh. handele. Dies ist ein anschauliches Beispiel dafür, wie unkritisch Falschinformationen auch in gebildeten Kreisen übernommen und als Desinformation weitergetragen werden.

Auf ihren risikoreichen Weltreisen liefen die Mönche nicht Chimären und Utopien nach, sondern befassten sich neben der Missionsarbeit stets auch mit erd- und menschengebundener Forschung. Und wenn sie zurückkamen, dann brachten sie nicht nur neue geographische und ethnologische Erkenntnisse mit, sondern oft auch neue Pflanzen und Heilmittel.

Der reale, historische Mönch war keineswegs so naiv wie Flammarions Holzschnitt suggeriert. Im Gegenteil, er gehörte in der Regel zur Gelehrtenelite seiner Zeit. Seine dunkle Klosterzelle strahlte mehr Licht aus, als viele helle Kabinette von Akademikern.

Das bekannte astronomisch-antiklerikale Symbolbild von Camille Flammarion aus dem Jahr 1818.

Camille Flammarion

Camille Flammarion (1842-1925) lebte seit 1853 in Paris. Als Autodidakt entwickelte er sich mit der Zeit zum weltberühmten Astronomen. Er besaß eine eigene private Sternwarte und war überzeugt, dass alle Planeten bewohnt seien. Flammarion war Deist. Als Deismus bezeichnet man den Glauben an Gott aus Gründen der Vernunft. Die Anhänger des Deismus gehen zwar von der Schöpfung des Universums durch Gott aus, etwa im Sinne eines perfekten Uhrmachers, der ein Uhrwerk in Gang setzt, aber sie nehmen an, dass Gott im Folgenden keinen Einfluss mehr auf die Geschehnisse im Universum nimmt.

Er glaubte, dass das Universum ein lebendiger Organismus sei. Er hasste katholische Gelehrte, da sie seiner Meinung nach die wahre Wissenschaft ablehnten. Sein astronomisch-antiklerikales Symbolbild täuscht zwar vor, dass es aus dem Mittelalter stammt, wurde aber in Wirklichkeit erst am Ende des 19. Jahrhunderts in der Jugendstilzeit geschaffen und erstmals 1888 publiziert. Die im Holzschnitt dargestellten Räder des Propheten Ezechiel (1.16), eine Kopie aus der Merian-Bibel, weisen paradoxerweise auf einen gläubigen Künstler hin. Höchstwahrscheinlich wurde das Bild im Auftrag Flammarions vom tschechischen Jugendstil-Kunstmaler Alphons Mucha (1860-1939) gefertigt, der damals in Paris wirkte. Der religiös erzogene Mucha malte schon vorher mittelalterliche und religiöse Motive und erhielt von der Akademie München sogar einen Preis für seine Darstellung der heiligen Cyrillus und Methodius von Mähren. Auf der Pariser «Exposition Religieuse Internationale» im Jahr 1900 stellte er dann, vermutlich als eine Reaktion auf die Parole vom finsteren Mittelalter, das Bild «Die Finsternisse des Heidentums» aus.

Die Erdkugellehre im Mittelalter

Seit 500 v. Chr. wurde die Erde von den meisten Philosophen der Antike wie Pythagoras, Aristoteles und Plinius für kugelförmig gehalten. Auch die Astronomie des Claudius Ptolemäus (Ptolemäos, Ptolemaios) baute auf der Vorstellung einer Erdkugel auf. Abgesehen von einigen Ausnahmen haben die ersten gelehrten Christen, wie der hl. Ambrosius von Mailand und der hl. Aurelius Augustinus (354-430), die Erdkugellehre akzeptiert. Die Ausnahmen waren Lactantius (250-325), der Rhethoriklehrer und Apologet war. Er wird zu den lateinischen Kirchenvätern gezählt. Konstantin der Große berief ihn nach Trier, wo er dessen Sohn unterrichtete. Auch Kosmas Indikopleustes, der um 550 eine Topographia Christiana in 12 Bänden schrieb, akzeptierte die Erdkugellehre nicht. Nach dem Jahr 500, im Mittelalter, stand die Kugelform der Erde im westeuropäischen Raum überhaupt nicht mehr zur Diskussion, strittig war höchstens die Frage, ob es Antipoden gibt.

Die Liste der Befürworter des Erdkugelmodells ist lang. So bejahten die Erdkugellehre im 8. Jh. der hl. Beda Venerabilis, im 10. Jh. Papst Sylvester II., im 12. Jh. die hl. Hildegard von Bingen, im 13. Jh. der hl. Albertus der Große, im 14. Jh. Bischof Nikolaus Oresme und im 15. Jh. dann Kardinal Nikolaus von Kues (Nicolaus Cusanus) und Papst Pius II. Man findet im gesamten Schrifttum des gelehrten Mittelalters kaum fünf Prozent an Arbeiten, welche die Flacherdelehre unterstützen.

Dass Camille Flammarions Holzschnitt eine Unterstellung ist, beweist auch ein Vergleich mit dem thematisch ähnlichen echten Holzschnitt aus dem Jahre 1512 des französischen Theologen Carolus Bovillus im Buch «Liber de Sapiente». Hier sieht man deutlich, dass die himmlischen Sphären eine kugelförmige Erde umrunden.

Trotzdem wird aber die These von der angeblichen Flacherdelehre der Kirche im Mittelalter bis heute weiterverbreitet. «Rückfall in die Unbildung: Das Erdporträt mittelalterlicher Mönche», schreibt zum Beispiel Vitalis Pantenburg in seiner «Geschichte der Kartographie» (1970) und erklärt: «Wie sollten die mittelalterlichen Mönche in der Enge und Beschränktheit ihrer weltabgewandten Klausuren zu wirklichkeitsnäheren Auffassungen der Erde kommen? Es ist ganz natürlich, dass die Mönche in ihrer Versponnenheit die Erde so sahen, wie sie nach der kirchlichen Auffassung zu sein hatte.» Und der deutsche Autor Andreas Venzke (1961) behauptet noch 2004 in seiner Kolumbus-Biografie ernstlich: «Im Mittelalter unterdrückte die Kirche gewaltsam jeden Gedanken, der sich nicht dem Dogma von der Scheibenform der Erde unterordnen wollte.»*

Das wirkliche Weltbild des Mittelalters aus dem Jahr 1512 gemäß dem Theologen Carolus Bovillus (Charles de Bouelles). Die himmlischen Sphären und die Erde weisen Kugelgestalt auf.

Naturwissenschaften und Technik

Am Anfang war die Genesis

Die Bibel als Ansporn zum wissenschaftlichen Denken – der heilige Augustinus

Die erste Etappe der Christianisierung spielte sich in Europa vorwiegend auf der geistigen Ebene ab. Der Glaube war zwar heilig, aber als Hypothesen waren auch andere Meinungen erlaubt. Das galt gleichfalls für die Heilige Schrift, die Bibel. Hier war es insbesondere die Schöpfungsgeschichte, der die christlichen Theologen ihre Aufmerksamkeit widmeten, denn sie stellte für sie nun, nachdem sie aus dem Judentum in die christliche Lehre integriert worden war, eine große intellektuelle Herausforderung dar. Zwar religiös unbestritten, war das erste Buch Mose naturwissenschaftlich doch ein Rätsel. Eine ganze Reihe von grundsätzlichen Fragen mussten beantwortet werden, um es in Einklang mit dem «gesunden Menschenverstand» der gebildeten römischen Spätantike zu bringen. Der Versuch, das Schöpfungsdogma naturwissenschaftlich zu deuten, führte im Westchristentum zur Entstehung der biblischen Kosmogonie.

Das Zeitproblem gehörte zu den ersten diskutierten Fragen. Falls die Welt, das Universum, nicht von Ewigkeit her existierte, was war dann vor der Schöpfung? Einer der ersten, der dieses Problem zu lösen versuchte, war der um das Jahr 180 in Alexandrien wirkende Kirchenvater Clemens von Alexandrien, ein griechischer Christ. Seine Antwort war einmalig und wird bis heute sowohl von der katholischen Kirche als auch von der modernen Physik vertreten: Die Frage ist unsinnig, denn es gab keine Zeit vor der Schöpfung; die Zeit hat erst durch den Schöpfungsakt begonnen!

Zwei Jahrhunderte später, um 420, kam der Bischof von Hippo, Aurelius Augustinus, in seinem Monumentalwerk «De civitate Dei» (Vom Gottesstaat) zum selben Resultat wie Clemens. Die

Welt wurde nicht in der Zeit, sondern mit der Zeit erschaffen, behauptete er. Da es keine Zeit ohne Veränderung gibt, konnte es auch in der vor der Schöpfung herrschenden Ewigkeit, die durch Unveränderlichkeit charakterisiert ist, keine Zeit geben.

Die römische Küstenstadt Hippo wurde von den Phöniziern gegründet, von den Vandalen von 431 bis 534 und von den Byzantinern von 534 bis 698 besetzt. Seitdem ist die Stadt muslimisch und gehört, auf «Annaba» umbenannt, zu Algerien. In der französischen Kolonialzeit hieß sie Bône.

In der Schrift «Confessiones» (Bekenntnisse) kommt der hl. Augustinus zum Resultat, dass man den Satz von Moses «Im Uranfang schuf Gott Himmel und Erde» in fünffacher Weise deuten kann. Die Frage, was Gott tat, bevor er die Welt schuf, beantwortet er in dieser Schrift mit: «nichts», denn es gab kein «bevor». Gleichzeitig schreibt er: «Was ist die Zeit? Wenn niemand mich danach fragt, weiß ich es, will ich es aber erklären, weiß ich es nicht. Aber ich weiß, dass ich dies in der Zeit sage.»

Der Heilige denkt auch über das Problem des Raumes nach und kommt zum Ergebnis, dass hier das Gleiche gilt: Es gab keinen Raum vor der Weltschöpfung und deshalb existiert auch heute kein Raum außerhalb des Universums. Dies sind Gedanken, die Jahrhunderte später zur Entwicklung der Relativitätstheorie führten und dem hl. Augustinus einen Ehrenplatz in der Geschichte der Physik verschafften. Abschließend relativiert der Kirchenvater aber seine Aussagen: «Ich forsche nur, stelle keine Behauptungen auf.»

Einerseits ist der hl. Augustinus zwar überzeugt, dass es Dinge gibt, die man nicht erklären kann, und nennt diejenigen, die für alles eine vernünftige Erklärung geben wollen «Vernunfthelden» oder «Vernunftanbeter», andererseits weiß er aber, dass nicht hinter jedem unerklärlichen Phänomen Dämonen oder römische Götter, wie damals allgemein geglaubt wurde, stecken müssen. Als Beispiel nennt er die heidnische Legende vom Tempel der Arsinoe in Alexandrien, wo angeblich ein eisernes Götterbild frei in der Luft schweben sollte, und sucht die Erklärung in den an der Decke und am Fußboden angebrachten Naturmagneten.

Er verlässt sich aber nicht auf die Überlieferungen, sondern experimentiert auch selber mit Magneten. Die Ergebnisse beschreibt er dort, wo sie kaum ein Naturwissenschaftler heute suchen würde: im Kapitel über «Die Ewigkeit der Höllenstrafen».

Der hl. Augustinus benützt auch die damals unerklärliche Kraftwirkung des Magneten als christlich-theologisches Argument: «Wie viel mehr ist Gott mächtig zu tun, was Ungläubigen unglaublich erscheint, seiner Macht aber leicht fällt. Warum soll Gott nicht machen können, dass die Leiber der Toten auferstehen?» Die Wunder sind seiner Meinung nach nicht wider die Natur, sondern nur wider die uns bekannte Natur.

Der hl. Augustinus kämpfte gegen den Aberglauben allgemein und gegen den der Astrologie im Besonderen. Diese sei eine Scheinwissenschaft und Betrügerei.

Die Weissagungen nennt er «gottlose Wahnvorstellungen der Astrologen» und meint, dass «wahre Voraussagen auf Grund der Konstellation der Sterne nicht der Kunst, sondern dem Zufall zu verdanken seien». Allein Gott kennt die Zukunft.

Der hl. Aurelius Augustinus war römischer Bürger, von der Abstammung her gehörte er aber vermutlich zu den Berbern, dem Urvolk Nordafrikas. Seine Mutter war Christin, der Vater allerdings nicht. In dieser Zeit war eben noch kaum die Hälfte der Einwohner des römischen Reiches christlich. Augustinus wurde auch nicht als Kind, sondern erst im Alter von 33 Jahren christlich getauft. Er fühlte sich zuerst mehr von Mani aus Persien (heute Iran), als von Jesus aus Nazareth angezogen und gehörte auch ein ganzes Jahrzehnt lang zu den Manichäern.

Der Manichäismus, eine Mischung aus Christentum, Zoroastrismus und Buddhismus, stellte jahrhundertelang eine recht große Religionsgemeinschaft dar und war auch in Nordafrika verbreitet.

Augustinus wirkte zunächst als Lehrer in seiner nordafrikanischen Heimat, später als Rhetorikprofessor in Mailand. Hier ließ er sich in der Osternacht 387 taufen. Dann kehrte er zurück in die Provinz Numidien (heute Algerien und Tunis), gründete dort ein Kloster, wurde zum Priester und danach zum Bischof von Hippo geweiht.

Sein Hauptwerk «Der Gottesstaat» ist keine trockene theologische Lektüre, sondern auch für den heutigen Laien ein durchaus lesbares und teilweise sogar unterhaltsames Buch. Denn der hl. Augustinus hatte auch Sinn für Humor. So schreibt er zum Beispiel:

«Besitzt doch auch die Natur mancher Menschen von der Regel weit abweichende Eigenschaften, die wir wegen ihrer Seltsamkeit anstaunen. So können einige ihre Ohren bewegen, entweder eins oder beide zugleich. Auch solche gibt es, die nach unten hin ohne üblen Geruch, wie es ihnen beliebt, so zahlreiche Töne hervorbringen, dass man meint, sie können auch mit diesem Körperteil singen.«

Auch seine «Bekenntnisse» sind zeitlos. Sie zeigen, dass vieles davon, was wir als typische Symptome unserer Zeit betrachten, gar nicht so neu ist, wie wir meinen, und dass der junge Augustinus, bevor er Christ wurde, eigentlich nicht viel anders war, als manche junge Menschen von heute. So gibt er offen zu:

«Ich wollte stehlen und stahl auch, von keinem Mangel gedrängt, denn ich stahl, was ich selbst im Überfluss und viel besser besaß. Ich wollte das gestohlene Gut auch nicht etwa genießen, sondern den Diebstahl selbst wollte ich genießen. Was mich reizte, war nur dies, dass es verboten war.»

Er führte eben als junger Mensch ein wildes Leben; er war nicht verheiratet, hatte aber mit seiner Lebensgefährtin, mit der er über zehn Jahre zusammen war, einen Sohn u.a.m.

Nach dem Tod von Augustinus im Jahr 430 versuchte eine ganze Reihe von Bibelkommentatoren und Interpreten die naturwissenschaftlichen Unklarheiten der Genesis weiter zu klären. So das Rätsel des ersten Lichts. Wenn am ersten Schöpfungstag das «Licht» und damit auch «Tag und Nacht» entstanden sind, die Sonne aber erst am vierten Tag am Himmel erschien, dann – und da lag das Problem –, ist dieser Widerspruch gar nicht so einfach zu erklären. Man fragte sich, was spielte sich in der vorsolaren Zeit ab – was war eigentlich das Urlicht? Nach der Meinung einiger Bibelinterpreten aus der zweiten Hälfte des vierten Jahrhunderts handelte es sich beim Urlicht um einen schwankenden, rotierenden Nebel, aus welchem später die Sonne gebildet wurde. Diese ziemlich moderne Hypothese wurde später auch von einigen anderen Geistlichen übernommen.

Dem Fortschritt der Naturwissenschaften entsprechend, änderten sich auch die Genesisdeutungen. Als es in der zweiten

Hälfte des 18. Jahrhunderts zur stürmischen Entwicklung der Elektrizitätslehre kam und der Blitz als eine elektrische Erscheinung interpretiert werden konnte, versuchten einige Theologen diese Erkenntnisse auch auf das rätselhafte biblische Urlicht anzuwenden. An dieser «Elektrotheologie» waren sowohl katholische Geistliche, wie Prokop Divisch (Procopius Divis), als auch evangelische, wie Friedrich Christoph Oetinger, beteiligt.

Das Licht des ersten Schöpfungstages wurde von ihnen als «elektrisches Feuer» (ignis electricus) gedeutet. Nach dem vierten Tag, also nach der Erschaffung der Sonne, so einige Elektrotheologen, habe die irdische Materie dieses «elektrische Feuer» in sich aufgesaugt. Deshalb werden verschiedene Stoffe durch Reibung elektrisch. Andere meinten aber: Da Gott nichts Unvollkommenes macht, müsste auch das Urlicht vollkommen gewesen sein und hätte daher nicht wieder verschwinden dürfen. Die Elektrotheologen meinten, dass «das elektrische Feuer als Vehikel der menschlichen Seele» wirke.

Weiter ging es um das Problem des Urwassers. Wenn am ersten Tag die Erde kalt war, in welchem Zustand befand sich dann das Meerwasser? Hugo von St. Victor glaubte im 12. Jh., dass das Wasser im Dampfzustand war, sein Schüler Petrus Lombardus dagegen, dass das Meer gefroren gewesen sein musste.

Auch die Visionärin Hildegard von Bingen ging im «Buch vom Wirken Gottes» (Liber divinorum operum, 1170), einer Schau Hildegards über Welt und Mensch, auf die Deutung des Schöpfungsberichtes ein. Und das interessanterweise jeweils dreimal: wörtlich-physikalisch, allegorisch-historisch und moralisch-psychologisch. Sie sah in ihren Visionen sowohl den Kosmos als auch die Erde in Gestalt einer Kugel und ahnte sogar den Heliozentrismus voraus: «Die Planeten sind der Sonne untergeordnet», schreibt sie, und: «Die Sonne hat in der Mitte ihren Platz, weil sie die Fürstin der Planeten ist.»

Die Phantasie der Bibelexegeten war grenzenlos. Besonders phantasievoll wurde beispielsweise die Frage, ob die Welt im Frühling oder im Herbst erschaffen wurde, untersucht. Die Mehrheit der Theologen stimmte für den Frühling. Um 1620 setzte der niederländische Jesuit Cornelius a Lapide den ersten Schöpfungstag sogar genau auf Sonntag, den 25. März, fest.

Damit verbunden war auch die Frage nach dem Alter des Universums: Vor wieviel Jahren wurde die Welt (d.h. die Erde) eigentlich erschaffen? Aus den Bibeldaten errechneten die Theologen das Alter der Erde auf etwa sechseinhalbtausend Jahre. Wenn uns diese Zahl heute lächerlich vorkommt – heute wird das Alter der Erde auf etwa viereinhalb Milliarden Jahre geschätzt –, dann sollten wir aber berücksichtigen, dass auch die meisten damaligen Wissenschaftler zu einem ähnlichem Ergebnis wie die Theologen kamen. Noch Isaak Newton glaubte, dass die Welt im Jahre 4004 v. Chr. erschaffen wurde, und setzte als Datum der Sintflut das Jahr 2348 v. Chr. fest.

Für die Griechen existierte der Kosmos ewig. Der erste Christ, der die Ansicht von der Ewigkeit der Welt verwarf und um 160 n. Chr. den Uranfang konkret auf das Jahr 5529 v. Chr. setzte, war Bischof Theophilos von Antiochia. Antiochia (heute Antakya in der Südtürkei) gehörte damals zu den wichtigsten Städten des römischen Imperiums. Jahrhundertelang schätzten die Gelehrten das Alter der Erde auf höchstens 7000 Jahre. Erst im 19. Jahrhundert erreichte das wissenschaftlich errechnete Alter der Erde die Millionengrenze. Auf die heutigen viereinhalb Milliarden kamen die Geologen um das Jahr 1950.

Wichtig war eigentlich nicht, zu welchen Ergebnissen die biblischen Berechnungen führten, sondern, dass man überhaupt gerechnet hat. Wie so oft: Nicht das Ziel, sondern der Weg war von Bedeutung. Entscheidend war deshalb nicht, ob es eine Sintflut gab oder nicht, sondern falls sie stattgefunden hat, wann das war und was ihre Ursache war.

Isaak Newton akzeptierte den Heliozentrismus des Nikolaus Kopernikus und war fähig, auch die Bewegung aller Planeten zu berechnen; die Frage aber, warum sie sich so bewegen, konnte auch er sich nicht wissenschaftlich erklären. «Alle diese regelmäßigen Bewegungen», schrieb er, «entspringen nicht aus mechanischen Ursachen. Diese bewundernswürdige Einrichtung hat nur aus dem Ratschluss eines allmächtigen Wesens hervorgehen können.» Er hatte zwar die Gravitation entdeckt, was sie aber eigentlich ist und warum sie so wirkt, wie sie wirkt, wusste er nicht. Vollständig ist das Geheimnis der allgegenwärtigen Anziehungskraft bis heute nicht bewältigt.

Ob man nun in den Genesis-Kommentaren der Gelehrten wirklich die Wurzeln der neuzeitlichen Naturwissenschaft sehen kann, ist selbstverständlich fraglich, dass sie aber die Entwicklung der Wissenschaften positiv beeinflussten, ist ziemlich sicher. Dank des undogmatischen Umgangs mit dem Schöpfungsdogma kam eine Reihe von neuen naturwissenschaftlichen Problemen zur Diskussion. Und da die physikalischen Phänomene auch als Argumente für die Richtigkeit der christlichen Lehre dienten, war man gezwungen, sie zu studieren.

Augustiner

Obwohl der heilige Augustinus kein Gründer eines Mönchsordens war, haben sich doch im hohen Mittelalter mehrere Ordensgemeinschaften (Chorherren, Eremiten), die nach seinen Regeln leben, gebildet. Offiziell wurde die Regel des Augustinus 1215 genehmigt. Nach Zürich kamen die Augustiner 1270, nach Basel 1276. In München wurde das erste Augustinerkloster 1315 gebaut und schon 1328 haben dort die Mönche eine Brauerei eröffnet und damit dem Münchner Bier den Weg zum Ruhm bereitet. In Böhmen siedelten sich die Augustiner 1340 an. Zu den berühmtesten Augustinermönchen gehörten der Autor der ersten Kompassbeschreibung, Alexander Neckam, der Reformator Martin Luther und der Begründer der Genetik, Gregor Mendel.

Von beheyligung des sibenden tags

ALs nw die werlt durch das gepew götlicher weißheit der sechs tag: volēdet vñ himel vñ erdē beschaffē geordnet gezieret vñ zu letst volbracht wordē sind. do hat der glori wirdig got sein werck erfüllet vñ am sybendē tag von den wercken seiner hendt geruet. nach dē er die gantzē werlt vnd alle ding die dar in sind beschaffen hot do hat er auffgehört. nit als zewürcken muede. sunder zemachen ein newe creatur ꝺ materi oder gleichnus nit vergangē wer dañ er hort nit auff zewürcken das werck der geperungen. vnd der herr hat den selbē tag gebenedeyet vñ geheiligt vnd ime geheyssē sabathū. das nach hebreyscher zūgē ein rūe bedeüttet darumb das er an dē selben tag ruet vō allem werck das er gemacht het. do vō auch die iuden an dem tag vō aigner arbait zefeiren erkant werdē. Dē selbē tag habē auch ettlich haidenische völker vor dem gesetz feirlich gehaltē. vnd also sein wir zū end der göttlichen werck komē. darumb so söllen wir dē in dem alle sichtliche vnd vnsichtliche ding sind förchten. liebhaben vnd eren. vnd von dem herren des himels. von dem herren aller gütter. dem gewalt gegebē ist in himel vnd erden. die gegenwürtigen güter. souer die gut sind. vnd auch die waren seligkait des ewigen lebēs suchen.

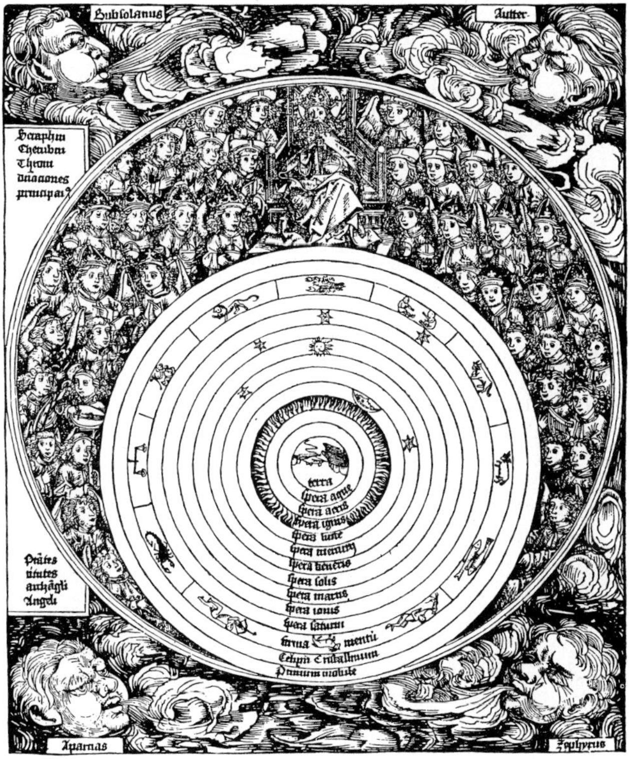

Die Vollendung der Genesis. Der siebte Schöpfungstag gemäß der Schedelschen Weltchronik (1493). Die Erde ist das Zentrum des gerade entstandenen sphärischen Universums. Nach den Planetensphären folgt die Fixstern-Tierkreissphäre und die Engelssphäre. Die ganze Welt wird dann von der göttlichen Primum Mobile-Sphäre, der Sphäre des ersten Bewegers, umschlossen.

Das Primum Mobile, der oberste Kristallhimmel, als Treibriemen der Welt entspricht in gewisser Weise dem Big Bang der modernen Astronomie.

Hl. Aurelius Augustinus nach Sandro Botticelli (1480). Das geozentrische Weltmodell, links oben, verdeutlicht, dass sowohl der Heilige als auch der Maler mit der Erdkugellehre vertraut waren.

Es waren Mönche, die das «finstere Mittelalter» erleuchteten

Albertus Magnus – der große Mönch und Schutzpatron der Naturwissenschaftler

Seit Francesco Petrarca, dem italienischen Dichter, der um das Jahr 1350 wirkte, wird die Zeit zwischen dem Ende der Antike und ihrer Wiedergeburt in der Renaissance als Mittelalter bezeichnet. Die Epoche der leuchtenden Antike wurde, so die Vorstellung der unkritischen Bewunderer des Altertums, von der aufkommenden Epoche der leuchtenden Renaissance durch die finstere mittlere Zeit getrennt. Das Schlagwort vom tausend Jahre währenden finsteren Mittelalter (500-1500) wurde geboren. Es wurden auch gleich die Verantwortlichen für die dunkle Zeitperiode gefunden: Es waren die Diener der Kirche.

Wie jede neue Bewegung waren auch die der Renaissance verpflichteten Humanisten – viele davon waren übrigens Geistliche – überzeugt davon, dass erst mit ihnen das richtige, das wahre neue Zeitalter der Menschheit beginne und dass alles, was unmittelbar vorher war, nichts taugte. Direkt hinter ihnen lag die finstere Vergangenheit ihrer Väter und direkt vor ihnen die lichte Zukunft, die sie einleiten würden. Die längst verstorbenen Ur-Ur-Großväter, von denen sie übrigens nur dank der Übersetzungsarbeit der Geistlichen etwas wussten, waren ihr Vorbild. Ihre Argumente klangen zwar logisch, hatten allerdings mit den historischen Fakten nicht viel zu tun.

Die Beispiele, durch welche sie ihre Weltanschauung illustrierten, waren interessant, aber für eine wissenschaftliche Bewertung statistisch kaum relevant.

Darüber hinaus war das Altertum gar nicht so hell, wie man glaubte. Die bewunderten griechischen Naturphilosophen waren nur kleine Sterne, die in der tausendjährigen antiken Nacht ab und zu einen kleinen Teil der Erde beleuchteten. Die griechischen Denker waren interessante Philosophen, aber keine Entdecker oder Erfinder. Einige ihrer Ideen waren zwar fortschrittlich, auf das tägliche Leben hatten sie aber praktisch keinen Einfluss.

So störte niemanden von ihnen das Sklaventum und die idealen Zukunftsstaaten, von denen einige träumten, stellen nichts mehr und nichts weniger dar als totalitäre Diktaturen.

Auf die ersten revolutionären Entdeckungen – Kompass, Buchdruck und mechanische Uhr, geschweige neuer Kontinente – musste man bis zum Mittelalter warten. Das Gleiche gilt für die Manufaktur: Die erste Phase der industriellen Revolution fand in den mittelalterlichen Klöstern statt.

Dort wurden ab 850 die ersten Wassermühlen und ab 1340 die ersten Windmühlen gebaut. Jedes Kloster der Zisterzienser war gleichzeitig eine Fabrik. Die Zisterzienserabtei Kamp ließ schon 1253 auf dem Dachsberg eine Windmühle errichten.

Vergleicht man nun sachlich die 1000 Jahre des euro-päischen Altertums mit den nachfolgenden 1000 Jahren des europäischen Mittelalters, dann bleibt von der Bewunderung für die erste Periode nicht viel übrig. Zwischen dem Leben im Jahre 500 v. Chr. und 500 n. Chr. gab es kaum große Unterschiede. Tausend Jahre lang lag die Bevölkerungszahl des ganzen Kontinents Europa praktisch konstant bei etwa 30 Millionen. Es gab kein europäisches Land, in dem mehr als fünf Millionen Menschen lebten. Die Lebenserwartung veränderte sich die ganze Zeit über kaum.

Dies änderte sich im Mittelalter in dramatischer Weise. Die Bevölkerungszahl Europas stieg bis zum Jahr 1500 fast auf das Dreifache, trotz der riesigen Verluste durch die Pest im 14. Jahrhundert. Italien und Deutschland erreichten die 10 Millionen-Grenze und Frankreich war mit 15 Millionen Einwohnern das größte europäische Land. (Im Gegensatz dazu schrumpfte die Bevölkerung im islamisierten Nordafrika auf die Hälfte.)

Dies ist ein klares Zeichen dafür, dass sich die Gesamtlage der Europäer durch die Christianisierung im Mittelalter wesentlich verbessert hat.

Bei der Suche nach einer Antwort auf die Frage, ob im Abendland die technologische, wissenschaftliche und kulturelle Entwicklung nach dem Sieg des Christentums wirklich gestoppt, oder wie der Kirche oft vorgeworfen wird, auch nur negativ beeinflusst wurde, stoßen wir zuerst auf das Problem der Ausbreitung des Christentums. Die Übergangsperiode vom ursprünglichen Polytheismus zum christlichen Monotheismus dauerte nämlich recht lange. Das christliche Abendland war zu Beginn des Mittelalters wesentlich kleiner als am Ende dieser Epoche.

Obwohl das Christentum im Römischen Reich schon im Jahr 380 zur Staatsreligion erklärt wurde, musste man noch mehrere Jahrhunderte warten, bis ganz Europa christianisiert war.

So ließ sich der Frankenkönig Chlodowig zwar schon um das Jahr 500 taufen, der Dänenkönig Harald Blauzahn aber erst um 960. Tschechien und Polen wurden erst im 10. Jahrhundert christlich. Finnland erreichte das Christentum im 12. Jh. und Litauen sogar erst im 14. Jahrhundert. Wenn man also von einem christlichen Abendland und dem Zeitalter der Herrschaft der Westkirche sprechen will, dann ist das frühestens nach der Jahrtausendwende möglich.

Als ein Beispiel für die angebliche Verfinsterung des Mittelalters durch die Kirche wählten die Humanisten paradoxerweise nicht einen Fall aus dem Humanbereich, wie aus dem Gesundheitswesen oder aus der Bildung, sondern aus der das menschliche Dasein kaum beeinflussenden Astronomie.

Die größte «Sünde» der Kirche war es demnach, dass sie nicht der Spekulation von Aristarchos – im Mittelalter war die Theorie des Nikolaus Kopernikus (1473-1543) noch unbekannt –, sondern dem mathematisch fundierten kosmologischen System des Ptolemäus den Vorzug gegeben hatte.

Man kann zwar von einem «finsteren Mittelalter» sprechen, aber nur dann, wenn man an die noch nicht christianisierten Teile Europas in den ersten Jahrhunderten des Mittelalters denkt. Denn bevor die Missionare in den heidnischen Ländern erschienen waren, war dort von Bildung, geschweige denn von Wissenschaft, nicht zu reden. Über die Form und Bewegung der Erde hatte sich vorher kein Wikinger, Slawe, Magyar, Finne oder Balte je den Kopf zerbrochen und da keiner von ihnen schreiben konnte, hatte auch niemand je etwas darüber geschrieben.

Die Mönche brachten also sicher nicht die Finsternis in ein leuchtendes, sondern das Licht in ein dunkles Mittelalter! Und wo sie nicht waren, wie in Afrika oder Australien, dort blieb die Zeit stehen. Wenn wir die historischen Fakten sprechen lassen, dann sehen wir, dass der allgemeine Fortschritt im Abendland über mehrere Jahrhunderte hauptsächlich von den Geistlichen, in der Regel eben den Mönchen, geleitet wurde. Sowohl in der exakten Wissenschaft als auch in der Geisteswissenschaft und gar in der Technik waren die Geistlichen die Motoren des Fortschritts. Und – im Gegensatz zum heutigen Zeitalter – hat sich keiner von ihnen damit persönlich bereichert.

Auch bei der Beantwortung der Frage, ob sich die abendländische Wissenschaft während des Mittelalters nicht wegen der Vorherrschaft der Kirche langsamer entwickelte als in Regionen mit anderen Glaubenslehren, müssen wir die damalige europäische Realität berücksichtigen. Der Sieg des Christentums in Rom hat Mittel- und Nordeuropa zunächst kaum beeinflusst. Viele Völker, wie die Finnen, Ungarn, Slowaken oder Tschechen, gab es damals noch gar nicht. Zudem gehörten nach dem Jahr 700 einige Teile Europas zum Islam, z.B. Portugal, Spanien und Südfrankreich, und zwar bis ins 15. Jh.

Heranziehbar für die vergleichende Bewertung des weltweiten wissenschaftlichen Fortschritts ist also nur die Periode von 1000 bis 1500. Und da schneidet das westliche Christentum im Vergleich zu allen anderen Glaubensgemeinschaften der Welt zweifellos am besten ab.

Gab es um 1000 zwischen der europäischen und nichteuropäischen Wissenschaft noch keine wesentlichen Unterschiede, so lag am Ende des Mittelalters das Wissen der Gelehrten im Einflussbereich der Westkirche auf einem unvergleichbar höheren Niveau als in allen benachbarten Regionen.

Im Gegensatz zu den Dutzenden von Universitäten, die über die Landkarte des lateinischen Christentums um 1500 verteilt waren, existierte außerhalb der katholischen Glaubensgrenze noch keine einzige Hochschule. Das Gleiche gilt für Buchdruckereien und viele andere technisch-wissenschaftliche Gebiete. Dass die Entdecker der Neuen Welt aus westeuropäischen und nicht aus arabischen, afrikanischen oder chinesischen Häfen segelten, beweist dies am klarsten.

Die Wurzeln der modernen Welt von heute stammen eindeutig aus dem westlichen Christentum. An ihrem Anfang standen unzählige Geistliche, von Mönchen und Pfarrern bis zu Bischöfen, Kardinälen und Päpsten, die – meistens in ihrer Freizeit – gleichzeitig als Astronomen, Mathematiker, Physiker oder auch

Musiker wirkten. Für unsere Zeit ist es kaum vorstellbar, aber Jahrhundertelang hielten die meisten Universitätsprofessoren ihre Vorlesungen im Mönchsgewand.

Einer davon war im 13. Jahrhundert der Dominikaner Albert der Große.

Selbstverständlich wurde Albert im Jahr 1200 nicht als «der Große», sondern nur als «von Lauingen» geboren. Er selber hat es auch nie geahnt, dass er einmal als «Magnus» in die Geschichte eingehen würde. Bislang wurden doch als «Große» nur Könige und Kaiser bezeichnet. Und so blieb es bis auf den heutigen Tag. Der Schwabe Albert aus Lauingen an der Donau ist der einzige Wissenschaftler, den man «den Großen» nennt; sogar Einstein, der berühmteste Albert überhaupt, hat es nicht geschafft, als «der Große» in die Wissenschaftsgeschichte einzugehen.

Albert selbst nennt sich zuerst Albertus de Lauing, dann Albertus Coloniensis (von Köln) und schließlich, in Paris, Albertus Teutonicus (der Deutsche). Manchmal wird er auch Albert von Bollstadt genannt. Nach dem Besuch einer Klosterschule in Bayern geht er nach Italien, wo er 1223 in den neuen, erst 1217 päpstlich genehmigten Predigerorden der Dominikaner eintritt.

Kurz danach übersiedelt er nach Köln und wird dort zum Priester geweiht. Zwanzig Jahre später (1245) erwirbt er an der Universität in Paris den Titel «Doktor der Theologie» und wirkt dort einige Jahre als Professor. Zu seinen Schülern gehört auch Thomas von Aquin (1323 heilig gesprochen). 1248 geht Albert nach Deutschland zurück und beteiligt sich an der Grundsteinlegung des Kölner Doms. 1260 wird er zum Bischof von Regensburg ernannt. In seiner Funktion als Provinzial der deutschen Dominikaner (1254-57) bereist er – zu Fuß! – halb Europa: von Holland über die Schweiz und Österreich bis nach Livland (historische Landschaft, entspricht etwa dem heutigen Estland und Lettland).

Albert der Große starb 1280 im Kölner Dominikanerkloster. Seine Seligsprechung erfolgte im Jahr 1622, die Heiligsprechung 1931 und zum Patron der Naturwissenschaftler wurde er 1941 ernannt. Wegen seiner großen Gelehrsamkeit hat man ihn auch «Doctor universalis» genannt. Wissenschaftlich beschäftigte sich der hl. Albertus mit fast allen Naturbereichen wie der Mineralogie, Biologie, Meteorologie, Chemie, Astronomie, Mathematik, dem Magnetismus und selbstverständlich der Naturphilosophie. Darüber hinaus schrieb er auch über Alchemie und Astrologie. Dass der hl. Albertus schon in seiner Zeit berühmt war, bezeugt auch die um das Jahr 1300 von Dante Alighieri verfasste «Göttliche Komödie». Hier wird er von Thomas von Aquin im Paradies mit den Worten vorgestellt: «Der mir der Nächste ist, war Bruder mir und Lehrer, Albert ist es von Köln.»

Die naturwissenschaftliche Grundeinstellung des hl. Albert war schon recht modern. «Aufgabe der Naturwissenschaft ist es, die in den Naturerscheinungen wirkenden Ursachen zu erforschen» und «Erfahrung aus wiederholter Beobachtung (experimentum) ist die beste Lehrmeisterin in der Naturkunde», lehrte er. Seine Erkenntnisse basieren meist auf eigener Erfahrung.

So beschreibt er detailliert, wie man Süßwasser und Salzwasser experimentell voneinander unterscheiden kann, und experimentiert auch mit Wein. Der hl. Albert kennt Rohöl (Naphta aus Persien) und weiß, dass man es, wenn es brennt, mit Wasser nicht löschen kann. Ihm ist bekannt, dass Eisen bei starker Erhitzung schmilzt. Was aber die Alchemie betrifft, insbesondere die Behauptung, man könne durch Umwandlung der Metalle Gold machen, so ist er skeptisch.

In der Astronomie setzt der hl. Albert die Erdkugellehre als Selbstverständlichkeit voraus. Der Himmel habe zwei Pole, erklärt er, einen im Norden im «Stern des Meeres», d.h. im Polarstern, und einen für uns unsichtbaren im Süden. Durch seine starke Vorstellungskraft versetzt er sich sogar in die Lage der Antipoden und verkündet, dass sich auf dem südlichen Himmel die Gestirne in umgekehrter Richtung als im Norden bewegen würden – eine richtige Feststellung, die auch heute noch nicht allen von uns bewusst ist!

Interessanterweise nimmt der hl. Albertus als Anfang der Sonnenbewegung nicht den Sonnenaufgang am östlichen Horizont an, sondern den südlichen Kulminationspunkt zur Mittagszeit.

Der hl. Albertus lehnt die konventionelle Astrologie ab, meint aber, dass eine mittelbare Beeinflussung durch die Gestirne – z.B. als Zeichen – doch möglich sei. «Wir behaupten, dass nichts auf Grund eines Schicksals geschieht, und dass die Konstellation der

Gestirne zur Zeit der Empfängnis oder der Geburt keine Bedeutung haben», schreibt er. Weiter:

«Was die freien Willensentscheidungen betrifft, so ist aus der Gestirnung nichts zu ermitteln.» Ganz neuzeitlich klingt dann die Aussage: «Ein Einfluss des Weltalls geschieht nicht durch die Sterne allein, sondern auch durch den Raum.» In seinen mathematischen Arbeiten untersucht Albertus die Eigenschaften des Kreises, der Würfel und der Pyramide und klärt geometrische Grundbegriffe wie Linie oder Punkt. Er unterscheidet zwischen dem mathematischen und physischen Körper und benützt sogar als einer der Ersten den Begriff der vierten Dimension.

In Einsteins Relativitätstheorie (1905-1916) stellt die Zeit die vierte Dimension dar. In den heutigen physikalischen Theorien wird mit bis zu zehn Dimensionen gerechnet.

Der hl. Albertus denkt auch über das Wesen der Farben, des Lichts, der Wärme und der Kälte nach. Er beschäftigt sich darüber hinaus generell mit der Materie und erklärt, sie sei nicht ewig. Und er formuliert eines der ersten Materieerhaltungsgesetze: Die Materie ist unvergänglich, etwas immerwährend Bleibendes.

Albertus ist ein Naturphilosoph: «Wenn ich Naturkunde betreibe, kümmere ich mich um die Wunder nicht», aber er ist auch gläubiger Christ: «Eher werde ich den Satz preisgeben, dass die Summe der drei Winkel beim Dreieck zwei Rechte beträgt, als die Wahrheit des Glaubens leugnen.»

Der hl. Albertus hätte sich heute zwar sicher gefreut, dass wir ihn «den Großen» nennen, weniger Freude hätte ihm aber unsere Einsicht gemacht, er sei doch nur ein Repräsentant des hohen Mittelalters. Denn für ihn war die Zeit, in der er lebte, modern. So schreibt er: «Die Meinung Augustinus' ist bedeutend wahrscheinlicher, obwohl sie nur von wenigen Modernen gehalten wird.»

Wie bei vielen anderen berühmten Persönlichkeiten wurden im Mittelalter auch unter dem Namen des hl. Albertus Werke veröffentlicht, die er nicht verfasst hat. Das betrifft beispielsweise die Schrift «Secreta mulierum», zu Deutsch «Von den Heimlichkeiten der Frauen», die sich mit dem Thema Schwangerschaft und Geburt auseinander setzt.

Dominikaner

Der christliche Orden der Dominikaner (Predigerorden, OP) wurde 1215 in Frankreich vom spanischen Priester Dominikus (Domingo), der 1221 in Italien starb und 1234 heilig gesprochen wurde, gegründet. Es war die erste Klostergemeinschaft, die sich dem lebenslangen Studium, der Schulung und Ausbildung verpflichtete und aus der auch die ersten gelehrten Mönche stammten.

Neben den Universalgelehrten Albertus Magnus und Thomas von Aquin haben sich noch Dietrich von Freiburg in der Physik, Ignatio Danti in der Mathematik und Giordano Bruno in der Kosmologie als Wissenschaftler einen Namen gemacht. Als Historiker und Menschenrechtler in Südamerika wurde Bartholomé de Las Casas und als Autor eines der ersten utopischen Staatsromane Thommaso Campanella berühmt.

Mittelalter

Der Begriff «Mittelalter» erschien erstmals bei Francesco Petrarca im letzten Fünftel des Mittelalters. Das Wort «Renaissance» verwendete zuerst in der lateinischen Urform Rinascimento, Giorgio Vasari in der Mitte des 16. Jahrhunderts und den Begriff «Humanismus» führte in Anfang des 19. Jahrhunderts Friedrich Immanuel Niethammer in die Philosophie ein. «Aufklärung» als ein Epochenbegriff wurde am Anfang des 18. Jahrhunderts vom Pietisten Johann Konrad Dippel zusammen mit dem evangelischen Pastor Michael Berns in die deutsche Sprache eingeführt (in allen anderen Sprachen wird diese Zeit als «Erleuchtung» bezeichnet). Ähnlich wie der Humanismus blieb aber auch die Aufklärung nur eine lokale, auf den Einflussbereich der Westkirche begrenzte historische Erscheinung.

Hl. Albertus Magnus als Lehrer. Phantasiebild aus «Albertus Magnus (Pseudonym), secreta mulierum» (Geheimnis der Frauen) um 1480, erste deutsche Übersetzung verfasst von Johann Hartlieb.

Der Finger Gottes

Des Augustiners Neckam erste Kompassbeschreibung

Seit Jahrtausenden konnte sich der Mensch in der freien Natur nur mit Hilfe der Himmelskörper orientieren. Während des Tages war es die Sonne, in der Nacht waren es die Sterne, besonders der Nordstern, die ihm zur Orientierung dienten.

Selbstverständlich ging das nur, wenn der Himmel klar war. Bei Nebel oder bedecktem Himmel gab es keine Möglichkeit, insbesondere auf dem Meer nicht, um die Himmelsrichtungen zu bestimmen. Ozeanüberquerende Entdeckungsfahrten waren deshalb praktisch ausgeschlossen.

Die ersten wetterunabhängigen und schiffstauglichen Navigationsgeräte tauchten erst im hohen Mittelalter auf. Und zwar ganz unerwartet. Der magnetische Kompass war plötzlich da und keiner von den Zeitgenossen wusste, wer ihn eigentlich erfunden hatte, und wann. Und selbstverständlich war auch niemandem klar, warum sich die frei bewegliche Magnetnadel immer in die gleiche Richtung drehte. Die einen meinten, es sei der Magnetismus des Polarsterns, die anderen glaubten, dass sich im Norden ein Magnetberg befinde.

Die Wirkungen des Naturmagneten waren zwar seit dem Altertum prinzipiell bekannt – man findet entsprechende Notizen auch bei den ersten christlichen Schriftstellern, wie bei Isidor von Sevilla, Beda Venerabilis oder Rabanus Maurus –, allerdings diente der Magnetstein bis zum Ende des 12. Jahrhunderts entweder nur als ein Objekt der Bewunderung und Spekulation oder der magischen Rituale. Und das nicht nur in Europa, sondern auch in Asien, China und dem vorderen Orient. Der Magnet gehörte vorwiegend in die Welt der Fabeln.

Die antiken Philosophen dachten über den Magnetismus nur nach; systematische Experimente machte keiner von ihnen. Wirklich neue physikalische Erkenntnisse brachte das Altertum tausend Jahre lang nicht. Auf die Idee, dass man die magnetische Kraft auch praktisch anwenden könnte, kam daher niemand.

Die erste glaubwürdige Nachricht über eine praktische Anwendung des Magnetismus hat uns der englische Mönch Alexander Neckam hinterlassen. Der gelehrte Abt der Augustinerabtei in Gloucestershire – er wirkte auch jahrelang als Professor in Paris – schreibt in seinem Werk «De utensilibus» (Über die Geräte) im Jahr 1186:

«Der wohlausgerüstete Seemann soll eine magnetische Nadel haben. Diese zeigt mit ihrer Spitze nach Norden und daraus erkennen die Seeleute, wohin sie zielen müssen.» Auch in seiner zweiten Schrift «De naturis rerum» (Über die Natur der Dinge, Handbuch des naturwissenschaftlichen Wissens des 12. Jh.) erwähnt Neckam «die wunderbare Eigenschaft des Magnetsteines, den Schiffen bei Nacht und Nebel den sicheren Weg zu weisen».

Alexander Neckams Notiz ist die erste europäische Nachricht über die Entdeckung der magnetischen Richtungskraft und ihrer Anwendung zu Navigationszwecken. Wo und wann der magnetische Kompass erfunden wurde, erfährt man vom Autor allerdings nicht. Dass sich der Magnetstein unter Umständen von selbst in die Nord-Süd-Richtung stellen kann, war zwar in China schon lange bekannt, ein technisch reifes Navigationsgerät vermochte man dort aber, wie aus dem Reisetagebuch von Marco Polo und auch aus den späteren Berichten der Missionare erkennbar ist, nicht zu entwickeln.

Der berühmte «süd-weisende Wagen» aus dem dritten vorchristlichen Jahrhundert mit einer den Weg zeigenden Figurine, der lange als Beweis für die chinesische Vorreiterrolle in der Magnetnavigation diente, hat sich schließlich als eine rein mechanische Einrichtung entpuppt. Der Autor dieser Legende, die 1834 in die Welt der Wissenschaft getragen wurde, der Orientalist und Philologe Heinrich Julius Klaproth, war eben kein Physiker und hatte einfach den entsprechenden chinesischen Text zu phantasievoll interpretiert. Und da sich dann niemand die Mühe gab zu kontrollieren, ob das Gerät überhaupt physikalisch funktionieren konnte, ob eine leistungsschwache Nadel fähig ist, eine schwere Figur in Bewegung zu bringen, geisterte der chinesische «Magnetwagen» über 150 Jahre lang durch die Fach- und Sachliteratur.

Um einen Technologietransfer aus China, wie oft behauptet wurde, handelte es sich beim Kompass also kaum. Auch Araber kommen als Kompasserfinder nicht in Frage, da die ersten entsprechenden arabischen Berichte erst einhundert Jahre nach Alexander Neckam geschrieben wurden.

Dass es sich beim Kompass, einer der bedeutendsten Erfindungen des Mittelalters, um eine selbständige westeuropäische Entwicklung handeln könnte, beweisen indirekt auch die Schriften, die nach Alexander Neckam über die Magnetnadel verfasst wurden; sie stammen praktisch alle von westeuropäischen Autoren und wurden vorwiegend von Geistlichen verfasst. Keiner der Autoren betrachtete das neue Navigationsinstrument als eine außereuropäische Erfindung.

Auch finden wir in den Werken des englischen Franziskaners Roger Baco keinen Hinweis auf einen asiatischen oder arabischen Ursprung des Kompasses, obwohl sich dieser mit den magnetischen Erscheinungen gründlich beschäftigte. Der als «doctor mirabilis» (wunderbarer Lehrer) bezeichnete Schüler des hl. Alberts des Großen versuchte im Jahr 1267, die Quelle der Anziehungskraft zu finden, die auf die magnetische Nadel wirkt. Roger Baco sah die Ursache der magnetischen Anziehung im Gegensatz zur herrschenden Meinung nicht direkt in den Sternen, sondern in einem außerstellaren Himmelspunkt. Dass die Anziehungskraft nicht aus dem Himmel, sondern aus der Tiefe der Erde kommt, ahnte zu dieser Zeit noch niemand.

Roger Baco war Freund von Pierre de Maricourt, der sich später als Kreuzritter Petrus Peregrinus (Pilger) nannte und im Jahr 1269 in Italien die erste technisch-wissenschaftliche Monographie über den Magnetismus verfasste. Peregrinus erkannte als Erster, dass jeder Magnet zwei unterschiedliche Pole hat, und beschrieb auch erstmals die genaue Konstruktion des Kompasses.

Zu Anfang des 14. Jh. war der magnetische Kompass in Europa schon allgemein bekannt und wurde auch gewerblich hergestellt. Das Produktionszentrum lag bei Neapel in Italien. Die Herstellung von brauchbaren Schiffskompassen war aber gar nicht so einfach; in der damaligen Zeit stellte der Kompass einen Höhenpunkt der Technologie dar. Die Nadel musste aus einem leicht magnetisierbaren, gleichzeitig aber die Magnetkraft lange haltenden Eisenmaterial gefertigt werden. Sie musste leicht beweglich sein, aber gleichzeitig auch wieder stabil genug verankert werden, um die Anforderungen der Seefahrt zu erfüllen. Und man musste die Magnetisierungstechnik perfekt beherrschen. All dies erforderte handwerklich sehr anspruchsvolle Prozesse.

Als Christoph Kolumbus im August 1492 mit drei Segelschiffen Europa in Richtung Westen verließ, hatte er mehrere Kompasse an Bord; ohne die magnetische Navigation hätte er die Reise schwerlich machen können. Am 13. September notierte er in seinem Logbuch: «Wüsste ich nicht, dass der Allmächtige schützend die Hand über mich hält, müsste ich nun den Mut verlieren.» Erschrocken stellte er nämlich fest, dass die Kompassnadeln, die noch am Abend leicht nach Nordwesten zeigten, jetzt nach Nordosten abwichen.

Damit entdeckte er nicht nur Amerika, sondern kurz vorher auch die magnetische Deklination. Allerdings war er sich sowohl bei Amerika als auch bei der Deklination seiner Entdeckungen nicht bewusst.

Die wahre Ursache des Phänomens der Deklination (der Abweichung zwischen geographischer und magnetischer Nordrichtung, die insbesondere bei der Navigation mit dem Kompass von Bedeutung ist), nämlich die Tatsache, dass die erdmagnetischen Pole nicht genau mit den geographischen Polen übereinstimmen, war in jener Zeit noch unbekannt. Sie wurde erst viel später entdeckt.

Wie schon erwähnt, machten viele Gelehrte damals die hoch im Norden gelegenen märchenhaften Magnetberge für die Nadelabweichungen verantwortlich. Der schwedische Bischof Olaus Magnus zeichnete auf seiner Nordeuropakarte von 1539 den magnetischen Anziehungspunkt als eine Insel ein. Mit seiner Vision lag er dabei nicht ganz falsch, denn der magnetische Nordpol liegt tatsächlich auf den Nordinseln Kanadas.

In der Reformation blieb der Katholik Olaus Magnus dem Papst treu, verließ das protestantisch gewordene Schweden und starb schließlich in Rom. Er hat uns eine der ersten Geographien des europäischen Nordens hinterlassen.

Dank der christlichen Missionare wurde der Kompass auch außerhalb Europas verbreitet. Als der Jesuit Matteo Ricci im Jahr

1583 zum ersten Mal China erreichte, lag in seinem Reisegepäck auch eine Kompassnadel. Diese stellte den Berichten nach für die Einheimischen ein neues, bewundernswertes Instrument dar.

Im Sommer 1633 machte der Pfarrer und Astronom Henry Gellibrand in London eine überraschende Entdeckung: Die magnetische Deklination, die Abweichung der Magnetnadel von der exakten Nord-Südrichtung, bleibt nicht konstant, sondern ändert sich mit der Zeit. Innerhalb von 50 Jahren, so das Resultat von Gellibrands Untersuchung, verschob sich in London der Deklinationswinkel um volle sieben Grad. Nicht nur die ganze Erdkugel, sondern auch ihr inneres Magnetfeld ist also in Bewegung. Die Erde ist zwar magnetisch, ihr Verhalten entspricht aber nicht dem eines festen Naturmagneten.

Es war selbstverständlich nicht so leicht, die kleinen Winkelveränderungen der Magnetnadel genau zu erfassen. Einen wichtigen Beitrag zur magnetischen Messtechnik leistete 1683 der französische Physiker Abbé Jean de Hautefeuille. Er schlug vor, zur genauen Beobachtung der Magnetnadel ein spezielles Fernrohr zu verwenden.

Dass die Magnetnadel als «Finger Gottes» bezeichnet wurde, ist verständlich; der Kompass ermöglichte eine genaue Orientierung nicht nur auf dem Meer, sondern auch auf dem Land und sogar unter der Erde, im Bergbau. Über die unterirdische Anwendung des Kompasses berichtete als Erster Johann Mathesius, lutherischer Reformator und Pastor im tschechischen Joachimsthal. In «Sarepta oder Bergpostille», einer 1564 in Nürnberg publizierten Sammlung seiner Predigten für die Silberminen-Bergleute, behandelt er neben den religiösen Fragen auch konkrete technische Probleme der Arbeit unter Tage, den Kompass inbegriffen.

Magnetnadel

Die Bezeichnung «der Finger Gottes» für die magnetische Nadel findet sich zuerst im bahnbrechenden Werk «De Magnete» (1600) des Londoner Arztes und Physikers William Gilbert. Gilbert gilt als Entdecker des Erdmagnetismus:

Die Erde sei ein großer Magnet, lehrte er. Er führte auch den Begriff «Elektrizität» in die Wissenschaft ein. Er sah, wie auch später Johannes Kepler, im Magnetismus die physikalische Ursache der täglichen Erdumdrehung und des monatlichen Mondumlaufs. Der Begriff «Magnet» war zwar seit der Antike bekannt, der allgemeine Ausdruck «Magnetismus» tauchte aber erst im Jahr 1616 in der Schrift «Magneticall Advertisements» (Magnetische Ankündigung) des englischen Geistlichen William Henry Barlow auf. Das allererste Bild des Linienfeldes eines Magneten entwarf der Jesuit Niccolo Cabeo 1629. Welche Form das erdmagnetische Feld hat, veranschaulichte bildlich als Erster Abbé de Vallemont im Jahr 1696.

Dank des Kompasses konnte man nun zum ersten Mal in der Geschichte auch unterwegs die Zeit genau bestimmen. Als Reiseuhren haben sich im 16. Jh. die kompakten Kompass-Sonnenuhren am besten bewährt. Auf der horizontalen Sonnenuhr wurde eine Magnetnadel befestigt, die als Aufstellungshilfe diente.

Zu den bedeutendsten Sonnenuhren-Kundigen gehörte damals der Basler Sebastian Münster. Der zum Protestantismus konvertierte Franziskaner ging dank seines Werks «Horologiographia» (Beschreibung und Abmessung der Zeit) (1533) als «Vater der Sonnenuhr-Literatur» in die Wissenschaftsgeschichte ein.

Die Deklination, die Ortmissweisung, zeigt auf jedem Punkt der Erde einen anderen Winkelwert; in Mitteleuropa weicht die magnetische Nadel zur Zeit um etwa 2.5 Grad vom geographischen Norden ab. Und der magnetische Pol ist instabil, er verändert seine Lage jährlich um etwa 10 km. Darüber hinaus kommt es etwa alle 500 000 Jahre zur Umpolung, zum so genannten Polsprung.

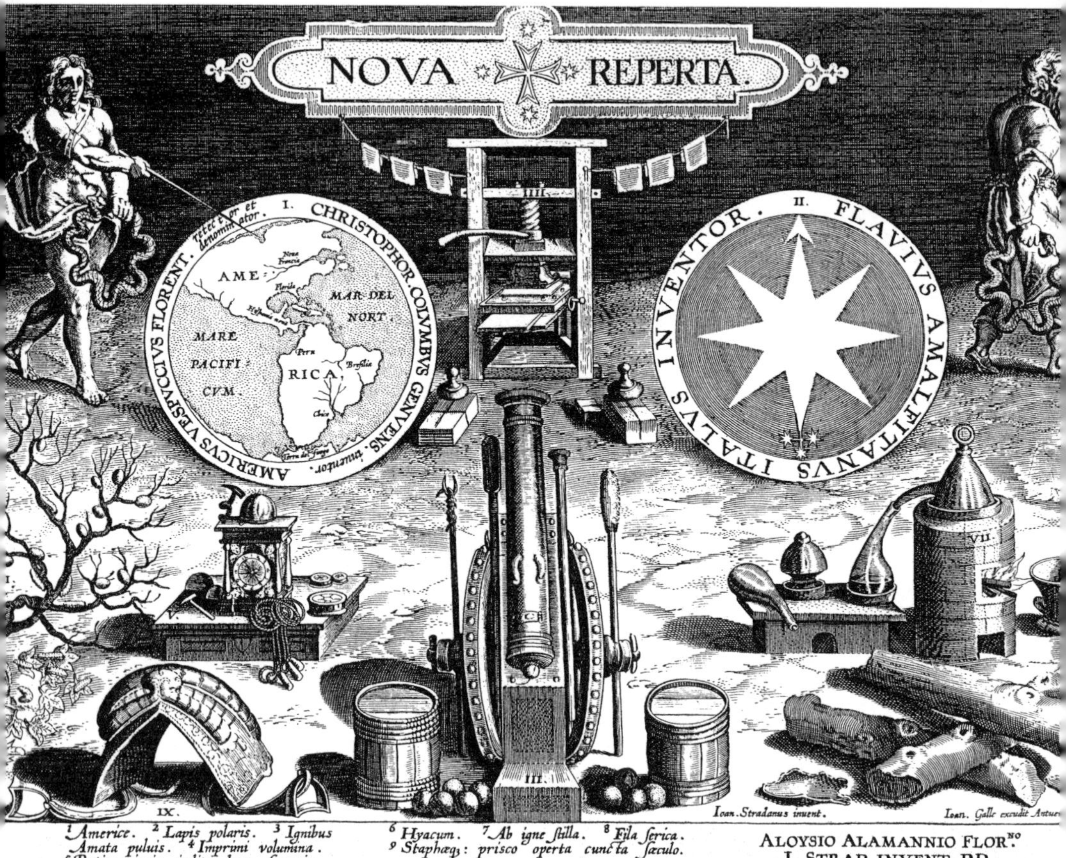

Der magnetische Kompass wurde in der frühen Neuzeit als eine der wichtigsten Entdeckungen der Geschichte angesehen. Dies illustriert anschaulich das Bild im Buch der Erfindungen von Johannes Stradanus «Nova Reperta» (Neue Erfindungen) aus dem Jahr 1585. Nach der Entdeckung Amerikas (I) steht der Kompass (II) gleich an zweiter Stelle. Dann folgen Schießpulver (III), Buchdruck (IV) und die mechanische Uhr (V). Als Erfinder des Kompasses wird hier fälschlicherweise der Kompasshersteller Flavio Gioia aus Amalfi (Italien) angegeben.

Heliozentrismus – eine Schöpfung der Geistlichen

Kardinal Cusanus, Kanonikus Kopernikus und Pater Riccioli

Der Streit um das kopernikanische Weltmodell stellt das bekannteste Beispiel dar, mit dem die angebliche Antiwissenschaftlichkeit der Westkirche üblicherweise demonstriert wird. Es war demnach der Vatikan, der die wahre Entwicklung der modernen Astronomie verhindert habe.

Gäbe es die Theologen nicht, dann hätte man, so die verbreitete Meinung, nicht jahrhundertelang auf das heliozentrische Weltbild warten müssen, sondern man hätte es gleich nach der Entstehung des Christentums von den alten Griechen übernehmen und auf das rückständige geozentrische System des Claudius Ptolemäus verzichten können.

Obwohl die ersten Ideen zum Heliozentrismus aus dem alten Griechenland, vielleicht auch aus Indien, stammen, wurden sie dort nie als Weltmodelle allgemein anerkannt. Außerhalb der engen Gelehrtenkreise hat kaum jemand von ihnen Kenntnis genommen. Der so oft kritisierte Claudius Ptolemäus war auch gar kein bibeltreuer Christ, sondern ein griechischer Polytheist, ein Heide.

Ob die heliozentrische Astronomie wirklich bessere Resultate als die geozentrische geliefert hätte, wissen die Kritiker der Westkirche allerdings nicht. Sie nennen auch kein Beispiel, welches beweisen könnte, dass sich in anderen Religionen die Astronomie tatsächlich schneller als im christlichen Europa entwickelt hätte. Und sie beantworten auch nicht die berechtigte Frage, warum die moderne Astronomie ausgerechnet auf dem Boden der konservativen Westkirche und nicht anderswo entstanden ist.

Es ist doch sonderbar, dass die Hypothese der griechischen Philosophen nicht unter dem sternklaren Himmel des Morgenlandes, sondern unter dem halbbedeckten Sternenhimmel des Abendlandes zu einer mathematischen Theorie entwickelt wurde. Dass das heliozentrische System im Einflussbereich des westlichen Christentums überhaupt entstehen und trotz allem auch überleben konnte, beweist also, wie offen die Kirche dort für neue Ideen war.

Die historischen Fakten der Entstehung des Heliozentrismus vermitteln ein ganz anderes Bild, als in der Regel suggeriert wird. Sie zeigen, dass Nikolaus Kopernikus ein treuer Diener der Kirche war und dass sein Werk nicht gegen den Willen Roms, sondern im Gegenteil nur Dank der Initiative und Hilfe der kirchlichen Würdenträger veröffentlicht werden konnte.

Darüber hinaus erhellen aus den Fakten sowohl die wirklichen Hintergründe, die zur kirchlichen Suspendierung des Buches von Kopernikus geführt haben, als auch die wirkliche Form, in der das Buch verboten wurde. Sein Werk hat man keineswegs in alle Ewigkeit verdammt, es wurde lediglich als korrekturbedürftig beiseite gelegt. Und das geschah interessanterweise nicht gleich nach der ersten Publikation, sondern erst ein halbes Jahrhundert später.

Nikolaus Kopernikus (lateinisch Nicolaus Copernicus), geboren am 19. Februar 1473 in der westpolnischen Stadt Thorn (Torun) an der Weichsel, stammte aus einer mit dem Glauben stark verbundenen Familie: Sein Vater, ein Kaufmann, war Mitglied des Ordens des heiligen Dominikus. Er starb, als Nikolaus erst zehn Jahre alt war. Sein Bruder war Kanonikus, seine Schwester wirkte als Äbtissin in einem Zisterzienserinnen-Kloster und der Onkel Lukas Watzenrode der Jüngere war der Fürstbischof von Ermland und sorgte für die Ausbildung der vier verwaisten Kinder. Nikolaus selbst besuchte eine Pfarrerschule und wurde nach dem Tod des Vaters von seinem Onkel Watzenrode 1497 in den geistlichen Stand eingeführt. Kopernikus wurde in den Jahren 1510, 1519, 1525 und 1528 zum Kanzler des Ermländer Domkapitels gewählt.

Bevor er die Pflichten des Domherrn vom Ermland (Warmia) übernahm, hielt er sich zuerst mehrere Jahre in Italien auf, wo er das kanonische Recht, Medizin und Mathematik studierte. Danach wirkte er auch noch jahrelang als Sekretär und Leibarzt des Bischofs im Schloss Heilsberg (heute: Lidzbark Warminski). Kopernikus war jahrzehntelang bis kurz vor seinem Tod Kanoniker in Frauenburg.

In die Zeit seines Aufenthaltes in der Bischofsresidenz um 1510 fällt auch sein erster Entwurf des neuen Weltsystems. In der Abhandlung «Über die Erklärungsgrundlagen der Bewegungen am Himmel», heute als «Commentariolus» bekannt, schreibt er der Erdkugel neben den zwei Grundbewegungen – um die Sonne und um die eigene Achse – auch noch das langjährige Schaukeln der Rotationsachse zu. Mit der Publikation seiner Thesen wartete Kopernikus jedoch ab; nicht weil er vor der Inquisition Angst gehabt hätte, wie oft unterstellt wird, sondern in Ermangelung wissenschaftlicher Beweise.

Auf die Idee des heliozentrischen Systems kam er nicht durch eigene astronomische Tätigkeit in einer öffentlichen Sternwarte, sondern vorwiegend durch reine Denkarbeit, die auf Resultaten der anderen Gelehrten beruhte. Nikolaus Kopernikus haben ursprünglich nur die verwickelten Himmelsbewegungen der Planeten interessiert.

Da bis dahin die Planetenbahnen mittels eines komplizierten Kreissystems, der Epizykel, erklärt werden konnten, wie es auch Ptolemäus tat, versuchte Kopernikus einfach nur, eine bessere mathematische Methode zu finden.

«Ich dachte oft darüber nach», schrieb er, «ob sich eine vernünftigere Art von Kreisen finden ließe, von denen alle Ungleichheit abhinge, wobei sich alle gleichförmig bewegen würden.» Und er stellte fest, dass dies dann möglich war, wenn man annahm, dass sich alle Planeten, die Erde inbegriffen, in konzentrischen Kreisen um die Sonne bewegten.

Die zwei wichtigsten kosmologischen Grundsätze seiner Theorie lauteten deshalb:

«Der Erdmittelpunkt ist nicht der Mittelpunkt der Welt», und: «Der Mittelpunkt der Welt liegt in Sonnennähe.»

Da sich aber sowohl die Planeten als auch die Erde in Wirklichkeit nicht auf kreisförmigen, sondern, wie erst später Kepler entdeckte, auf elliptischen Bahnen bewegen, stimmte seine Theorie mit den astronomischen Beobachtungen nicht genau überein. Sie lieferte, obwohl sie grundsätzlich einfacher und plausibler als diejenige von Ptolemäus war, für die Praxis, und zwar sowohl der Astronomen als auch der Seefahrer, kaum bessere Ergebnisse. Bei der Mondtheorie musste Nikolaus Kopernikus sogar auf die ideale Kreisbahn verzichten und wieder die alte Epizykeltheorie anwenden.

Die Idee des Nikolaus Kopernikus bezüglich der Erdbewegung war, wie erwähnt und wie er auch selbst in der Vorrede zu seinem Buch zugibt, nicht neu. Sie wurde schon in der Antike im 5. Jh. v. Chr. von den Pythagoräern, wie z.B. von Philolaos, gelehrt. Das erste heliozentrische System entwarf dann Aristarchos zwei Jahrhunderte später. Die Erdbewegungslehre wurde aber von den meisten Philosophen und Astronomen, wie auch von Aristoteles oder Ptolemäus, als absurd verworfen. Und das nicht aus religiösen, sondern aus wissenschaftlichen Gründen.

Auch Kardinal Nicolaus Cusanus (Nikolaus von Kues), einhundert Jahre vor Nikolaus Kopernikus forschend, hatte schon über die Bewegung der Erde nachgedacht. Im Kapitel über die Bewegung in der Abhandlung «Die belehrte Unwissenheit» (De docta ignoratia, 1440) erklärt er zuerst (quasi als Vorläufer Einsteins), dass es keine absolute Bewegung geben kann und dass die Welt, obwohl sie nicht unendlich ist, doch unbegrenzt ist. Der Mittelpunkt der Welt ist Gott und somit kann die Erde nicht unbeweglich in der Weltmitte verharren. Er schreibt:

«Daraus geht klar hervor, dass sich die Erde bewegt, wenn sich das uns in der Erscheinung auch nicht aufdrängt. Erde, Mond und Planeten bewegen sich um einen Pol in verschiedenen Abständen und verschiedenen Geschwindigkeiten.»

Und vorahnend, dass die Erdbahn keinen idealen Kreis darstellt:

«Die Gestalt der Erde ist kugelförmig, ihre Bewegung kreisförmig, könnte jedoch vollkommener sein.»

Cusanus nimmt weiter an, dass auch andere Planeten bewohnt sind und dass es unendlich viele Sterne gibt. Aus dem Bau des Universums folgert er dann:

«Gott hat sich bei der Erschaffung der Welt der Arithmetik, der Geometrie, der Musik und der Astronomie bedient, Künste die auch wir anwenden.»

Bevor sich Nikolaus von Kues zum Studium der Theologie und damit für die kirchliche Laufbahn entschloss, erwarb er den Doktortitel in Jura. Auf dem in den Jahren 1432 bis 1437 durchgeführten Konzil von Basel war Nikolaus von Kues Vorsitzender

der «Deutschen Nation». Nachher wirkte er als Domkanoniker in Lüttich. 1450, im Alter von 49 Jahren, wurde er von Papst Nikolaus V. in den Kardinalsstand erhoben.

Seine wissenschaftliche Tätigkeit war sehr umfangreich. Mit seinen Vorstellungen von der Erdrotation, von der Unendlichkeit des Alls oder von der Bewohnbarkeit der Planeten, nahm er die Ideen vieler späterer Denker wie Kopernikus vorweg. Allerdings war es erst Nikolaus Kopernikus, der eine begründete Theorie und nicht nur eine wage Hypothese oder Spekulation der Erdbewegung vorlegte und so die Lehre glaubwürdig machte. Und das, obwohl er eigentlich kein professioneller Astronom war.

Das Manuskript des berühmten Werkes von Nikolaus Kopernikus «Von den Umdrehungen der Himmelskörper» («De revolutionibus orbium caelestium») beendete der Astronom um 1530. Es dauerte dann noch mehr als zehn Jahre, bis das Buch schließlich 1543 herauskam. Für die Verzögerung war aber nicht die Kirche verantwortlich; im Gegenteil, ohne die Unterstützung und Ermutigung der Geistlichen wie z.B. des Bischofs Tiedemann Giese oder des Kardinals Nikolaus von Schönberg, wäre es nicht zur Publikation des Werkes gekommen. Auch die damaligen Päpste wie Papst Clemens VII., der sich schon 1533 über das kopernikanische System informieren ließ, und Papst Paul III., dem Kopernikus in seinem Buch die Vorrede widmete, spielten hier eine durchaus positive Rolle.

Was das allgemeine kosmologische Weltbild betrifft, so änderte die Lehre von Nikolaus Kopernikus lediglich die Vorstellung vom Planetensystem. Die manchmal auftauchende Behauptung, er hätte auch die mittelalterliche, von den Geistlichen angeblich propagierte Flacherdelehre zerstört und die Erdkugelidee durchgesetzt, hat mit der historischen Realität nichts zu tun.

Die Vorstellung von der Kugelform der Erde wurde seit der Spätantike von keinem namhaften Theologen je in Frage gestellt. Nikolaus Kopernikus hat auch die Erdkugellehre als die unbestrittene zeitgenössische Gelehrtenmeinung in sein System übernommen. Auch im Geozentrismus des Claudius Ptolemäus galt die Erde als Kugel.

Nikolaus Kopernikus hat ebenfalls an der alten Vorstellung vom Sternenhimmel nichts verändert. Er sah zwar die fünf damals bekannten Planeten Merkur, Venus, Mars, Jupiter und Saturn – inklusive Erde – in der Kreisbewegung, die unzähligen Sterne beließ er aber weiter eingebettet in einer starren Schale, der Fixsternensphäre, die als «Himmel» das Universum abgrenzte. Ein Revolutionär war er nicht.

Revolutionärer waren die Ideen des Dominikanermönchs Giordano Bruno, der vierzig Jahre später behauptete, dass es sich bei den Sternen um sonnenähnliche Himmelskörper handeln könnte, dass es also keine Himmelssphären gäbe und dass das Universum deshalb keine Grenzen habe.

Das kopernikanische System hat auf die damalige Menschheit, abgesehen von einigen Gelehrten, keinen großen Eindruck gemacht. Zum Bestseller wurde das Buch von Nikolaus Kopernikus nicht. Und zu seiner Popularität hat ihm eigentlich erst die kirchliche Kritik verholfen. Ein halbes Jahrhundert lang kann von einer «kopernikanischen Revolution» keine Rede sein. Neben der ersten Ausgabe in Nürnberg im Jahr 1543 wurde es im 16. Jh. nur noch einmal im Jahr 1566, und zwar in Basel von dem Theologen Christian Wurstisen, publiziert. Auch im 17. Jh. kam das Werk nur zweimal, in den Jahren 1617 und 1640, in Amsterdam heraus.

Eine ganze Reihe von Theologen war davon überzeugt, dass die kopernikanische Lehre, zumindest als Arbeitshypothese, nicht im Widerspruch zur Heiligen Schrift stehe. So auch Bischof Tiedemann Giese, Kardinal Nikolaus Schönberg oder der reformierte Theologe Andreas Ossiander. Fast ein volles dreiviertel Jahrhundert hat auch der Vatikan auf die Theorie von Nikolaus Kopernikus nicht negativ reagiert. Im Gegenteil, einige seiner Berechnungen wurden sogar für die päpstliche Kalenderreform von 1582 (unter Papst Gregor VIII., 1572-1585) benützt.

Übrigens wurden auch Cusanus' Ideen von der beweglichen, nicht im Mittelpunkt der Welt liegenden Erde von der Kirche nie angegriffen.

Erst 1616, nach der Veröffentlichung der provokativen Schrift von Theologieprofessor Paolo Antonio Foscarini, wurde das in der Öffentlichkeit bislang kaum bekannte Werk zusammen mit der betreffenden Abhandlung von Paolo Foscarini auf den Index gesetzt. Foscarini war Karmeliter (nach dem Berg Karmel von

Kreuzfahrern in Israel gegründete Ordensgemeinschaft). Er verteidigte die Lehre des Kopernikus vehement.

Das Buch von Nikolaus Kopernikus wurde aber, im Gegensatz zu der Schrift von Foscarini, nicht verdammt, sondern nur bis zu einer entsprechenden Korrektur beiseite gelegt.

Päpstlich wieder freigegeben wurde die kopernikanische Theorie im Jahr 1822.

Allerdings wurde Nikolaus Kopernikus auch von den Reformatoren nicht sofort akzeptiert. Früher als von Rom wurde seine Theorie sowohl von Martin Luther, der den Autor als einen Narren bezeichnete, als auch von Philipp Melanchthon, der sie absurd fand, verworfen. Gegen das kopernikanische System war auch Johannes Calvin. Obwohl er die Erdrotation anerkannte, war der evangelische Bischof Johann Amos Komenius gegen Nikolaus Kopernikus.

Dass es nicht nur religiöse, sondern auch sachliche Gründe gab, die die Kirche zur Ablehnung des Heliozentrischen Systems brachten, bezeugt die Tatsache, dass auch für viele nichtgeistliche Wissenschaftler, wie für die Astronomen Tycho de Brahe und Johannes Hevelius oder den englischen Gelehrten Francis Bacon, Nikolaus Kopernikus inakzeptabel war.

Obwohl sein System mathematisch viele Vorteile aufwies, stand Kopernikus für das allgemeine Verständnis oft in Beweisnot. Wenn sich die Erde wirklich schnell unter unseren Füßen von Westen nach Osten dreht, so der übliche Einwand, warum fallen dann Steine aus der Höhe senkrecht zu Boden und landen nicht, der Bewegung entsprechend, westlich?

Und auch die astronomische Frage, warum man keine Verschiebung (Parallaxe) der Sterne, die zwangsläufig durch den Umlauf der Erde um die Sonne entsteht, beobachtet, konnte Nikolaus Kopernikus nicht plausibel beantworten. Das klärte erst Friedrich Wilhelm Bessel durch die Bestimmung der Parallaxe vom Stern 61 Cygni im Jahr 1838. Für diese bahnbrechende Arbeit erhielt 1841 die Goldmedaille der «Royal Astronomical Society».

Andererseits gab es aber auch einige katholische Geistliche, wie die gelehrten Jesuiten Honoré Fabri und Daniello Bartoli, welche die Theorie von Kopernikus weiter propagierten.

Kopernikus' Weltsystem wurde von der Kirche abgelehnt, aber nicht totgeschwiegen. Wer wollte, konnte sich auch bei den Kritikern über dessen Inhalt informieren. Zum Beispiel in Athanasius Kirchers Werk «Iter exstaticum coeleste» (Die verzückte Himmelsreise), wo der berühmte Jesuit und Kopernikusgegner gar sechs Weltmodelle, inklusiv demjenigen des Nikolaus Kopernikus, objektiv untersucht und vergleicht. Das Gleiche gilt auch für das Werk «Almagestum novum astronomiam» (Handbuch der neuen Astronomie) des Jesuiten Giovanni Riccioli. Die Chinesen schließlich lernten das kopernikanische System dank der Jesuiten kennen.

Ob nun die Astronomen zu Anhängern oder Gegnern von Kopernikus zählten, auf ihre konkreten Arbeitsresultate hatte dies keinen relevanten Einfluss. Nicht nur Kopernikaner, sondern auch Antikopernikaner gingen in die Geschichte der Astronomie ein. Einer davon war der genannte Jesuit Riccioli.

Johannes (italienisch Giovanni, englisch John) Riccioli trat 1614 als sechzehnjähriger Jüngling in den Jesuitenorden ein. Er wirkte als Philosophie- und Theologieprofessor in Parma und Bologna. 1650 beschrieb er als Erster einen Doppelstern (Mizar-Alkor im Großen Wagen). Bekannt wurde er hauptsächlich durch seine Mond-Topographie und die Nomenklatur, die er in seinem Hauptwerk «Almagest» ein Jahr später publizierte. Er schlug vor, den Mondkratern (die entsprechende Mondkarte hatte sein Ordensbruder Francesco Maria Grimaldi gezeichnet) die Namen der berühmten Gelehrten (also religiös neutral) zuzuschreiben. Diese Regelung hat sich bis heute erhalten und wurde sogar in den sechziger Jahren für die unsichtbare Mondseite angewendet. (Diese wurde 1959 aus der russischen Sonde Luna 3 erstmals fotografiert und 1968 aus dem amerikanischen Apollo 8 vom Astronauten William Anders erstmals gesehen.)

Jesuiten auf dem Mond

Dass heute 35 sichtbare Mondkrater Jesuitennamen tragen, hat nichts damit zu tun, dass der Vater der Nomenklatur ein Jesuit war, sondern vielmehr damit, dass es unter den Jesuiten viele Forscher gab.

Bis zum Anfang des 17. Jahrhunderts konnten sich die Kenntnisse der Astronomen lediglich auf die Schärfe ihrer Augen stützen. Kopernikus oder auch noch Tycho de Brahe (er starb 1601) vermochten am Himmel nicht mehr Sterne und Planeten zu sehen, als schon in der Antike Aristoteles oder Ptolemäus. Jahrhundertelang war der Himmel der Astronomen der gleiche wie derjenige des einfachen Volkes; ein alternder Astronom sah daher weniger Sterne und weniger Einzelheiten auf dem Mond als ein junger Bauer. Da halfen den Gelehrten auch die besten Sternwarten nichts.

Es waren auch Jesuiten, die als eine der Ersten die Mondoberfläche teleskopisch untersuchten und kartographisch verarbeiteten. So z.B. der italienische Jesuitenpater Gerolamo Sersale im Jahr 1650 oder ein Jahr danach Giovanni Battista Riccioli, der in seinem Werk «Almages-tum novum astronomiam» (Handbuch der neuen Astronomie) die erste detaillierte Mondkarte veröffentlichte. Die wichtigsten Mondobjekte, insbesondere die Krater, benannte Giovanni Riccioli (man verdeutscht manchmal seinen Vornamen zu Johannes) dabei nach berühmten Persönlichkeiten; eine Praxis, die auch die moderne Astronomie übernommen hat. Und so tragen 35 Mondkrater – von insgesamt 800 – Namen der gelehrten Jesuiten, wie Zucchi, Clavius, Kircher oder Secchi. Auch der Schweizer Jesuit Cysat gehört dazu. Der Name Riccioli erscheint auf dem Mond zweimal; als Name für einen Krater und eine Rille. Beruflich wirkte Riccioli als Theologieprofessor.

Neben den Namen von Jesuiten findet man zwischen den Kraternamen auf dem Mond auch noch Namen von vielen anderen Geistlichen. Es ist da vertreten der Franziskaner Baco, der Benediktiner Maurolycus, der Augustiner Mendel, der Karmeliter Foscarini oder der Kamaldulenser Fra Mauro. Auch Bischöfe wie Oresme, Kardinäle wie Pierre d'Ailly und Nicolaus Cusanus und sogar Päpste wie Papst Pius II. – Enea Silvio de'Piccolomini

– sind auf dem Mond verewigt. Selbstverständlich fehlt dort der Name des Kanonikus Kopernikus nicht. Von der Namensgruppe der nichtkatholischen Geistlichen ist ein Krater dem Diakon Flamsteed gewidmet.

Geozentrismus

Das Wort geozentrisch bedeutet nicht, dass die Erde unbeweglich ist, sie kann z.B. rotieren. Erst das Adjektiv geostatisch bezeichnet eine volle Unbeweglichkeit der Erde.

Auf der Waage der Wissenschaft hat das Tychonische System ein größeres Gewicht als dasjenige des Kopernikus. Das geozentrische Modell ist aus dem Wettbewerb herausgefallen. Aus dem Werk des Jesuiten Riccioli «Almagestum novum astronomiam» (Handbuch der neuen Astronomie, 1651).

Astronomie der Nichtkopernikaner

Von den Sonnenflecken zu den Schwarzen Löchern und zum Big Bang

Kopernikus hat zwar das astronomische Weltbild – allerdings nur im Bereich des Sonnensystems – verändert, auf die konkrete astronomische Forschung war sein Einfluss jedoch nur gering. Ob man die Bewegung der Himmelskörper als eine reale oder scheinbare Erscheinung betrachtete, spielte für die beobachtende Astronomie keine Rolle. Für sie, wie für alle Menschen, stand die Erde immer fest. Die Erfolge der Nichtkopernikaner waren daher keineswegs kleiner als diejenigen der überzeugten Kopernikaner. Auch hundert Jahre nach Kopernikus gehörten die gelehrten Jesuiten, die seine Lehre ablehnten, weiter zu den erfolgreichsten Astronomen der frühen Neuzeit in Europa.

Der Jesuitenpater Christophor Scheiner beobachtete um 1610 als Erster die Sonnenflecken (praktisch gleichzeitig mit Galilei und dem reformierten Pfarrer David Fabricius) und konstruierte für die Sonnenbeobachtung auch das entsprechende Gerät, das Helioskop.

Sein Ordensbruder Niccolò Zucchi entdeckte einen riesigen Wirbel auf der gasförmigen Oberfläche des größten Planeten unseres Sonnensystems, den roten Jupiterfleck. Er erfand auch das Spiegelteleskop, eine Variante des Fernrohrs, bei dem anstatt einer Linse ein Hohlspiegel benützt wird.

Die Feststellung, dass sowohl die Sonne als auch der Planet Jupiter keineswegs ideal reine Himmelskörper sind, war gleichzeitig auch ein Beweis, dass die antike Vorstellung von ihrer Göttlichkeit (Jupiter war bekanntlich für die Römer der höchste Gott) falsch war. Darüber hinaus zeigte sich allmählich, dass die Sonnenflecken nicht nur ein Schönheitsfehler der Sonne und ein interessantes Phänomen der Astronomie darstellen, sondern dass sie auch für das irdische Leben eine wichtige Rolle spielen. Denn die dunklen Flecken auf der Sonnenoberfläche sind eigentlich riesige magnetische Wirbel, aus denen energiereiche Partikel zur Erde strömen. Diese können dann sowohl die biologische als auch die technische Umwelt des Menschen beeinträchtigen. Die Sonnenflecken verursachen so genannte magnetische Gewitter, Schwankungen des erdmagnetischen Feldes, was manchmal, insbesondere in den nördlichen Gegenden, auch zum Ausfall der elektrischen Netze führen kann.

Bei den Sonnenflecken handelt es sich um nichtstabile Gebilde, die wie die Wolken auf der Sonne wandern und eine elfjährige Periodizität (Wiederkehrs-Intervall) aufweisen. Sie beweisen einerseits, dass sich auch die Sonne wie die Erde und alle Planeten um die eigene Achse dreht, und andererseits, dass sie stark magnetisch ist.

Die Astronomie der Jesuiten wurde nicht nur in Euro-pa, sondern auch außerhalb Europas, insbesondere in China, hoch geschätzt. In Peking wirkte Pater Matteo Ricci seit 1582 als Hofastronom und einhundert Jahre später dann Pater Ferdinand Verbier als Observatoriumsdirektor. Im 18. Jahrhundert leitete der Jesuit Joseph Stepling das Observatorium in Prag und der Jesuit Maximilian Hell jenes in Wien.

Zu den Erfolgen der nichtkopernikanischen jesuitischen Astronomen zählen außerdem noch: die Entdeckung, respektive die erste Beschreibung des Orionnebels durch den Jesuiten Johann Baptist Cysat, die Beobachtung der Merkurphasen durch den Jesuiten Giovanni Battista Zupi im Jahr 1618 und die Mondkartographie vom Jesuiten Giovanni Battista Riccioli.

Johann Baptist Cysat stammte aus Luzern in der Schweiz. In den Jesuitenorden trat er 1604 in seinem siebzehnten Lebensjahr ein. Als Mitarbeiter von Christophor Scheiner in Ingolstadt assistierte er ihm bei der Beobachtung der Sonnenflecken und wurde dort später an der Universität als Mathematikprofessor auch zu seinem Nachfolger. Johann Cysat wirkte auch in Innsbruck und Luzern, wo er im Alter von 70 Jahren starb.

Johann Cysat befürwortete wie die meisten Jesuiten das Tychonische Weltsystem, in dem sich alle Planeten, außer der Erde, die unbeweglich ist, um die Sonne drehen. Als einer der Ersten meinte Johann Cysat, dass auch die Kometen wie die Planeten die Sonne umkreisen. Mit der Erforschung der Kometen hat sich Johann Cysat einen Namen in der Astronomie gemacht. Er gilt zudem als der Entdecker des Nebels im Sternbild Orion.

Die kosmischen «Nebel» sind selbstverständlich keine Wasserdampfwolken, sondern riesige Gebilde aus kosmischer Materie, aus der oft neue Sterne geboren werden. Sie liegen in der Regel tief im All; der Orionnebel in einer Entfernung von 1500 Lichtjahren. Einige befinden sich in unserer Galaxie, der Milchstraße, andere liegen außerhalb, weit entfernt im Kosmos.

Die Entdeckung der mondähnlichen Merkurphasen im Jahr 1639 durch den italienischen Astronomen Giovanni Battista Zupi (latinisiert Zupus) war gleichzeitig der erste direkte Beweis, dass der Planet wirklich um die Sonne kreist, wie es Kopernikus, aber auch Tycho de Brahe behauptet hatten.

Der Planet Merkur bewegt sich auf der innersten Umlaufbahn um die Sonne. Er ist viel kleiner als die Erde und hat eine dem Mond ähnliche Oberfläche. Im Gegensatz zu Venus, Mars oder Jupiter kann man ihn mit bloßem Auge am Himmel kaum erkennen. Dass die Venus ihre Gestalt ändert wie der Mond, hat schon früh Galileo beobachtet. Die Lichtphasen weisen nur die Planeten auf, die sich näher bei der Sonne als bei der Erde befinden, eben Merkur und Venus. Bei Mars oder Jupiter kommt es nicht zu diesem deutlichen Effekt. Allerdings gibt es auch beim Mars und allen anderen Planeten Phasen. Nur bei der Opposition (wenn der Planet von der Erde aus exakt gegenüber der Sonne steht) und bei der Konjunktion (wenn der Planet von der Erde aus hinter der Sonne durchgeht) sehen wir die ganze beleuchtete Halbkugel des betreffenden Planeten. In allen anderen Positionen schauen wir etwas schräg auf diese Halbkugel und sehen dann eine Form wie beim Mond kurz vor oder nach dem Vollmond. «Halbmond» oder gar Sicheln, kann es dabei aber nicht geben. Beim Mars ist der Effekt noch am deutlichsten, z.B. sind anfangs April 2008 nur 89,9 % des Marsdurchmessers beleuchtet.

Der englische Astronom Vikar James Bradley wurde durch zwei wichtige Entdeckungen berühmt: die Aberration des Lichtes im Jahr 1725 und die Nutation der Erdachse im Jahr 1748. Die Aberration ist eine scheinbare Verschiebung der Gestirne, die durch die Erdbewegung verursacht wird; als Nutation werden die periodischen kleinen Schwankungen der Erdachse bezeichnet. Neben der Achsendrehung und dem Sonnenumlauf weist die Erde eben auch noch einige andere Bewegungen auf.

Die ersten genauen Erkenntnisse über den Sternenhimmel der südlichen Hemisphäre stammen vom katholischen Geistlichen Abbé Nicolas Louis de Lacaille. Bei seiner astronomischen Expedition nach Südafrika in den Jahren 1750-1754 registrierte der Franzose auf dem Südhimmel zehntausend neue Sterne und erfand mehr als ein Dutzend neuer Sternbildnamen. Gleichzeitig bestimmte Lacaille, zusammen mit dem Astronomen Joseph Jérôme Lalande, der sich bei der Messung in Berlin befand, die genaue Mond-Erde-Entfernung. Ein Krater auf dem Mond heißt deshalb La Caille.

Die Sternbilder sind selbstverständlich keine «Bilder», sondern zufällig im Raum zerstreute Sterne, die nur aus der irdischen Perspektive eine bestimmte Form darstellen. Sie sind auch nicht stabil; aber ihr Erscheinungsbild ändert sich nur sehr langsam.

Heute gibt es offiziell 88 Sternbilder (nicht mit astrologischen Sternzeichen zu verwechseln), davon 32 am nördlichen und 56 am südlichen Himmel. Einige der südlichen Sternbilder, wie Orion oder Jungfrau, sind teilweise auch im Norden zu sehen. Dass die Namen der südlichen Sternbilder erst in der Neuzeit vergeben wurden, erkennt man an ihrer Modernität, z.B. Kompass, Mikroskop oder Luftpumpe.

Beachtenswert sind weiter die astronomischen Leistungen des englischen Predigers, Geologen und Astronomen John Michell. Er untersuchte so genannte Doppelsterne, zwei Sterne, die um ein gemeinsames Zentrum rotieren, baute Teleskope und sagte die Existenz der Schwarzen Löcher voraus. In seiner 1783 vor der Londoner Royal Society gehaltenen Rede erklärte John Michell, es könnten im Kosmos Körper mit so großer Anziehungskraft existieren, dass von ihnen kein Licht mehr entweichen könne und sie deshalb nicht sichtbar wären. Er dachte also über Phänomene nach, die erst im 20. Jahrhundert mit Hilfe der Relativitätstheorie erklärbar wurden. John Michell sprach allerdings nicht von «Schwarzen Löchern», wie es auch Einstein noch nicht tat, da dieser Begriff («Black Holes») als Synonym für unsichtbare Sterne erst 1967 aufkam.

Pater Angelo Secchi, einer der letzten Jesuiten-Astronomen, gilt als Begründer der modernen Sonnenspektroskopie – einer Methode, durch welche man aus den Lichtstrahlen die chemischen Elemente der Quelle bestimmen kann. (So wurde zum Beispiel das Element Helium zuerst in der Sonne – daher auch der Name – und erst später auf der Erde entdeckt.) Als Jean Bernard Léon Foucault 1851 in Paris durch seinen Pendelversuch einen physikalischen Beweis für die Existenz der Erdrotation erbrachte, wiederholte Pater Secchi als einer der ersten Gelehrten das spektakuläre Experiment mit Erfolg. Und das ausgerechnet im abermals skeptischen Rom.

Pater Angelo Secchi stellte auch fest, dass die Sonne nicht nur nicht der Mittelpunkt der Welt ist, wie noch Kopernikus dachte, sondern dass sie nicht einmal der Mittelpunkt unserer Galaxie, der Milchstraße, ist, wie im 19. Jahrhundert viele Gelehrte glaubten. Obwohl diese Entdeckung eigentlich unser kosmisches Weltbild viel mehr veränderte als die kopernikanischen Veränderungen im lokalen Sonnensystem, wird sie in der Regel kaum erwähnt.

Die Sonne ist ein Stern und gehört, wie alle Sterne, die wir am Nachthimmel sehen, zur Galaxie Milchstraße, unserer «Sternenstadt», in der sich insgesamt mehrere Milliarden Sterne befinden. Das ganze Sonnensystem umrundet das galaktische Zentrum einmal in zweihundert Millionen Jahren.

Angelo Secchi gehört zu den wenigen Gelehrten, deren Namen man auf dem Mond zweimal findet: Neben einem Krater wurde auch eine Gebirgsgruppe des Mondes nach ihm benannt.

Bei der Schöpfung wurden nicht nur die Hunderte von sichtbaren Sternen, sondern vielmehr Milliarden von unsichtbaren Galaxien, die aus Milliarden Sternen bestehen, geboren. Dass der Kosmos durch einen einmaligen Schöpfungsakt, den Urknall Big Bang, entstand und nicht von Ewigkeit her existierte, bezweifeln heute nur wenige Astronomen. Die Idee dieser faszinierenden Kosmologie geht ebenfalls auf einen Geistlichen zurück.

Es war der belgische Priester und Physiker Monsignore Georges Edouard Lemaître, der auf den Gedanken des explodierenden «Uratoms» als Ursprung der Welt um das Jahr 1925 herum kam. Im Ersten Weltkrieg diente Georges Lemaître als Artillerie-Offizier in der Armee, studierte danach Mathematik an der Katholischen Universität in Leuven (Löwen), wurde Priester und Hochschullehrer. Er verglich sein Uratom mit einem kosmischen Ei, aus dem schlagartig die Materie des ganzen Universums entsprang.

Georges Lemaître ließ anhand der damals entwickelten Theorie des expandierten Universums die Zeit rückwärts laufen und kam zum Resultat, dass die Welt eigentlich aus einem Punkt, er nannte ihn «Atom primitif», entstanden sein musste. Da diese Hypothese von einem Kleriker stammte und die biblische Schöpfungsgeschichte unterstützte, wurde sie zunächst von den meisten Physikern, Einstein inbegriffen, abgelehnt. Erst nach der Entdeckung der so genannten kosmischen Hintergrundstrahlung in den sechziger Jahren des 20. Jh. durch die Physiker Wilson und Penzias, die als Beweis für die Urknalltheorie interpretiert wurde, hat die moderne Kosmologie die Theorie der explosiven Geburt des Universums akzeptiert.

Societas Jesu

Der katholische Orden Gesellschaft Jesu (SJ), 1534 gegründet, 1773 bis 1814 von Papst Clemens XIV. verboten und von Papst Clemens VII. 1814 wieder zugelassen, widmete sich vorwiegend der Bildung und missionarischen Tätigkeit. Es war der Orden mit der größten Anzahl von Gelehrten.

Die Jesuiten hatten keine Klöster, kein Ordensgewand und pflegten kein gemeinsames Gebet. Sie waren verpflichtet, dem Papst unbedingt zu gehorchen und keinen höheren Rang in der Hierarchie der Kirche anzustreben. Kein Jesuit hatte je das Amt eines Kardinals oder gar eines Papstes inne.

Als Missionare passten sie sich den Gastgebern an, lernten deren Sprache und trugen landesübliche Kleidung. Jesuiten waren nicht nur Universitätsprofessoren, sondern führten auch Theatervorstellungen und sogar Ballette auf.

Geistliche Atomphysik

Von Bacon und Albertus zu Cusanus und Boscovich

Neben dem Magnetismus und der Elektrizität haben sich die Geistlichen seit dem Mittelalter auch anderen Bereichen der Physik, wie der Optik, Akustik und Mechanik gewidmet. Einige waren dabei sogar so erfolgreich, dass ihre Namen noch in der modernen Physik geläufig sind. Das Gasgesetz von Boyle-Mariotte und die Schwerpunktregel von Paul (ursprünglich Habakuk) Guldin beispielsweise muss heute jeder Physikstudent kennen. Dass es sich bei den Entdeckern im ersten Fall um einen französischen Abbé und im zweiten Fall um einen schweizerischen Jesuiten handelt, erfährt er dabei nur selten.

Am Anfang der mittelalterlichen Physik steht der englische Franziskanermönch Roger Bacon. Er führte um 1270 den Begriff Experimentalwissenschaft, «Scientia experimentalis», in die Naturwissenschaft ein und machte sich insbesondere in der Optik einen Namen. So entdeckte er den Brennpunkt des Hohlspiegels, erfand den Projektor «Camera obscura» und wird oft auch als Erfinder der Lesebrille betrachtet. Bacon ahnte voraus, dass Bewegung die Ursache für Wärme ist. Seine physikalischen Kenntnisse waren so groß, dass er «Doctor mirabilis» (wunderbarer Lehrer) genannt wurde.

In der Tradition Roger Bacons stand der Franziskaner und Oxford-Absolvent Wilhelm von Ockham. Er verfasste einige Bücher über Physik und Logik. Berühmt wurde er durch seinen Grundsatz, dass Thesen möglichst wenig Axiome voraussetzen sollten, eine Regel, die heute unter dem Begriff «Ockhams Rasiermesser» bekannt ist. Wilhelm von Ockham war einer der Ersten, welche die Trennung von Staat und Kirche propagierten, und gilt dadurch als Vorbereiter der Reformation. Er lehrte, dass die Welt für den Menschen unergründlich ist und dass der Glaube nicht durch die menschliche Vernunft bewiesen werden kann.

Gehörten in England die Franziskaner zu den ersten Physikern, so waren es in Deutschland die Dominikaner. Albertus

Magnus (Albert der Große) trat 1223 im Alter von dreiundzwanzig Jahren in den Orden ein. Er studierte Theologie in Köln und Paris, wurde Priester, Leiter der Klosterschule in Köln und Bischof von Regensburg. Selig gesprochen wurde Albertus 1622, heilig gesprochen und zum Kirchenlehrer ernannt 1931. Papst Pius XII. ernannte Albertus Magnus 1941 zum Schutzpatron der Naturwissenschaftler.

Albert der Große war ein Universalgelehrter. Er kannte schon Naphta (Rohöl) und wusste, dass brennendes Naphta nicht mit Wasser gelöscht werden kann. «Man sagt aber», erklärt er, «es gebe doch eine Löschart, nämlich, dass man Urin darüber laufen lässt.» Auch die nordwärts weisende Magnetnadel war ihm bekannt. Albert beschäftigte sich auch mit der (Al-)Chemie und prüfte viele Versuche der Alchemisten selbst nach. Auf diesem Gebiet blieb er skeptisch: «Ich habe viele alchemistische Schriften eingesehen», schreibt er, «und dabei festgestellt, dass sie keine sachlichen Beweise bringen.» Schließlich formulierte er das Materie-Erhaltungsgesetz: «Die Materie ist unvergänglich und folglich vom Lauf der Natur her etwas immerwährend Bleibendes.»

Beachtenswert sind Alberts theologische Äußerungen wie z.B.: «Der Glaube hat keinen Beweis nötig», oder: «Der Glaube des Christen hat keinen hinreichenden Vernunftgrund für die Zustimmung und selbst, wenn es einen gäbe, würde er sich dennoch nicht darauf gründen.»

Ein weiterer gelehrter Dominikaner war Alberts Schüler Dietrich Theodorich von Freiberg (Theodoricus Teutonicus de Vriberg), der die erste physikalische Theorie des Regenbogens um das Jahr 1305 in seiner Schrift «De iride et radialibus impressionibus» (Über die Regenbogen und die durch Strahlen erzeugten Eindrücke) aufstellte. Die Lösung fiel ihm ein, als er Wassertropfen mit Glaskugeln simulierte. Obwohl die Deutung des Regenbogens als einer normalen Naturerscheinung theologisch fraglich war, wurde seine Lehre von Seiten der Kirche nie angegriffen.

Einen bedeutenden Beitrag zur Entwicklung der mittelalterlichen Physik leistete der Bischof und spätere Kardinal Nikolaus von Kues (Nicolaus Cusanus). Als einer der ersten Experimentalphysiker führte er um 1445, noch vor Galilei, Fallversuche vom hohen Turm aus und bemühte sich, seine Experimente auch quantitativ zu bewerten. «Das Wichtigste in der Wissenschaft ist messen», behauptete er, und benützte erstmals eine Wage als Messinstrument. Er versuchte, den Wassergehalt des Holzes, das Luftgewicht usw. zu ermitteln, was aus seiner Schrift «Der Laie über Versuche mit der Waage» zu erfahren ist. Er beschrieb auch einen Hygrometer und bemühte sich um die Wiederbelebung der antiken Atomistik.

Es war aber erst der französische Priester Pierre Gassendi, der um 1640 der antiken Atomlehre den Eintritt in die moderne Physik ermöglichte. Pierre Gassendi glaubte nicht nur an die Atome der Materie, sondern auch an die Atome der Wärme und des Magnetismus. Er war dabei von der Möglichkeit der Existenz des Vakuums überzeugt, im Gegensatz zu Aristoteles.

Als einer der Ersten wiederholte er die Vakuumversuche von Evangelista Torricelli und versuchte, die Schallgeschwindigkeit zu bestimmen. Von ihm stammt der Begriff «Molekül» und «Aurora Borealis» (Nordlicht). Durch seine Überzeugung, dass «in der Welt stets die gleiche Kraft bleibt», ging Gassendi als Vorläufer der späteren Entdecker des Energieerhaltungssatzes in die Geschichte ein.

Die Wärme als eine reine Bewegung, also als etwas Immaterielles, so interpretierte sie der englische Vikar Joseph Glanvill. In seiner bekannten Schrift «Scepsis scientifica» (Wissenschaftliche Skepsis, 1665), in der er die Skepsis zum einzig richtigen Weg in die Wissenschaft erklärte, meinte er, dass es sich bei der Wärme einfach um die Bewegungsenergie handele. Als einer der Ersten benützte er den Begriff Energie im physikalischen Sinn.

Lange Zeit wurde insbesondere in der deutschen Fachliteratur anstatt Energie der Begriff Kraft angewendet. Deshalb werden unsere Energiewerke, physikalisch eigentlich falsch, immer noch als Kraftwerke bezeichnet.

Nach Gassendi war es der kroatische Jesuit Roger Joseph Boscovich (Aussprache: Boschkovitsch), der die neuzeitliche Atomtheorie weiter entwickelt hat. Boscovichs Vater war Serbe, die Mutter Italienerin. Roger, ursprünglich Rudjer, absolvierte das Jesuitengymnasium in Ragusa, jetzt Dubrovnik, an der Küste Dalmatiens und setzte sein Studium am Collegium Romanum in

Rom fort, wo er auch anschließend als Mathematikprofessor lehrte. Später wurde er Priester und Mitglied des Jesuitenordens.

Roger Boscovich hat an verschiedenen europäischen Universitäten gelehrt, so in Wien – damals regierte gerade Kaiserin Maria Theresia –, in Paris und London. Er war auch kurzfristig in Warschau und Konstantinopel (Istanbul); in Rom verbrachte er jedoch die meiste Zeit seines Lebens. Er starb im Alter von 76 Jahren.

Mit seinen insgesamt 150 Buchtiteln ist Roger Boscovich der produktivste jesuitische Gelehrte. Als mathematischer Physiker beschäftigte er sich mit Geodäsie, Astronomie und Bautechnik. Sein Hauptwerk «Theoria philosophiae naturalis» (Theorie der Naturphilosophie) kam 1758 in Wien heraus.

Roger Boscovich war überzeugt, dass die Materie nicht aus einem Kontinuum, einem alles auffüllenden Stoff, sondern aus im leeren Raum frei schwebenden, elementaren Teilchen besteht. «Für mich», schrieb er, «ist die Materie nichts mehr als eine Menge von unsichtbaren Punkten.» Die Frage war nur, durch welche Kräfte die Materieteilchen zusammengehalten werden.

In dieser Zeit waren die makroskopischen Grundkräfte, die von Newton entdeckte Gravitation und die Kräfte der Elektrizität und des Magnetismus schon bekannt.

Im Gegensatz zu den elektro-magnetischen Kraftwirkungen, die man experimentell relativ einfach untersuchen konnte und von denen man wusste, dass sie sowohl anziehend als auch abstoßend wirken, konnte man mit der nur anziehend wirkenden Gravitation experimentell nicht viel anfangen. Die Grundformel Newtons, dass sich zwei Körper proportional zu ihren Massen und umgekehrt proportional zum Quadrat ihrer Entfernung anziehen, vermochte niemand messtechnisch zu beweisen.

Roger Boscovich löste nun dieses Problem mit einer bahnbrechenden Idee. Seiner Meinung nach war im Mikrokosmos die Gravitationstheorie von Newton, in der nur die Anziehungskräfte eine Rolle spielen, nicht mehr anwendbar. Die Richtung der interatomaren Kraft weist, nach Boscovich, eine Entfernungs-Abhängigkeit auf; sie wirkt in einer Entfernung vom Zentrum anziehend, in einer anderen aber abstoßend. Die Teilchen (Atome) sind dauernd in Bewegung, können sich aber nie direkt berühren.

Der Popularisierung der Physik widmete sich der deutsche Jesuitenpater Gaspar Schott im 17. Jahrhundert. Er war Athanasius Kirchers Schüler und machte 1657 die Fachwelt mit der Entdeckung der Vakuumpumpe des Magdeburgers Bürgermeister Otto von Guericke bekannt. Mit dem Werk «Technica curiosa» (Merkwürdige Kunst), er schrieb selbstverständlich lateinisch, gab er das erste Buch heraus, welches im Titel den Begriff Technik trug. Damals wurde üblicherweise das Wort Kunst für das Gebiet, welches wir heute als Technik bezeichnen, verwendet.

Die wichtigsten physikalischen Entdeckungen der Geistlichen

Die erste Beobachtung der Farben der dünnen Schichten, z.B. von Seifenblasen, stammen vom böhmischen Jesuitenpater Johannes Marcus Marci. Marci war im 17. Jahrhundert Rektor der Karls-Universität in Prag. Er beschäftigte sich intensiv mit der Mechanik und entwickelte eine Methode zur Ermittlung der Pulsfrequenz.

Mit Farbfiltern und Augenoptik beschäftigte sich in seinem «Oculus» (Augenlehre) aus dem Jahr 1619 auch der deutsche Jesuit und Astronom Christophor Scheiner. Der Begriff «Scheiner-Versuch» wird noch heute in der Augenheilkunde gebraucht.

Der Begriff «Thermometer» geht auf den Jesuiten Jean Leurechon (1624) zurück. Sein Ordensbruder Honoratius Fabri schlug vor, auf den Thermometern zwei Fixpunkte zu markieren.

Der St. Galler Jesuit Paul Guldin postulierte in seinem Werk «De centro gravitatis» (Über das Schwerkraftzentrum) (1635) eine Regel zur Bestimmung des Schwerpunktes von Rotationskörpern, die heute noch nach ihm benannt ist.

Von den spektakulären Vakuumversuchen des Magdeburger Bürgermeisters Otto von Guericke – dieser hat ja aus zwei zusammengelegten eisernen Halbkugeln die Luft herausgepumpt, so dass sie danach allein durch den äußeren Luftdruck zusammenhielten und auch mit Pferden nicht voneinander getrennt werden konnten –, erfuhr die Weltöffentlichkeit aus dem Buch des Jesuiten Gaspar Schott «Mechanica hydraulico-pneumatica» (1657). Guerickes eigener Bericht erschien erst 15 Jahre später. Schott wirkte als

Professor in Würzburg und schrieb danach noch weitere populärwissenschaftliche Werke, wie «Physica curiosa» (Merkwürdige Physik) und «Technica curiosa» (Merkwürdige Kunst).

1665 erschien in Italien das Werk «Physico-mathesis de lumine» (Mathematische Physik des Lichts) des Jesuiten Francesco Maria Grimaldi. Der Autor stellt hier eine der ersten Wellentheorien des Lichtes auf und beschreibt auch die Lichtdiffraktion (Licht-Beugung).

In dieser Zeit wurde in Florenz durch Leopold de Medici (1617-1675), dem späteren Kardinal, ein Gelehrtenverein unter dem Namen «Accademia del Cimento» gegründet. Die Mitglieder dieser «Akademie der Experimente» haben jahrelang interessante, insbesondere dem Vakuum gewidmete, physikalische Versuche durchgeführt und die Resultate im Jahr 1667 auch publiziert.

Der Jesuit Francesco Terzi Lana wurde durch seine wissenschaftlichen Entwürfe von Luftschiffen mit luftleeren Ballonen aus dem Jahr 1670 berühmt und gilt als der Vater der Luftfahrt. Darüber hinaus erkannte Lana 1672 als Erster, dass alle Schneeflocken eine hexagonale, d.h. sechsarmige, Form aufweisen.

Eine wichtige Rolle in der Physik des 17. Jahrhunderts spielte der Franziskaner Marinus Mersenne. In seinem Buch «Harmonie universelle» begründete er die moderne Schwingungslehre.

Den Zusammenhang von Druck und Volumen von Gasen formulierte der französische Prior von St. Martin sous Beaume Edme Mariotte in mathematischer Form. Seine Arbeit erschien 1679 unter dem Titel «Sur la nature de l'air» (Über die Natur der Luft). Die Formel wird heute als das Gesetz von Mariotte bezeichnet.

Der Erste, der die Vermutung Galileis bewies, dass im Vakuum Eisenstück und Vogelfeder gleich schnell zu Boden fallen, war der englische Kaplan Jean Théophile Desaguliers. Das entsprechende Experiment beschrieb er im «Course of Experimental Philosophy» (Lehrbuch der Experimentalphilosophie) (1745).

Der französische Minorit Abbé René-Just Haüy machte sich in der Kristallographie verdient. Er stellte fest, dass auch Kristalle magnetisch sein können. Sein Hauptwerk «Traité de cristallographie» (Lehrbuch der Kristallographie) erschien in seinem Todesjahr 1822.

Kardinäle sehen besser

Die Brille und andere Erfindungen des Mittelalters

Die antiken Philosophen haben viel gelesen und geschrieben, wenn sie aber alt wurden und ihre Sehkraft nachließ, war es damit vorbei. Als einzige Sehhilfe konnten nur Sklaven dienen, nämlich als Vorleser. Noch schlimmer war es bei den Astronomen; für die Kurzsichtigen gab es auf dem Himmel keinen Polarstern mehr und ihnen konnten auch die Sklaven nicht mehr helfen. Keine der großen alten Kulturen, sei es China, Ägypten, Griechenland oder das römische Imperium, kannte die Brille.

Die erste Abbildung einer Brille befindet sich im Kapitelsaal der Dominikanerkirche San Nicolò in Treviso bei Venedig. Auf dem Wandgemälde sieht man den schreibenden Kardinal Hugo de Provence als ersten Brillenträger der Weltgeschichte. Das Bild schuf der italienische Maler Tommaso da Modena im Jahr 1352. Allerdings hatte der Dominikaner Giordano da Rivalto aus Pisa schon ein halbes Jahrhundert vorher, im Februar 1305, in einer schriftlich dokumentierten Predigt erklärt:

«Es ist noch nicht zwanzig Jahre her, dass die Kunst der Verfertigung von Brillen, die besseres Sehen vermitteln, erfunden wurde. Ich habe selbst denjenigen gesehen, der sie erfunden hat.» Es existieren andere Handschriften, denen man entnehmen kann, dass die ersten Brillen um 1280 gefertigt wurden und dass ein Dominikanermönch, Alessandro della Spina, der Erfinder gewesen sein könnte.

Die früheste bildliche Darstellung einer Brille in Deutschland befindet sich auf dem Altar der Stadtkirche in Bad Wildungen. Das Gemälde mit dem lesenden «Brillenapostel» stammt von Conrad von Soest, dem bekanntesten deutschen Maler des Spätmittelalters, aus dem Jahr 1403. In Österreich ist im Augustiner-Chorherren-Stift Klosterneuburg auf dem 1439 entstandenen Gemälde, welches Marias Tod darstellt, auch ein Apostel (vermutlich Petrus) mit einer Brille zu sehen. Ein weiteres, sehr ähnliches Bild mit der Lesebrille stammt von Friedrich Herlin von 1466. Man findet es in der Kirche St. Jakob in Rothenburg ob der Tauber. Hier wird ebenfalls der heilige Petrus als Brillenträger dargestellt.

In allen Fällen handelt es sich selbstverständlich um Phantasiebilder, in welche die damaligen Maler den Zeitgeist übertrugen. Dies gilt aber generell für die historische Malerei. Dass die Apostel noch nicht über Brillen verfügten und auch keine gebundenen Bücher besaßen, ist klar.

Ähnlich wie die ersten gemalten Brillenträger Geistliche waren, so ist auch auf dem ersten auf Papier gedruckten Bild ein Heiliger, nämlich der hl. Christoph, zu sehen. Der erste Druck stammt aus dem Jahr 1423. Er wurde im Kartäuserkloster Buxheim bei Memmingen gefunden.

Die Brille war nur eine von vielen der wichtigen technischen Erfindungen des westkirchlichen Europas, durch welche die Welt bereichert wurde. Das Verzeichnis der technischen Neuerungen durch Geistliche ist lang und nicht immer, wie im Fall der Brille, sind die Erfinder namentlich bekannt. Auch bei Kompass oder Fernrohr wissen wir nicht, wer der erste Hersteller war.

Was man aber nachweisen kann, ist die Vorreiterrolle der Mönche bei der Einführung der neuen Technologien in das mittelalterliche Wirtschaftsleben. Denn die Klöster im Hochmittelalter waren nicht nur Zentren der Wissenschaft, sondern auch der Technik. Zu den größten Eisenproduzenten Frankreichs gehörten im Mittelalter die Zisterziensermönche. Und es waren auch Mönche, welche als Erste die Wasserkraft industriell verwendeten.

Eines der ersten wassergetriebenen Mahlwerke wurde um 990 im französischen Kloster in Montreuil-sur-mer realisiert, die erste Zuckerrohrbearbeitung ist im Jahr 1176 für eine normannische Benediktinerabtei belegt und in einem schwedischen Zisterzienserkloster lief ab 1197 eine Eisenmühle. In England wurden um 1270 Getreidemühlen in der Abtei St. Albans installiert. Man hat sogar schon in jener Zeit die Gezeitenenergie ausgenutzt und Gezeitenmühlen gebaut.

Erfindungen und Patente

Eine Erfindung ist patentrechtlich betrachtet eine Verbesserung der bislang vorhandenen Technik. In jedem Patent müssen die Vorteile der neuen Erfindung gegenüber der alten aufgezeigt werden. Geprüft wird die Neuheit, nicht die Funktionsfähigkeit des Vorschlags.

Das Patent ist keine Garantie, dass die Erfindung auch funktioniert. Erst eine Entdeckung stellt etwas ganz Neues, etwas noch nie da Gewesenes dar. In der Regel handelt es sich um einen unbekannten physikalischen Effekt oder um ein Gesetz – wie beispielsweise die Entdeckung der X-Strahlen durch Roentgen oder der elektromagnetischen Induktion durch den Prediger Faraday.

Die ersten auf Gemälden dargestellten Brillenträger waren Apostel. Links: Gemälde von Tomaso da Modena (1403). Rechts: Gemälde von Friedrich Herlin (1466).

Pfarrer kämpfen gegen Blitze

Blitzableiter und Elektrisiermaschinen

Dass sich an der Entwicklung der Elektrotechnik auch Mönche und Pfarrer beteiligten, ist heute kaum einem Elektroingenieur, geschweige denn einem Nichttechniker, bekannt. Die Vorstellung eines Konstrukteurs im Priesterrock oder eines Physikprofessors im Mönchsgewand erscheint uns heute absurd. Und trotzdem, ohne die Freizeittätigkeit der früheren Diener der Kirche, gäbe es einige von den technischen Errungenschaften, die uns heute dienen, nicht.

Im Gegensatz zum Magnetismus, dessen Kraftwirkung man in der freien Natur an den Magnetsteinen stets beobachten kann, zeigt sich die elektrische Kraftwirkung nur unter speziellen Umständen, z.B. wenn Glas oder Schwefel gerieben werden, und dann auch nur kurzfristig. Um mit der Reibungselektrizität experimentieren zu können, sind deshalb entsprechende mechanische Geräte, so genannte Elektrisiermaschinen, unumgänglich.

Die Erforschung der elektrischen Erscheinungen begann im 17. Jahrhundert. Rieb man Stangen oder Kugeln aus Bernstein, Schwefel oder Glas, dann wurden damit unsichtbare Kräfte – seit 1600 elektrische Kräfte genannt – erregt, die leichte Gegenstände anzuziehen vermochten. Die Geistlichen, seien es Jesuiten, Mönche, Pfarrer oder Prediger, waren von Anfang an mit dabei.

Zu den ersten geistlichen Elektrophysikern gehörte der italienische Jesuit Niccolo Cabeo. 1639 kam er darauf, dass es auch noch andere als die bislang bekannten Stoffe gibt, die sich elektrisieren lassen, wie z.B. Wachs. Dass neben der elektrischen Anziehung auch eine elektrische Abstoßung existiert, entdeckte 1665 ebenfalls ein Jesuit: der aus Lyon stammende und in Rom wirkende Honoratius Fabri. Sein Landsmann, der Priester und Astronom Jean Picard, war der Erste, der 1675 das elektrische Leuchten im Quecksilberdampf wahrgenommen hat, eine Erscheinung, die man heute in Spar-Lampen ausnützt. Der deutsche Jesuit Athanasius Kircher schuf im Jahr 1641, bevor das Phänomen überhaupt entdeckt wurde (!), den Begriff «Elektro-Magnetismus». Der Universalgelehrte beschäftigte sich zudem mit der Frage, welchen Einfluss eine Kerzenflamme auf elektrisch aufgeladene Körper ausübt.

Die systematische Erforschung der elektrischen Phänomene mit Hilfe von Elektrisiermaschinen nahm in London um das Jahr 1705 ihren Anfang.

1729 führte Kaplan Jean Théophile Desaguliers bei der Auswertung der elektrischen Experimente des Predigers Granville Wheeler die Begriffe Leiter und Nichtleiter in die Elektrophysik ein. Er kam darauf, dass Stoffe, die man leicht elektrisieren konnte, wie Glas, in der Regel die Elektrizität schlecht leiteten, hingegen Stoffe, die sich durch die Reibung nicht aufladen ließen, wie Metalle, gute Leiter waren.

In seiner «Geschichte der Elektricitaet» (1772) beschreibt der Prediger Joseph Priestley Wheelers zahlreiche Versuche recht eingehend. Demnach wurden die ersten Experimente «auf einer mit Matten bedeckten Galerie in Herrn Wheelers Hause am 2. Juli 1729 ohngefähr um zehen Uhr Vormittags durchgeführt». Dabei wurde erkannt, dass «die elektrische Kraft durch den dünnen Messingdraht mit solcher Kraft ging, wie bei der dicken hänfenen Schnur geschehen war». Wheeler experimentierte auch schon mit Tieren. «Einige Zeit nachher», fährt Joseph Priestley fort, «hängte er ein lebendiges Hühnlein mit den Füßen an die Glasröhre und bemerkte die Brust desselben stark elektrisch.»

Jean Desaguliers erkannte das Phänomen der Luftelektrizität und stellte fest, dass sich bei schlechtem Wetter die elektrisierten Glasröhren nach sehr kurzer Zeit wieder entladen. Frost und kalte Luft sind für die Elektrisierung günstiger, schreibt er, als die feuchte Luft im Sommer. (Die elektrischen Erscheinungen in der Luft werden manchmal auch als atmosphärische oder meteorologische Elektrizität bezeichnet.)

Vieles von dem, was wir heute als selbstverständlich betrachten, musste in langwierigen Versuchen erforscht werden. Die Elektrisiermaschinen waren handgetriebene Geräte, mit denen man sehr hohe elektrische Spannungen mit eindrucksvollen Funkenentladungen erzeugen konnte. Bis zum Ende des 18. Jh. stellten sie die einzigen Quellen der Elektrizität dar. Sie waren aber nicht fähig, Dauerstrom zu liefern. Es handelte sich bei ihnen um reine Demonstrationsgeräte; für die praktische Anwendung waren sie nicht geeignet. Der Weg zur Steckdose war lang.

Als einfallsreicher Konstrukteur der elektrischen Reibungsmaschinen erwies sich der Benediktiner Andrew George Gordon; er ersetzte die bisherige rotierende Glaskugel durch einen Glaszylinder. Bei Joseph Priestley heißt es: «Herr Pater Gordon, ein schottländischer Benediktinermönch und Professor der Weltweisheit zu Erfurt, war der Erste, welcher einen Cylinder anstatt einer Kugel gebrauchte. Diejenigen, deren er sich hierzu bediente, waren acht Zoll lang und vier Zoll im Diameter. Sie waren dergestalt eingerichtet, dass sie vermittelst eines Bogens herumgedrehet wurden.»

Die erste Elektrisiermaschine mit Glasscheiben baute der Pfarrer und Pädagoge Martin Planta in der Schweiz. Damit wurde die letzte Stufe der Elektrisiermaschinen erreicht. Planta stammte aus dem Unterengadin und folgte bei der Berufswahl seinem älteren Bruder, dem reformierten Pfarrer Andreas Planta. Eine eigene Pfarrei erhielt er 1753 in Zizers; er war achtundzwanzig Jahre alt. In der Geschichte der Physik von Johann Christian Poggendorff (1879) wird festgehalten:

«Erwiesenermaßen hat Martin Planta aus Susch (Süss) im Engadin, zuletzt Direktor des Seminars zu Haldenstein, sich bereits 1755 der Scheibenmaschine bedient, früher als alle zuvor, und er dürfte daher mit Recht als erster Erfinder dieses nützliches Instrumentes betrachtet werden.»

Am Ende des 18. Jh. wurden dann Elektrisiermaschinen mit bis zu zwei Meter großen Scheiben gebaut. Sie waren fähig, Spannungen bis zu mehreren 100 000 Volt zu erreichen. Aus unserer Sicht waren es allerdings keine «Maschinen», denn sie wurden immer noch mit menschlicher Muskelkraft angetrieben. Es handelte sich bei ihnen immer noch lediglich um Laboreinrichtungen, von denen die Öffentlichkeit kaum etwas wusste. Die Elektrophysik wurde bei Kerzenlicht geboren und diente anfangs höchstens zur Belustigung des Volkes. «Wir waren sehr vergnügt», erinnert sich beispielsweise Goethe an seine Kindheit, «als zur Messzeit unter anderen Raritäten und Zauber- und Taschespielerkünsten auch eine Elektrisiermaschine ihre Kunststücke machte.»

Die Experimentatoren getrauten sich auch, Versuche mit Menschen, sich selbst nicht ausgeschlossen, durchzuführen. Eines der ersten solchen Experimente leitete um 1730 der dem Karthäuserkloster nahe stehende Engländer Stephan Gray. Er elektrisierte einen frei hängenden Knaben und beobachtete, wie dieser leichte Gegenstände an sich zog. Dass diese Experimente nicht ganz ungefährlich waren, erkennt man aus einigen Berichten der damaligen Forscher:

«Der Schlag hat den ganzen Körper erschüttert, dass die Zähne geklappert haben, die Lippen sich verzogen und das Gesicht feuerrot geworden.» Oder: «Ich fühlte im Kopfe eine Schwere, wie man beim Schnupfen empfindet. Darauf bekam ich in zwei Tagen aufeinander des morgens Nasenblutungen.»

1745 baute der deutsche Domdechant Ewald Kleist den ersten elektrischen Energiespeicher; nämlich die «Leydener Verstärkungsflasche» (heute Kondensator genannt). Man konnte in ihm nun ziemlich große Mengen an Energie speichern und dadurch elektrische Funken mit größeren Entladungsströmen als bisher erzeugen. Damit wurde eine ganz neue Epoche in der Erforschung der Elektrizität eingeleitet. Zu den ersten Forschern, die Versuche mit Kondensatoren durchgeführt haben, gehörte der berühmte französische Physiker Abbé Jean-Antoine Nollet. Abbé Nollet war im 18. Jahrhundert der berühmteste Elektrophysiker Frankreichs. Seine Experimente waren höchst spektakulär: So demonstrierte er vor dem König in Versaille, wie sich der elektrische Funke über eine Menschenkette von 180 Gardisten übertragen lässt. Danach führte er diesen Versuch auch in einem Pariser Kartäuserkloster durch; diesmal benutzte er mehrere hundert Mönche als Leiter für die Elektrizität.

Der Abbé scheute sich nicht, auch mit Tieren elektrische Experimente zu machen. Er elektrisierte Katzen und meinte, dass sie dadurch leichter würden. Leider tötete er dabei einen Sperling durch einen künstlichen elektrischen Schlag. Darüber hinaus stellte Abbé Nollet die Ähnlichkeit des Blitzes mit der Elektrizität fest:

«Die Ähnlichkeit, die ich seit einiger Zeit in genauer Überlegung gezogen, bewegt mich zu glauben, dass man sich von dem Blitze, wenn die Elektricitaet zum Muster genommen wird, weit wahrscheinlichere Vorstellungen machen könne, als von allem dem, was man sich bisher eingebildet hat.»

Der Forscherdrang hat die Menschen schon immer unzimperlich handeln lassen. Heute kann man Menschen nicht mehr so traktieren, aber den Tieren wird nach wie vor Schreckliches angetan im Namen der Forschung.

Die Blitze stellten für die Naturforscher bis in die Mitte des 18. Jh. ein wahres Rätsel dar. Meistens dachte man, es handle sich um Entzündungen der in der Luft enthaltenen schwefelartigen Dämpfe. Erst als bei den Versuchen mit der Elektrizität blitzähnliche Funken zur Erscheinung kamen, setzte sich die Meinung durch, dass es sich auch bei den Gewitterblitzen um elektrische Entladungen handeln könnte. Den endgültigen Beweis, dass Blitze elektrischer Natur sind, erbrachten die vom französischen Physiker Dalibard, der kein Geistlicher war, organisierten Feldexperimente im Jahr 1752.

Die entscheidende Rolle spielte dabei schlussendlich der Pfarrer von Marly-la-Ville, Raulet.

Denn er war es, der den lebensgefährlichen elektrischen Funken während eines kräftigen Gewitters aus dem Messdraht, der am Ende einer 12 Meter hohen Eisenstange angeschlossen war, befreite. Im Bericht der Pariser Akademie der Wissenschaften hieß es:

«Am 10. Mai 1752 zwischen zwei und drei Uhr nachmittags gelang es Dalibards unerschrockenem Gehilfe und dem hinzugeeilten Dorfpfarrer Raulet während eines vorbeiziehenden Gewitters, elektrische Funken von nahezu 4 cm Länge aus der Eisenstange herauszuziehen.»

Kurz danach gab Abbé Nollet die Schrift «Vergleichung der Würkungen des Donners mit denn Würkungen der Electricitaet» heraus.

Da Blitze naturgemäß am häufigsten in hohe Gebäude einschlagen, wurden vor allem Kirchtürme getroffen. Zu einer theologischen Aufregung führte aber der Fall, da dies auch im Vatikan geschah, wie aus dem Titel einer dazu herausgegebenen Schrift ersichtlich ist:

«Große Religions- und Gewissens-Scrupel, welche ein römisch-katholischer Christ bekommen über die am dritten Weynachts-

Feiertage anno 1706 von einem heftigen Donner-Strahl geschehene Berührung der Haupt-Kirche zu S. Petri in Rom und der auff dem hohen Altar daselbst sich befindlichen Monstranz.»

Man fragte sich, ob es sich dabei etwa um ein Zeichen des Himmels handelte, und falls ja, welche Bedeutung es hatte.

Als Erfinder des Blitzableiters gilt der Amerikaner Benjamin Franklin. Er war zwar der berühmteste, nicht aber der einzige Forscher, der sich in der Neuen Welt mit der Elektrizität befasste. Es waren der Prediger der Baptisten-Kirche Ebenezer Kinnersley und der Priester Samuel Domien, die in Nordamerika mit öffentlichen Experimenten das Interesse für die Elektrizität weckten.

Praktisch zur selben Zeit wie Franklin in Philadelphia stellte der Dorfpfarrer Prokop Divisch in Mähren einen Blitzableiter auf. In der berühmten «Geschichte der Physik», von Johann Christian Poggendorff 1879 verfasst, wird Prokop Divischs Leistung wie folgt bewertet: «Den ersten Blitzableiter in Deutschland und zugleich in Europa errichtete Prokop Divisch, Prämonstratenser-Chorherr und Pfarrer zu Prenditz bei Znaym in Mähren.»

Pfarrer Divisch (lateinisch: Diviss, tschechisch: Divis) war im Gegensatz zum Autodidakten Franklin ein hochgebildeter Mann. Nach dem Besuch des Jesuitengymnasiums, der Prämonstratenser-Klosterschule und der Priesterweihe studierte Divisch Theologie an der Universität Salzburg, wo er 1734 den Doktortitel erlangte.

Dann stand er als Prior mehrere Jahre lang dem Kloster der Prämonstratenser vor (der Orden wurde 1120 in Prémontré gegründet und verbreitete sich weit in Tschechien), bis er schließlich den ruhigen Lebensweg eines Dorfpfarrers einschlug. Hier konnte er sich der Erforschung der Elektrizität voll widmen. Die Experimente waren so eindrucksvoll, dass er sie zu Ostern 1750 vor der Kaiserin Maria Theresia in Wien demonstrieren musste. 1753 wurde Divisch Mitglied der Berliner Akademie der Wissenschaften.

Da ihn die Elektrizität des Blitzes stark interessierte, baute Prokop Divisch im Sommer 1754 auf der Wiese bei seiner Pfarrei eine recht komplizierte, 40 Meter hohe «Wettermaschine» (machina meteorologica) auf. Die Einrichtung sollte nicht nur die eingeschlagenen Blitze ableiten, sondern überhaupt ihre Bildung verhindern. Da aber kurz danach in Mähren eine Trockenperiode einsetzte, machten die Bauern Divisch für den ausgefallenen Regen verantwortlich und rissen seine Wettermaschine ab.

Divisch führte über seine Experimente mit der atmosphärischen Elektrizität Korrespondenz mit einigen europäischen Gelehrten, u.a. auch mit dem Schweizer Mathematiker Leonhard Euler. In seinem populären Werk «Briefe an eine Prinzessin» von 1769 schreibt Leonhard Euler:

«Man fragt sich, ob es nicht möglich wäre, den traurigen Wirkungen des Blitzes zuvorzukommen oder sie abzuwenden? Ich stand ehemals mit einem mährischen Geistlichen namens Prokop Divisch in einem Briefwechsel. Dieser versicherte mich, dass er einen ganzen Sommer hindurch alle Gewitter von dem Orte, wo er wohnte, vermittelst einer gewissen nach den Grundsätzen der Elektricität eingerichteten Maschine, abgehalten hätte. Einige Personen aus dieser Gegend haben mir nachher versichert, dass die Sache sehr wahr und gewiss wäre. Man hat mir auch versichert, dass seine Maschine die Wolken gleichsam an sich zöge, und ruhig in einem Regen herabzusteigen nötigte, ohne dass man einen einzigen Donnerschlag hörte.»

Das allerdings waren Zufälle. Divischs bestechende Idee konnte bis heute nicht verwirklicht werden.

Prokop Divisch hat praktisch nie etwas publiziert. Erst 1765, in seinem Todesjahr, erschien in lateinischer Sprache, seine «Längst verlangte Theorie von der meteorologischen Electricität». In der deutschen Fassung ist noch eine vom schweizer Franziskanerpater Wendelin Ammersin verfasste «Abhandlung von der eigentümlichen Electricite des Holzes von allerley Gattung» beigefügt. Hier schreibt der Luzerner Minorit über «die Art, das Holz so zu präparieren, dass es electrisch wird».

Prokop Divisch zählt auch zu den Begründern der elektrischen Theologie, wobei äußerst interessant ist, dass hier ein katholischer Pfarrer und zwei evangelische Geistliche, Dekan Friedrich Christoph Oetinger und Pastor Johann Ludwig Fricker, eine gemeinsame Lehre ausgearbeitet haben.

Dies war hauptsächlich Prokop Divischs Verdienst; es gelang ihm, die ursprünglich antikatholische Einstellung von Johann

Fricker abzubauen. Allerdings wurde seine elektrische Theologie nicht von allen Gelehrten akzeptiert und einige haben ihn abschätzig als den «Paracelsus der Elektrizität» bezeichnet.

Durch den Beweis, dass es sich bei den Blitzen um elektrische Phänomene handelt, wurde allerdings nur ein Rätsel durch ein anderes ersetzt, denn was die Elektrizität eigentlich ist, wusste immer noch niemand. Handelte es sich dabei um einen Stoff, oder um Teilchen? Existierte nur eine, oder gab es mehrere Arten von Elektrizität? Und was steckte hinter der unsichtbaren Fernwirkung der elektrischen Kraft? Das waren Fragen, auf welche man damals keine vernünftigen Antworten finden konnte. Dass das elektrische Feld die Grundlage der Fernwirkung bildet und dass der elektrische Strom aus Elektronen besteht, konnte erst am Ende des 19. Jh. nachgewiesen werden.

«Die elektrische Materie», meinte zum Beispiel Divisch, «besteht aus einem acido mit einer arsenicalischen Erde und wenig Brennbarem vermischt.» Er definierte die Elektrizität als eine «Feuerwissenschaft», da wir «ganz klar empfinden, dass das elektrische Feuer in allen Effekten mitwirkt, absonderlich in der Liebe». Und weil Elektrizität durch Reibung entsteht, «geschieht in den Adern die Electrisation durch den Gang des Geblüts».

Karl Gottlob Kühn schreibt zu diesem Thema in seiner Elektrizitätslehre im Jahr 1785:

«Keusche Personen verursachen elektrische Erscheinungen. Die Geschichte des Pfarrers Blanchet ist hiervon ein auffallender Beweis. Dieser Geistliche wollte die Gesetze seines Standes streng beachten. Dies verursachte in der ganzen tierischen Oekonomie eine Veränderung und das weibliche Geschlecht schien ihm mit einem elektrischen Feuer umgeben zu sein. Seine Augen glänzten so stark, dass niemand ihren Glanz ertragen konnte.»

Die Forscher schreckten vor keinem Experiment zurück. Der große italienische Elektrophysiker Alessandro Volta beschreibt sie in seinen «Schriften über die tierische Elektrizität» (1793).

War das 18. Jahrhundert das Zeitalter der Reibungselektrizität, so waren die ersten Jahrzehnte des 19. Jahrhunderts durch den Galvanismus (nach dem italienischen Forscher Luigi Galvani) geprägt. Im ersten Fall standen hohe Spannungen und kurzzeitige Stromstöße im Vordergrund, im zweiten Fall ging es um niedrige Spannungen und um Dauerströme, die von den gerade erfundenen Batterien geliefert wurden.

Unter den zahlreichen Konstruktionsvarianten der Batterien hatte sich die Trockenbatterie des italienischen Priesters Giuseppe Zamboni, 1812 erfunden, gut bewährt.

Die elektrischen «Kraftwerke für das Volk» kamen viele Jahre später. Ohne die heute vielleicht kindisch aussehende Vorarbeit, gäbe es sie allerdings nicht. Sowohl mit der Reibungselektrizität als auch mit dem Galvanismus konnte noch keine Elektroindustrie aufgebaut werden. Das ermöglichte erst der Elektromagnetismus der elektrischen (respektive elektro-magnetischen) Motoren und Generatoren. Auch hier waren Geistliche vertreten.

Geistliche und die Elektrizität

Ähnlich wie mit dem Magnetismus haben sich erstaunlich viele Geistliche auch mit der Elektrizität beschäftigt und sich an ihrer Entwicklung aktiv, manchmal sogar auf ausgefallene Weise, beteiligt. Der «Vater der italienischen Elektriker», der Piarist Giambatista Beccaria, untersuchte zum Beispiel 1760 die atmosphärische Elektrizität mit Hilfe von Raketen. Der französische Priester Pierre Bertholon wiederum versuchte, das Wachstum von Pflanzen mit Hilfe der Elektrizität zu beschleunigen.

Man versuchte, mittels der Elektrizität alles zu erklären und alles zu beeinflussen. Die Elektrizität war einerseits für Erdbeben verantwortlich, andererseits konnte man aber mit ihrer Hilfe Zähne und Ohren heilen. Und: Das erste Licht, das bei der Schöpfung die Erde beleuchtete, noch bevor es die Sonne gab, war selbstverständlich elektrischer Natur.

Neben Divisch hat sich eine ganze Reihe von Geistlichen aktiv am Bau der Blitzableiter beteiligt und auf diesem Gebiet viele Pionierleistungen erzielt. In Schlesien baute der Augustiner Johann Ignaz Felbiger anno 1769 den ersten Blitzableiter, in Österreich war es im Jahr 1770 Abbé Jean François Marcy und in Italien Abbé Giuseppe Toaldo 1772. Danach haben in Bayern der Benediktiner Peter Osterwald, in der Kurpfalz der Hofkaplan Johann Jakob Hemmer und im Münsterland der Franziskaner Ferdinand Esser den ersten Dach-Blitzableiter aufgestellt. In Paris erschien der erste Blitzableiter im Jahr 1782 dank der Arbeit von Abbé Bertholon und zur gleichen Zeit ließ Pastor Johann Friedrich Mauch auf der Kirche in Neustadt-Mandelsloh bei Hannover einen Blitzableiter montieren.

Es wurden auch zahlreiche Bücher über das Thema Blitz publiziert. So von den Jesuiten Johann Evangelist Helfenzrieder und Paul Mako, oder von Domdekan Joseph Weber. Der Weltpriester Weber bekämpfte gleichzeitig das so genannte «Gewitterläuten», d.h. den Aberglauben, dass man mittels Kirchenglocken Blitzeinschläge verhindern könne.

Die Entwicklung der Elektrizitätslehre spielte sich ausschließlich im atlanto-europäischen Raum, zwischen Philadelphia und St. Petersburg ab. Die ersten außereuropäischen Versuche mit der Elektrizität organisierten Westeuropäer, vorwiegend Missionare. In China wurde die Lehre von der Elektrizität durch die Jesuiten verbreitet.

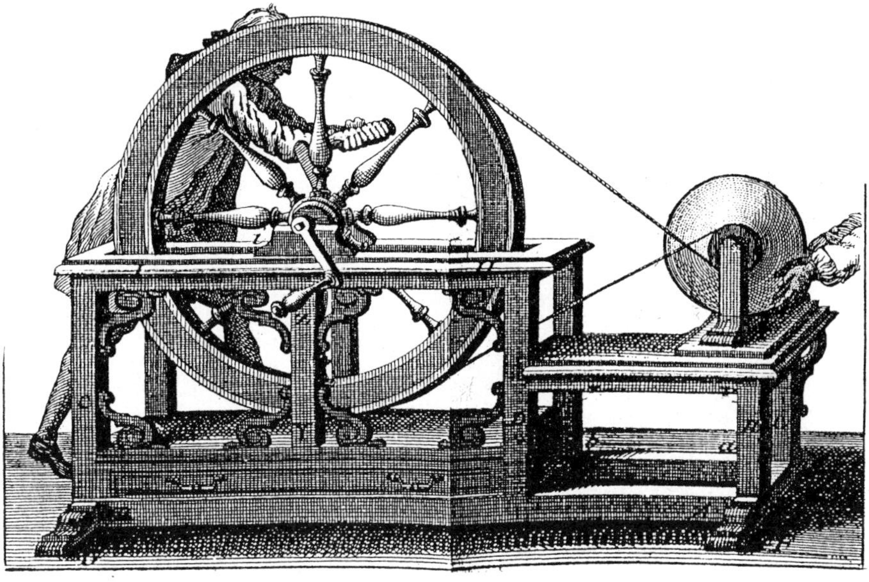

Eine typische Elektrisiermaschine aus der Mitte des 18. Jahrhunderts. Aus den Werken des Abbé Nollet um 1765.

Pfarrer Prokop Divisch (1698-1765) stellte den ersten Blitzableiter Europas auf.

Abbé Nollet (1700-1770) verfasste eine ganze Reihe von Fachbüchern über die Elektrizität. Hier das Titelbild eines Werkes aus dem Jahr 1743.

Große Männer in kleiner Sekte

Der lange Weg zum Elektromagnetismus

Dass es sich bei den magnetischen und elektrischen Wirkungen um ähnliche physikalische Phänomene handeln muss, haben die Gelehrten von Anfang an vermutet, und man hat sie lange auch sprachlich kaum unterschieden. Sowohl der Magnetstein als auch der geriebene Bernstein wirkten «magnetisch». Erst nach 1600, als William Gilbert den Begriff Elektrizität einführte, begann man die beiden Kräfte als selbstständige Erscheinungen zu betrachten. Und man begann, intensiv nach ihrem rätselhaften Zusammenhang zu suchen.

Der erste Hinweis kam aus dem Himmel: Der französische Theologe, Priester und Physiker Pierre Gassendi beobachtete 1643, dass Blitzeinschläge Eisenstangen magnetisieren können. Er stellte diese seltsame Erscheinung erstmals an der Kirchenspitze in Aix-en-Provence fest. Da man aber damals noch nicht wusste, dass es sich bei Blitzen um elektrische Entladungen handelt – man glaubte, die Blitze seien «Entzündungen Feuer machender Gase» –, vermochte er aus dieser Erscheinung keine richtigen physikalischen Schlüsse zu ziehen. Und das, obwohl zu etwa gleicher Zeit in Rom der deutsche Jesuitenpater Athanasius Kircher den Begriff Elektro-Magnetismus quasi in prophetischer Vorausschau bereits gebrauchte.

Am Anfang der durchaus verwickelten Entwicklungslinie stand der französische Jesuit Laurent Béraud. Er hatte 1748 eine Dissertation über den Zusammenhang zwischen Elektrizität und Magnetismus verfasst und diese auch der Akademie von Bordeaux vorgelegt. Später wurden von anderen Forschern ähnliche Abhandlungen auch an den Akademien in St. Petersburg und München eingereicht. Alle diese Arbeiten waren zwar interessant, eine plausible und mit Experimenten untermauerte Erklärung konnte aber keiner der Autoren geben.

Der schwedische Prediger Johann Carl Wilcke gab 1766 eine Abhandlung über die «Erzeugung der magnetischen Kraft durch die Elektrizität» heraus. Er stellte fest, dass man durch elektrische Entladeströme (die Entladung eines Kondensators war damals die einzige Methode, mit der man größere Stromspitzen erzeugen konnte) Stahlnadeln magnetisieren kann. Ein Jahr nach Wilcke veröffentlichte auch der deutsche Jesuitenpater Franz Xaver Epp eine ähnliche Arbeit. Und der italienische Physiker Pater Giambatista Beccaria erklärte 1771: «Eine Grundlage des Magnetismus möge ein Kreislauf der elektrischen Flüssigkeit sein.»

Damit reihten sich die Geistlichen Wilcke, Epp und Beccaria in die lange Reihe der Vorläufer von Hans Christian Oersted ein, dem wahren Entdecker des Elektro-Magnetismus. Dem Dänen Oersted gelang es endlich 1820 – mehr oder weniger zufällig –, den Zusammenhang zwischen der Elektrizität und dem Magnetismus zu erkennen: Es ist der elektrische Strom und nicht die statische Elektrizität, so des Rätsels Lösung, der das magnetische Feld erzeugt! Schon im nächsten Jahr 1821 machte dann der junge Assistent der Londoner Royal Institution, Michael Faraday, eine aufregende Entdeckung: Ein Stromleiter zusammen mit einem Dauermagneten kann unter Umständen dauernd rotieren. Er schuf somit das Urbild des zukünftigen Elektromotors.

Einen der ersten wirklich laufenden elektromagnetischen Motoren konstruierte der Benediktinermönch Jedlik einige Jahre später. Anyos Jedlik stammte aus der Slowakei, seine Muttersprache war aber ungarisch (damals gehörte das Land zu Ungarn). Mit 17 Jahren wurde er Dominikaner, mit 25 Jahren Priester. Er wirkte zuerst als Professor in Bratislava (Pressburg, Pozsony), dann an der Universität in Budapest. 1827 baute er den Prototyp eines der ersten Elektromotoren der Welt, 1861 einen der ersten Dynamos (also früher als der offizielle Erfinder Werner Siemens). Da Anyos Jedlik aber kaum publizierte, blieb er praktisch unbekannt. Seine Liebe zur Physik begründete er so: «Ich lerne Gott viel besser kennen durch die Physik, als durch die Theologie.»

Ein wichtiger Meilenstein in der Entwicklungsgeschichte der Elektrotechnik war die Entdeckung der elektromagnetischen Induktion von 1831, die durch den englischen Physiker Michael Faraday erfolgte. Dank der Induktion wurde es später möglich, sowohl Transformatoren für die Fernübertragung von Energie zu bauen als auch wichtige Geräte für die Fernübertragung von Nachrichten zu konstruieren.

Michael Faraday, ähnlich wie Samuel Finley Breese Morse oder Thomas Alva Edison, war Autodidakt. Er war ein genialer Experimentator, besaß aber keine höheren mathematischen Kenntnisse. Nach der Absolvierung einer Buchbinderlehre hatte er sich durch Selbststudium zum berühmtesten Physiker des 19. Jahrhunderts hinaufgearbeitet. Ihm verdanken wir die Schöpfung vieler heute gängiger physikalischer Ausdrücke wie Anode, Kathode, Elektrode und Elektrolyt.

Er hielt sich sehr oft in der Schweiz auf und zu seinen besten Freunden gehörte der Genfer Forscher Auguste Arthur de la Rive. Heute wird er als einer der größten Experimentatoren des 19. Jahrhunderts betrachtet.

Dass er auch ein tief religiöser Mensch und aktiver Prediger war, wird kaum erwähnt.

Wie seine Eltern und Großeltern gehörte Michael Faraday zu der kleinen christlichen Gemeinschaft der Sandemanier (auch Glasisten genannt), die sich von der Presbyterianerkirche getrennt hat.

Die Sandemianer lehnten alle staatlichen Religionen und bezahltes Priestertum generell ab. Sie versuchten wie zur Zeit der Apostel zu leben, brachen in ihrer Kapelle Brot, speisten zusammen und pflegten die Fußwaschung. Da sie jegliche Werbung für ihre Kirche verwarfen, hat auch Faraday fast nie über Glaubensdinge mit jemandem gesprochen. Er predigte regelmäßig in der Londoner Kapelle und wurde 1840 im Alter von 49 Jahren zum Ältesten der Kirche gewählt. Er trennte Religion scharf von der Wissenschaft: «Wenn er seine Gebetstür öffnete», sagten seine Freunde, «so schloss er seine Laboratoriumstür zu.»

Presbyterianer

Die Kirche der Presbyterianer, vom griechischen «presbyteros» (der Ältere), geht auf den Calvinismus zurück und wurde um 1650 in England und 1706 in Amerika konstituiert. Allgemein werden als «presbyterianisch» alle anglosächsischen reformierten Kirchen bezeichnet. Jede Gemeinde wird durch ein Presbyterium (Kirchenrat) geleitet. In der Regel wird Kindertaufe, neben der Kommunion das einzige anerkannte Sakrament, praktiziert. Die Hauptautorität für die Presbyterianer ist die Bibel; sie akzeptieren die Trinitätslehre.

In den USA gehört die Presbyterianische Kirche zu den stärksten religiösen Gruppen. In der Geschichte der amerikanischen Präsidenten nehmen die Presbyterianer mit sechs Präsidenten, dazu gehörten auch Woodrow Wilson und Dwight D. Eisenhower, den zweiten Platz ein.

Michael Faraday (1791-1867) war einer der größten Elektrophysiker des 19. Jahrhunderts. Gleichzeitig wirkte er als Prediger und Ältester in einer kleinen christlichen Kirche der Gemeinschaft der Sandemanier.

Ein Abbé baut den ersten Telegraphen

Von der Feuer- zur Bildtelegraphie

Die erste bekannte Übertragung von Nachrichten in die Ferne geschah im 9. Jahrhundert in Byzanz (im Gebiet der heutigen Türkei). Zwischen Konstantinopel (Istanbul) und dem weit im Südosten des Landes liegenden Grenzgebiet baute Leon der Mathematiker, Erzbischof von Saloniki (Thessaloniki, Griechenland), eine Transmissionslinie zur optischen Signalübertragung. Das System ging in die Geschichte der Nachrichtentechnik als Feuertelegraph, oder auch – da man mit ihm die Zeitunterschiede zwischen den westlichen und östlichen Teilen des Landes feststellen konnte – als Synchrontelegraph ein.

Der Gedanke, sich auch ohne optisch-mechanische Mittel in der Ferne verständigen zu können, tauchte erstmals in der Mitte des 16. Jh. auf, und zwar in Giambattista della Portas Schrift «Magia naturalis» (Natürliche Magie) von 1558. Der italienische Autor glaubte, man könne mittels zwei magnetischen Kompassen eine Nachrichten-Fernübertragung realisieren und beispielsweise «einem weit entfernten Freund, selbst wenn er im Kerker eingeschlossen wäre, Ereignisse mitteilen». Das Buch des Neapolitaners wurde zum Bestseller; ins Deutsche übersetzt wurde es im Jahr 1612.

Die Idee der magnetischen Kompasstelegraphie (der Begriff «Telegraphie» war allerdings damals noch nicht bekannt) fand im 17. Jahrhundert ein großes Echo. Auch viele geistliche Autoren waren von ihr fasziniert. Denn dass sich magnetische Eisennadeln mittels eines relativ weit entfernten Magnetsteines beeinflussen lassen, war allgemein bekannt, und so schien der Vorschlag prinzipiell realisierbar. Insbesondere die Jesuiten versuchten, ein funktionierendes System für magnetische Telegraphie zu entwerfen. Die Ordensbrüder kamen zur Überzeugung, dass es möglich sein müsste, aus der Ferne die Position der Nadel so zu ändern, dass sie in einer Alphabettabelle auf die gewünschten Buchstaben zeigen würde. So könnte das Gerät als Buchstabentelegraph arbeiten.

Auf dem Kontinent behandelte Jean Leurechon dieses Thema in der Schrift «La récréation mathématique» (Erholsame Mathematik) (1624), Famiano Strada erwähnte es im Werk «Prolusions academicae» (1627), Nicolo Cabeo beschrieb es im Buch «Philosophia magnetica» (1629) und Athanasius Kircher erklärte es in «De Arte magnetica» (Über die magnetische Kunst) (1643). In England dachte Kaplan Joseph Glanvill 1665 über die Methode der magnetischen Signalübertragung im Werk «Scepsis Scientifica» (Skeptische Wissenschaft) nach.

Alle oben genannten Autoren waren zwar von der Idee der «drahtlosen Telegraphie» fasziniert, wie man sie aber konkret realisieren könnte, wusste damals keiner von ihnen. Aus den hinterlassenen Skizzen ist auch ersichtlich, dass die vorgeschlagenen Systeme gar nicht funktionsfähig waren. Die Realisation der Grundidee wurde von den Autoren zukünftigen Generationen überlassen. So glaubte Strada, dass «in der Zukunft die Feder mit dem magnetischen Zeiger vertauscht wird» und Glanvill träumte sogar von der Möglichkeit, «zukünftig auch Konferenzen auf Distanz zu führen».

Neben der magnetischen Telegrafie wurde im 18. Jahrhundert auch versucht, eine rein elektrische Telegraphie zu entwickeln. So baute der Jesuit Joseph Bozolus 1767 einen elektrostatischen und der Benediktiner Johann Lorenz Böckmann 1794 einen elektromechanischen Telegraphen. Bei den Geräten handelte es sich selbstverständlich um drahtgebundene Systeme. Sie waren zwar technisch interessant, für die Praxis aber immer noch unbrauchbar.

Das erste praktische, allerdings nur mechanisch-optische, System der Signalfernübertragung Europas baute Abbé Claude Chappé im Jahr 1794 in Frankreich. Die Einrichtung nannte man «Telegraph». Claude Chappés Methode der Nachrichtenübertragung basierte auf den weithin sichtbaren Turm-Semaphoren (Signalmast mit beweglichen Flügeln). Die Einrichtung funktionierte gut, auch in der Nacht, und bedeckte fast das ganze Land; die Gesamtlänge betrug 2500 km. Die Telegraphenlinien wurden hauptsächlich aus militärischen Gründen errichtet; die Epoche Napoleons hatte ja gerade begonnen. Claude Chappé starb jung; er nahm sich im Alter von 42 Jahren das Leben.

Mit Dauermagneten – und im 17. und 18. Jahrhundert gab es keine anderen Magnete – war die magnetische Telegraphie prinzipiell nicht zu verwirklichen; dies war erst nach der Erfindung des Elektromagneten im Jahr 1825 möglich. Da versuchten es dann gleich mehrere Erfinder. Einer von ihnen war wieder ein Geistlicher, nämlich der englische Prediger William Ritchie (1790-1837). Er war auch Professor im Royal Institute in London und entwickelte einen der ersten elektro-magnetischen Telegraphen.

Nicht nur über die Fernübertragung von Signalen, sondern auch über das Fernsprechen, die Telephonie, wurde schon seit dem Mittelalter nachgedacht.

So ließ der Naturwissenschaftler Gerbert von Aurillac, Erzbischof und späterer Papst Silvester II. (um 1000), zur Übermittlung der Sprache spezielle Sprechrohrleitungen anfertigen.

Auf dem Relief über dem Nordportal der Marienkapelle in Würzburg aus der Zeit um 1430 sieht man, wie Gottvater mit Maria während der Verkündigung über ein Sprachrohr kommuniziert.

In seiner Enzyklopädie «Phonurgia nova» (1673), deutsch unter dem Titel «Neue Hall- und Thonkunst» anno 1684 herausgegeben, ging der deutsche Jesuit Athanasius Kircher – er war hauptberuflich Mathematikprofessor in Rom – mehrmals auf das Thema der Fernübertragung von Sprache und Musik ein.

Man kann bei Kircher sogar – von ihm stammt ja die berühmte «Laterna Magica» (1646) – den Ursprung der Tonfilmidee erkennen, wenn er über Methoden, «wie man den Anwesenden sprechende Bilder zeigen kann, so dass sie glauben, als das Bild lebe, sich rege und bewege», schreibt.

Ein Jahrhundert später griff der französische Zisterziensermönch Dom Gauthey die Idee der Sprachröhre für die Nachrichtenübermittlung wieder auf. Es gelang ihm, sich über eiserne Röhren bis zu 800 Meter weit zu verständigen. Gauthey unterbreitete seinen Vorschlag der akustischen Telegraphie der Pariser Akademie der Wissenschaften im Jahr 1783 anonym unter dem Titel «Über die Fortpflanzung des Schalles und der Stimme in Röhren, die sich über eine große Entfernung erstrecken». Sein System wurde aber abgelehnt.

Auch an der Entwicklung der telegraphischen Fernübertragung von Bildern waren Geistliche beteiligt. So konstruierte 1850 in Einsiedeln, Schweiz, der Benediktinerpater Athanasius Tschopp von Knutwil (1803-1882) einen der ersten Kopiertelegraphen.

Die Anwendung des Tschopp-Systems bei der schweizerischen Telegraphie wurde aber von der Regierung wegen des ziemlich komplizierten Aufbaus abgelehnt – «man braucht zwar keinen Telegraphisten, wohl aber Mechaniker», so die Begründung. 1855 gelang es dann Abbé Giovanni Caselli eine der ersten Fern-Bildübertragungen zu realisieren. Casellis System, er nannte es «Pantelegraph», wurde zehn Jahre später in Frankreich praktisch eingesetzt.

Pater Athanasius Tschopp

Kopiertelegraph, ein Fax-Vorläufer, des Benediktiners Athanasius Tschopp. Gebaut in der Schweiz um 1850.

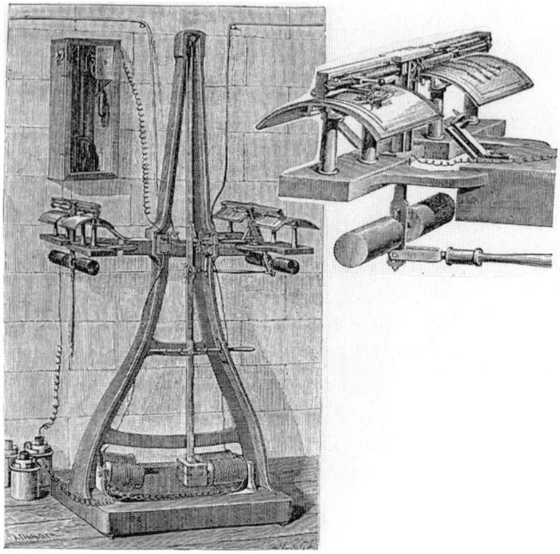

System der Bild-Fernübertragung von Abbé Caselli, 1855.

Wie man Gehör-Rohr machen solle.

Mancherley instrumenta und Gehör-Zeüge zu machen / so man bey Ubel-hörenden nutzlich gebrauchen kan.

WEr das vorgehende alles wohl und eigentlich verstanden / dem wirds nicht schwehr fallen / allerhand Gehör-instrumenta zuwegen zu bringen / indem alle / sowohl Zirckul-runde / als oval, ablange Rundungen / parabolische / hyperbolische / Elliptische / und dergleichen Rohr / nach dem verjüngten Maaß gemachet / wann sie an die Ohren gehalten werden / das Gehör über die Massen starck schärffen ; und scheint / daß under andern Arten allen / die oval- und Schnecken-Form den Preiß behalte. Man mache das oval-formige Rohr O. mit solcher Kunst-observation, daß der eine Brenn-punct genau an deß Ubel-hörenden Ohr SC. der andere aber / dem Mund

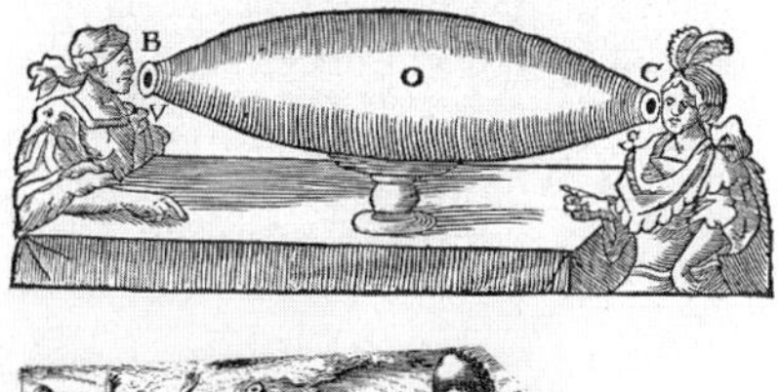

Akustische Untersuchungen des Jesuitenpaters Athanasius Kircher: Aus der «Hall- und Thonkunst» (1684).

Von der Kirchenuhr zur Rechenmaschine

Abt Richard von Wallingford, Vikar Wilhelm Schickard und Pfarrer Philipp Matthäus Hahn

Am Ende des 13. Jahrhunderts taucht in Westeuropa die mechanische Uhr auf. Den ersten entsprechenden schriftlichen Hinweis findet man in Dante Alighieris «Göttlicher Komödie» (1300), wo er im vierten Himmel dichtet: «Wie eine Uhr, die uns die Stunde kündet...» Kurz danach erscheint auch die erste Uhr-Abbildung; sie wurde vom englischen Abt Richard Wallingford gezeichnet. Anno 1335 wurde dann in Mailand eine Kirchenuhr aufgestellt, die erstmals den Tag in 24 gleich lange Stunden einteilte. Zehn Jahre später erhielt auch die Kathedrale von Straßburg eine Uhr.

Die mechanischen Uhren waren Vorläufer von Automaten und Rechenmaschinen. Mit ihnen erst begann die heute übliche Tageseinteilung in gleich lange Stunden. Vorher dauerten zwar der (helle) Tag und die (dunkle) Nacht auch jeweils 12 Stunden, nur waren sie je nach der Jahreszeit unterschiedlich lang. Im Sommer dauerte die Tagesstunde zweimal so lange wie im Winter. Als Mittag galt aber stets die Stunde 6.

An der Entwicklung der Mechanik beteiligten sich viele Geistliche und bereicherten sie mit zahlreichen Erfindungen. So erfand der aus Bayern stammende Jesuit und Astronom Christophor Scheiner 1603 den Pantografen. Mit dem mechanischen Zeicheninstrument war es möglich, Bilder verkleinernd oder vergrößernd genau zu kopieren. Das Prinzip wird noch heute angewendet, wie z.B. bei den Stromabnehmern der elektrischen Schienenfahrzeuge. Christophor Scheiner baute auch ein Stativ für Fernrohre. Er konstruierte ein Gerät – das Helioskop –, mit dem es möglich war, die Oberfläche der Sonne genau zu beobachten, ohne der Gefahr zu unterlaufen, dass man dabei erblindete, wie es bei Galilei 1637 der Fall war.

Eine der ersten (mechanischen) Rechenmaschinen baute der Diakon und Mathematiker Wilhelm Schickard im Jahr 1623. Sein «Computer» beherrschte das Addieren und Subtrahieren und diente hauptsächlich astronomischen Berechnungen. Schickard wirkte als Professor für Hebräisch in Tübingen.

Hier schuf er für die Studenten das Horologium Hebraeum, die hebräische Uhr, ein Lehrbuch mit 24 Kapiteln bzw. Unterrichtsstunden. 1631 wurde er zum Astronomieprofessor ernannt. Im selben Jahr entwickelte er eine interessante Theorie zur Berechnung der Mondbahn: Ephemeris Lunaris. Heute trägt ein Mondkrater seinen Namen.

Auch der Mathematiker, Physiker und katholische Laientheologe Blaise Pascal entwickelte um 1642, als er erst neunzehn Jahre alt war, eine Rechenmaschine. Die vollmechanische «Pascaline» sollte ursprünglich nur die Steuerberechnungen von Blaise Pascals Vaters (dieser wirkte in der Zeit als Steuereintreiber) erleichtern. Erst nach etwa zehn Jahren Entwicklungsarbeit konnte man mit ihr neben Additionen auch Subtraktionen durchführen. Als Mathematiker und Physiker beschäftigte sich Blaise Pascal mit der Geometrie der Kegelschnitte, mit der Wahrscheinlichkeitstheorie, mit der Spieltheorie und mit dem Vakuum. Heute findet man in jedem mathematischen Handbuch Begriffe wie «Pascalsches Dreieck» oder den «Satz von Pascal».

Blaise Pascal besaß zwar keine formale theologische Ausbildung, war aber sehr fromm; ebenso seine Schwester, die Nonne war. Im Alter von 31 Jahren, am 23. November 1654, hatte er ein religiöses Erweckungserlebnis und zog sich anschließend in das Kloster Port Royal, das Zentrum des reformkatholischen Jansenismus zurück. Es war vom belgischen Bischof Cornelius Jansen begründet worden, doch wurde der Jansenismus später von der Kirche zur Irrlehre erklärt.

Als religiöser Eiferer bekämpfte Blaise Pascal die Jesuiten, verfasste mehrere religiöse Schriften, wie «Über die Gnade», und arbeitete an seinen «Pensées sur la Religion» (Gedanken über die Religion), die allerdings erst nach seinem frühen Tod (er starb noch vor seinem vierzigsten Lebensjahr) herauskamen. Typisch für seine Denkweise ist der Satz: «Ich liebe die Armut, weil Gott sie geliebt hat, ich liebe die Güter, weil sie mir die Mittel geben, den Elenden beizustehen.»

Berühmt wurde Blaise Pascal durch seine mathematisch-theologische Wette:

«Wägen wir Gewinn und Verlust, wenn wir uns für die Annahme entscheiden, dass Gott ist. Schätzen wir diese beiden Fälle ein: Wenn Ihr gewinnt, so gewinnt Ihr alles; wenn ihr verliert, so verliert Ihr nichts. Wettet also, ohne zu zögern, dass Gott ist.»

Zu den Vorläufern und Pionieren der modernen Computertechnik gehört weiter noch der evangelische Pfarrer Philipp Matthäus Hahn. Er war einerseits ein bedeutender pietistischer Theologe, andererseits ein begabter Mechaniker. Selbst ein Pfarrersohn, bekam er als 25-Jähriger eine Stelle als Pfarrer und richtete in seiner Pfarrei gleich eine Werkstatt ein. Er fertigte sowohl Sonnenuhren, Großuhren, Taschenuhren, Barometer, Waagen und Blitzableiter als auch astronomische Uhren, Modelle und Weltmaschinen.

In die Geschichte der Computertechnik ging er durch seine mechanische Rechenmaschine ein, die er einhundert Jahre nach Pascal entwickelte.

Die Werkstattarbeit betrieb er nach eigenen Worten, «zum Ruhme Gottes». War bei Blaise Pascal die Steuerberechnung der konkrete Anlass zur Entwicklung seines Rechners, so waren es bei Hahn die komplizierten Berechnungen der Zahnradgetriebe und der astronomischen Abläufe gewesen, die ihm um 1773 zur Erfindung der Rechenmaschine verholfen haben.

Mathematische Lernmaschine

Ins Katalog der Erfinder der mechanischen Rechenmaschinen des 17. Jahrhunderts muss man noch den Jesuitenpater Athanasius Kircher einfügen. Sein Entwurf wurde 1660 in der Schrift «Pantometrum Kircherianum» veröffentlicht.

Im späteren «Organum mathematicum» (Mathematisches Werkzeug) findet man auch noch die Beschreibung einer mathematischen Lernmaschine. Sein Ordensbruder, der holländische Jesuit Jean Ciermans, hatte sogar schon 1641, also früher als Pascal, einen mechanischen Kalkulator entworfen. Sein Vorschlag blieb allerdings unbeachtet.

Beschreibung
mechanischer
Kunstwerke
welche
unter der Direction und Anweisung
M. Philipp Matth. Hahns,
Pfarrers in Kornwestheim
durch seine Arbeiter seit sechs Jahren verfertiget
worden sind:

Erstes und zweytes Stück.

enthält

I. Beschreibung einer Astronomischen Maschine welche sich in der öffentlichen Herzoglichen Bibliothek zu Ludwigsburg befindet, herausgegeben von G. F. Vischer, Professor der schönen Wissenschaften und Herzoglicher Bibliothecar.

II. Beschreibung einer kleinen beweglichen Welt-Maschine, welche für Se. Hochfürstlichen Durchlaucht den regierenden Fürsten zu Hohenzollern Hechingen verfertiget worden.

Stutgart
bey Johann Benedict Mezler
1774.

In der «Beschreibung mechanischer Kunstwerke» (1774) von Pfarrer Philipp Matthäus Hahn werden «astronomische Maschinen», nämlich Uhrwerke, des Erfinders erläutert.

CHRISTOPHORI SCHEINER
E SOCIETATE IESV
GERMANO-SVEVI,
PANTOGRAPHICE,
SEV
ARS DELINEANDI
RES QVASLIBET PER PARALLELO-
GRAMMVM LINEARE SEV CAVVM,
MECHANICVM, MOBILE;
Libellis duobus explicata, & Demonſtrationibus
Geometricis illuſtrata: quorum
PRIOR
EPIPEDOGRAPHICEN,
ſiue Planorum,
POSTERIOR
STEREOGRAPHICEN,
ſeu Solidorum aſpectabilium viuam imitationem
atque proiectionem edocet.

ROMAE, Ex Typographia Ludouici Grignani. M. DC.XXXI.
SVPERIORVM PERMISSV.

Der Jesuitenpater Christophor Scheiner konstruierte als Erster ein für Vergrößerungen oder Verkleinerungen geeignetes Gerät, den Pantographen. Titelblatt einer Schrift aus dem Jahr 1631 mit der entsprechenden Beschreibung seiner Funktion.

Kirchendiener rechnen schneller

Von doppelter Buchführung zur Unendlichkeit

Blättert man durch ein normales Lexikon bedeutender Mathematiker, dann entdeckt man zwischen den Gelehrten, die sich in der Mathematik auszeichneten, mehr als fünfzig Geistliche. Viele heute gängige mathematische Begriffe, Zeichen und Sätze stammen von Mönchen, Pfarrern und Bischöfen. Und es war ein Papst, der die arabischen Ziffern nach Europa brachte.

Gerbert (da er im Kloster Aurillac erzogen wurde, nannte man ihn Gerbert von Aurillac) wurde um 950 in Frankreich geboren. Seine kirchliche Laufbahn begann er als Mönch, wurde Abt des italienischen Klosters Bobbio, dann Erzbischof von Reims und wurde schließlich 999 als Silvester II. vom deutschen Kaiser Otto III. zum Papst in Rom gemacht. Dank ihm wurden Polen und Ungarn endgültig in den Einflussbereich der Westkirche eingegliedert.

Als Wissenschaftler verwendete Gerbert als einer der ersten Europäer das Rechenbrett Abakus. Da er auch im islamischen Teil Spaniens, in Sevilla und Cordoba, studierte, brachte er von dort die ursprünglich indischen Ziffern ins Abendland. Hier wurden sie «arabische Ziffern» genannt. Es dauerte dann aber noch sehr lange, bis sie sich gegenüber den konventionellen römischen Ziffern durchsetzten konnten. Paradoxerweise hat aber die arabische Welt selbst die arabischen (indischen) Ziffern nicht übernommen. Im Unterschied zur Richtung der arabischen Schrift (von rechts nach links) werden die indischen Zahlen immer von links nach rechts dargestellt – auch in arabischen Texten.

Da Silvester II. im Vatikan eine Sternwarte bauen ließ und sich mit den Wissenschaften beschäftigte, wurde er vom Volk einer Verbindung mit dem Teufel verdächtigt. Als er schließlich relativ jung, etwa 55-jährig, starb, schrieb man seinen Tod dem Teufel zu.

Von der bis heute verwendeten Methode der doppelten Buchführung erfuhr die Finanzwelt erstmals im Jahr 1494; sie wurde im Buch «Summa de arithmetica» (Die ganze Arithmetik) von Luca Pacioli entwickelt. Sie gilt als größte mathematische Arbeit der Renaissance. Darüber hinaus findet man dort auch schon Zinseszinsrechnungen, Aufgaben aus der Kombinatorik und Wahrscheinlichkeitsrechnung. Luca Pacioli war italienischer Mathematik-Professor, Franziskanermönch und Freund von Leonardo da Vinci. Er publizierte später noch das Werk «La divina proportione» (Über die göttliche Teilung), das dem so genanntem Goldenen Schnitt gewidmet ist. Obwohl sich der Goldene Schnitt auf eine geometrische Streckenteilung bezieht, spielte er auch in der Kunst als Maß für Schönheit und als ästhetisches Prinzip eine große Rolle.

Alles, was wir heute benutzen und als selbstverständlich betrachten, wurde irgendwann einmal erfunden. Das betrifft auch den Dezimalpunkt. Der Punkt als Dezimaltrennzeichen stammt vom Heidelberger Oberhofprediger Bartholomäus Pitiscus, der Ende des 16. Jahrhunderts lebte. Pitiscus stammte aus Schlesien; heute ist das Land ein Teil Polens. Er war Calvinist und wirkte zuerst als Kaplan in Breslau (polnisch Wroclaw). Sein mathematisches Hauptwerk «Trigonometria sive de solutione triangulorum» (Die Trigonometrie oder die Lösungen der Dreiecklehre) erschien 1595.

Die Bezeichnung Trigonometrie für die Dreiecklehre hat sich in der Geometrie durchgesetzt und wird heute praktisch in allen europäischen Ländern verwendet. Zehn Jahre später publizierte Pitiscus in seinem Werk «Thesaurus mathematicus» ausführliche Tabellen mit Tangens- und Sinuswerten. Die Genauigkeit dieser trigonometrischen Daten ist verblüffend: Er schaffte es ohne Rechenschieber oder Computer, die Abweichung vom richtigen Wert unter fünf Promille zu halten.

Auch andere Geistliche haben sich in der Trigonometrie einen Namen gemacht. Schon um 1260 war es der Kaplan Campanus Novarra mit seinen Tangententabellen. 1490 folgte der Nürnberger Pfarrer Johannes Werner, der sich mit der sphärischen Trigonometrie (Dreiecklehre der Kugeloberfläche) beschäftigte. Darüber hinaus berechnete Pfarrer Werner auch die Optik des parabolischen Spiegels. In der «Arithmeticorum Libri Duo» (Arithmetik) (1575) von Franciscus Maurolicus, dem Benediktiner-Abt aus Messina, findet man dann die ersten Symbole für trigonometrische Funktionen wie Sinus oder Kosinus.

In keinem anderen christlichen Orden, geschweige denn in anderen weltlichen Organisationen, Akademien inbegriffen, war die Mathematik so populär wie bei den Jesuiten. In den ersten zwei Jahrhunderten der Existenz der 1540 gegründeten Gesellschaft Jesu gingen insgesamt 630 hervorragende Mathematiker aus ihr hervor; sechsundfünfzig davon wurden berühmt. Die meisten von ihnen wirkten als Mathematik-Professoren. Der Katalog der mathematischen Publikationen der Jesuiten umfasst rund 20000 Titel.

Im 16. Jahrhundert gehörte der aus Bamberg stammende Jesuitenpater Christophorus Clavius (deutsch Christoph Claus) zu den bedeutendsten Mathematikern seiner Zeit. Oft als «Euklid des 16. Jahrhunderts» bezeichnet, gab er Euklids Werke heraus und kommentierte sie. Er benützte als einer der Ersten die Plus- und Minus-Zeichen und den Dezimalpunkt. Clavius beschäftigte die Frage, ob nicht mehr als drei Dimensionen existieren. Er war mit Galilei befreundet, lehnte aber die von diesem bevorzugte Lehre des Kopernikus ab. Zu seinen Schülern am Jesuiten-Kollegium in Rom gehörten Paul Guldin, der spätere China-Missionar Matteo Ricci und der Astronom Christophor Scheiner.

Bei der gregorianischen Kalenderreform im Jahr 1582 spielte Clavius so, der nicht nur Mathematiker, sondern auch Astronom war, eine wichtige Rolle. Die Theorie und Hintergründe der Reform fasste er in der Schrift «Novi calendarii» (Neuer Kalender) (1588) zusammen. Seine Bücher, wie z.B. «Geometrica practica» (Praktische Geometrie), wurden für Generationen von Mathematikern (zu ihnen gehörte auch der berühmte deutsche Mathematiker Gottfried Wilhelm Freiherr von Leibniz) zur Pflichtlektüre.

Man begegnet den Namen von Jesuiten auch in der Mechanik. Die heute als Guldinsche Regeln zur Berechnung von Rotationskörpern bekannten Formeln wurden in Wien vom Schweizer Jesuiten Paul Guldin entwickelt und in der Schrift «De centro gravitatis» (Über das Zentrum der Schwerkraft) im Jahr 1635 publiziert. Guldins Großeltern waren Juden, seine Eltern aber Reformierte und er selber konvertierte in seinem zwanzigsten Lebensjahr zum Katholizismus. Von Beruf war Guldin ursprünglich Goldschmied; zum Mathematiker ausgebildet wurde er von Jesuiten in Rom und Graz, u.a. vom oben genannten Clavius.

Zeitgleich mit Guldins Untersuchungen in Wien beschäftigte sich der tschechische Arzt, Mathematiker und Jesuiten-Zögling Johannes Marcus Marci (tschechisch Jan Marek) in Prag mit der Mechanik. Er stand mit Guldin in Kontakt. In seinem Werk «De proportione motus» (Über die Verhältnisse bei der Bewegung) von 1639 ging Marci ausführlich auf das Problem des elastischen Stoßes ein. So untersuchte er die Kugelstöße beim Billardspiel und das Hüpfen eines Steinchens auf der Wasseroberfläche. Marci wurde später Rektor der Karlsuniversität in Prag.

Selbstverständlich wurden alle Manuskripte der Jesuiten vor der Veröffentlichung zentral kontrolliert, und zwar sowohl was ihre sachliche als auch was ihre religiöse Seite betraf. Als offizieller technischer Zensor auf dem Gebiet der Mathematik wirkte der Mathematiker und Astronom Christoph Grienberger. In Tirol geboren, studierte er in Prag, Wien und Rom. In die Gesellschaft Jesu trat er, gerade dreißig Jahre alt, 1610 ein. Obwohl jesuitischer Zensor, hat Grienberger sowohl die Ideen von Kopernikus als auch die Galileis, insbesondere was die Teleskopie betrifft, grundsätzlich gutgeheißen.

Nicht nur auf dem Kontinent, sondern auch in England und Irland gab es viele Geistliche, die sich der Mathematik widmeten. Der englische Kaplan und Prediger William Whiston, Mathematiker an der Universität von Cambridge, war Newtons Stellvertreter und wurde später sein Nachfolger.

Berühmt wurde Whiston durch seine «New Theory of the Earth» (1696), in der er die biblische Sintflut (ursprünglich sinngemäß Sündflut geschrieben) wissenschaftlich zu erklären versuchte. Er sah die Ursache in einem fliegenden, von Gott gelenkten Kometen.

Er wagte auch zu prophezeien, dass die Welt demnächst wieder von einem Kometen heimgesucht werde, womit er natürlich in der Bevölkerung Unruhe verursachte, da diese in jener Zeit großenteils das Jüngste Gericht erwartete. Wegen seiner unkonventionellen religiösen Ansichten (er betrachtete den Arianismus als den wahren Glauben der frühen Kirche), wurde Whiston schließlich aus der Universität entlassen. Er blieb aber auch nachher wissenschaftlich aktiv und beteiligte sich an der Lösung der Aufgabe, wie der Längengrad auf See am besten zu bestimmen sei. Sein Vorschlag, die geographische Länge mittels der Abweichungen der Kompassnadel zu orten, hatte aber keinen Erfolg. Später verfasste er noch die Schrift «Astronomical Principles of Religion» (Astronomische Grundlagen der Religion), wo er behauptete, dass die Erde hohl sei. Am Schluss verließ Whinston verärgert die Kirche Englands und wendete sich den Baptisten zu.

Der Ire George Berkeley, Priester und Theologielehrer in Dublin, später Bischof von Cloyne, gilt in der Philosophie als radikaler subjektiver Idealist; dieser Lehre zufolge existiert die Welt nur, solange wir sie sehen. Zwar ist das eine absurde Idee, die aber von der neuen Quantentheorie her betrachtet, wieder aktuell ist. Die Quantentheorie besagt, dass die (Mikro-)Welt durch den (Makro-)Beobachter beeinflusst wird. In die Geschichte der Mathematik ging Berkeley ein durch seine Schrift «The Analyst» (1734). Darin kritisierte er die damaligen Grundlagen der Wissenschaft, u.a. auch Newtons Mathematik.

Bekannt ist Berkeleys «Abhandlung über die Prinzipien der menschlichen Erkenntnis» und sein «Philosophisches Tagebuch». Dort schreibt er:

«Über mathematische Aussagen haben die Menschen keine Vorurteile, keine vorgefassten Meinungen, denen man entgegnen müsste.» Und: «Ich wundere mich nicht über meinen Scharfsinn bei der Entdeckung. Ich wundere mich eher über meine blöde Unachtsamkeit, so dass ich sie nicht früher gefunden habe.» Schließlich: «Meine Lehre entspricht ausgezeichnet der Schöpfung. Ich setze keine Materie, keine Sterne voraus, die vorher existiert haben.»

Auch auf dem Gebiet der Statistik waren einige Geistliche erfolgreich. Die erste Bevölkerungsstatistik Mitteleuropas stammt vom preußischen Feldprediger Johann Peter Süßmilch. Er publizierte sie 1741 in Berlin unter dem Titel: «Die göttliche Ordnung in den Veränderungen des menschlichen Geschlechts aus der Geburt, dem Tode und der Fortpflanzung desselben».

In England war der presbyterianische Prediger Thomas Bayes erfolgreich. Sowohl das «Bayes'sche Theorem» (1764) als auch die

«Bayes'sche Formel» sind heute Begriffe in der Statistik. Bayes Verteilung dient als nützliches mathematisches Hilfsmittel bei den Berechnungen der Zuverlässigkeit; zum Beispiel in der Medizin bei den diagnostischen Tests.

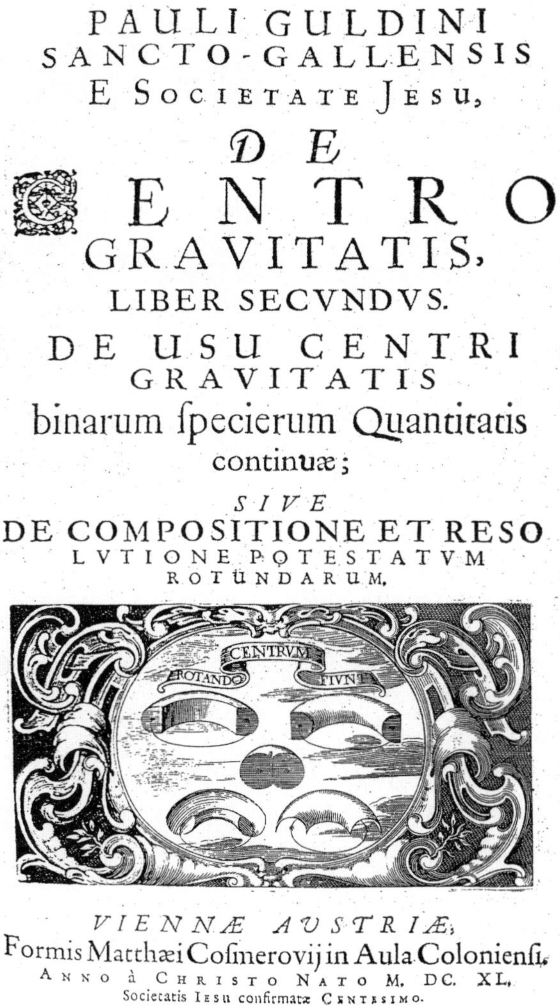

PAULI GULDINI
SANCTO-GALLENSIS
E SOCIETATE JESU,
DE
CENTRO
GRAVITATIS,
LIBER SECVNDVS.
DE USU CENTRI
GRAVITATIS
binarum ſpecierum Quantitatis
continuæ;
SIVE
DE COMPOSITIONE ET RESO
LVTIONE POTESTATVM
ROTUNDARUM.

VIENNÆ AVSTRIÆ,
Formis Matthæi Coſmerovij in Aula Colonienſi,
ANNO à CHRISTO NATO M. DC. XL.
Societatis IESU confirmatæ CENTESIMO.

Titelblatt des zweiten Buches «De centro gravitatis» (1640) des größten Werkes: «Centrobaryea» des Schweizer Jesuiten Paul Guldin (1577-1643). Er stellte darin die Schwerpunktheorie vor.

Von Mersenne zu Bolzano

Es gab sehr viele erfolgreiche geistliche Mathematiker. Der Franziskaner-Minorit Marin Mersenne, ein Freund von Pascal, ging zum Beispiel durch seine Primzahlen um 1640 in die Mathematikgeschichte ein. Isaac Barrow, englischer Prediger und Mathematiklehrer von Isaak Newton, erkannte, dass Integral- und Differentialrechnungen zueinander invers sind. Und der Jesuit Vincenzo Riccati machte sich mit seinen hyperbolischen Funktionen um das Jahr 1760 als Mathematiker einen Namen.

Im 19. Jahrhundert stellte der böhmisch-italienische Priester Bernard Bolzano den binomischen Lehrsatz auf sowie die Konvergenzkriterien für unendliche Reihen. Der Bolzano-Weierstraß-Satz ist noch heute bekannt. Wertvoll ist auch Bolzanos Buch «Paradoxien des Unendlichen», das er 1851 publizierte.

Auch Berge wachsen

Hildegards «Physica» und Stensens «Vom Festen im Festen»

Die Physica der Hildegard von Bingen wurde um 1150 zwar als medizinisches Werk verfasst, behandelt im vierten Buch aber auch Steine und kann daher in die mittelalterliche mineralogische Literatur eingegliedert werden. Das Werk basiert auf der Warm-Kalt-Lehre; Hildegard geht davon aus, dass die Steine auf der Erde nicht von Anfang an existierten, sondern gewachsen sind und auch noch weiter wachsen. Das Wachstum ist u.a. von der Tageszeit abhängig. Der Grundsatz der Steinlehre lautet: «Jeder Stein hat Feuer und Feuchtigkeit in sich.»

Die Edelsteine entstehen dort, wo große Hitze herrscht. Der Smaragd wächst bei Sonnenaufgang, wenn die Luft noch kalt und die Sonne schon warm ist. «Der Smaragd ist stark gegen Krankheiten des Menschen», erklärte die Benediktinerin, «weil die Sonne ihn bereitet und weil seine Substanz von der Grünkraft der Luft kommt.» Auch der Onyx wächst, wenn die Sonne stark brennt, aber nur dann, wenn sich dichte Wolken vor die Sonne schieben. Beryll entsteht am Mittag und seine Kraft stammt mehr von der Luft und vom Wasser als vom Feuer. Die Eigenschaften der Edelsteine hängen vom jeweiligen Zustand der Luft ab. Ist die Luft dunstig, dann ist auch der entsprechende Stein, wie z.B. der Saphir, trüb. Ist sie rein, so ist auch der wachsende Stein, wie z.B. der Topas, klar.

Edelsteine, die selten vorkommen, entstehen auch bei seltenen Vorkommnissen. Das ist zum Beispiel beim Rubin der Fall – er wächst nur bei Mondfinsternis. Eine Ausnahme bildet der Magnetstein. Der entsteht «aus dem Schaum gewisser giftiger Würmer, die in einem gewissen Sand und gewissen Wasser hausen». Und der Kristall, da er kein Edelstein ist, entsteht aus «gewissen kalten Wassern». Vom Diamanten wusste die Klostergründerin schon, dass er «von solcher Härte ist, dass keine Härte ihn übertreffen kann». Die heilige Hildegard erwähnt nur Steine, die ihrer Meinung nach eine Heilkraft aufweisen.

Sie beschreibt auch ihre Wirkungen. «Wem eine Erhebung an der Kehle wächst», rät sie beispielsweise, «dann wärme den Kristall, über den so warmen Stein gieße Wein und trinke es oft.»

Die Äbtissin schreibt jedem Stein auch seine Entstehungszeit in den «Stunden des Tages» zu. Dies entspricht allerdings nicht unserer heutigen Uhrzeit, sondern der Zeit nach dem Sonnenaufgang. Damals wurde die Zeit eines Tages vom Sonnenaufgang zum Sonnenuntergang in zwölf Stunden aufgeteilt.

Wenn da also beispielsweise von der «neunten Stunde des Tages» die Rede ist, dann handelte es sich etwa um drei Uhr nach dem Mittag. Da sich aber die Länge des Tages während des Jahres ändert, waren auch die «Stunden» in jeder Jahreszeit unterschiedlich lang; die Hochsommerstunde dauerte zweimal so lange wie eine Stunde an Weihnachten. Als Mittag galt aber stets die Stunde 6.

In der «Physica» kommen auch einige Metalle zur Sprache. Diese entstanden aber gemäß Hildegard im Gegensatz zu den Edelsteinen schon bei der Schöpfung. Als Heilmetalle werden Gold, Silber, Kupfer und Eisen bezeichnet. Vor dem Blei, aus dem im Mittelalter oft Geschirr verfertigt wurde, wird dagegen gewarnt: «Weder Speise noch Trank taugt etwas in einem Gefäß aus Blei.» So weiß es die heilige Hildegard.

Zu den vielen religiös-wissenschaftlichen Rätseln der frühen Neuzeit gehörte das Problem der versteinerten tierischen Überreste, die man oft in tief gelegenen festen Erdschichten fand. Einer, der diesen Funden einen organischen Ursprung, und zwar in seinem Werk «Homocentrica» (1538), zuschrieb, war der päpstliche Leibarzt Girolamo Fracastoro. Ein Jahrhundert später kam auch der dänische Anatom Niels Stensen zur selben Meinung.

Niels Stensen (Nicolaus Stenonius oder Steno) stammte aus Kopenhagen, wo er Medizin studierte. Er arbeitete 1546/1547 als Arzt des Konzils von Trient.

Den Doktortitel erhielt er in Leiden. 1666, in seinem achtundzwanzigsten Lebensjahr, reiste er nach Italien und begann dort, sich mit den Fossilien zu beschäftigen. (Als naturwissenschaftlicher Begriff wurde «Fossil» erstmalig von Georgius Agricola im Jahr 1546 verwendet.) 1675, als Stensen siebenunddreißig Jahre alt war, wurde aus dem Lutheraner ein katholischer

Priester. Es dauerte dann nur vier weitere Jahre, bis Stensen die Bischofsweihe empfing. Eine Zeitlang wirkte er als Weihbischof von Münster. Sein Leben endete in Schwerin, als Stensen kaum fünfzig Jahre alt war. 1988 wurde er von Papst Johannes Paul II. selig gesprochen.

Stensens geologische Tätigkeit gipfelte in der Herausgabe seines Hauptwerkes «De solido intra solidum – Über das Feste, das innerhalb eines anderen Festen von Natur aus eingeschlossen ist» (1669). Er gilt als der Begründer der modernen Geologie.

Ihn interessierten sowohl das Wachstum der Kristalle und die Bildung der Sedimente als auch die Entstehung der Berge. Er behauptete: Keiner der heute vorhandenen Berge bestand vom Anfang der Dinge an, und: Berggipfel können höher und dann wieder niedriger werden. Die Berge wachsen, aber nicht wie die Pflanzen. Das Gesicht der Erde ändert sich langsam, aber fortwährend.

Stensen geht noch weiter: Auch die meisten Mineralien, mit denen sich die menschliche Arbeit befasst, waren nicht vom Beginn der Welt an vorhanden. Der Bischof legte damit die Grundlagen zur erst zwei Jahrhunderte später entwickelten allgemeinen Evolutionslehre. Den ersten Ansatz dazu gab, wie wir gesehen haben, aber schon die heilige Hildegard.

Auch Kristalle wachsen, aber ganz anders als Pflanzen. Ähnlich wie Magnete weisen auch Kristalle Kraftfelder auf. Sie entstehen aus einer Flüssigkeit mit Hilfe des Feldes. Irrtümlicherweise meinte aber Stensen, dass dies auch für den Diamanten gälte. Weiter untersuchte Stensen in Sedimenten gefundene Schalen von Weichtieren, Muscheln, Knochen, Haifischzähne und Pflanzen.

Als Anatom beschrieb Stensen die Tränendrüsen des Menschen. Als Mineraloge entdeckte er das Winkelgesetz der Kristalle. Als Paläontologe bewies er, dass Fossilien nicht Gesteinsauswüchse, sondern Überreste einst lebendiger Organismen darstellen, und als Geologe leistete er einen Beitrag zur Altersbestimmung der Sedimente.

Genforschung im Klostergarten

Der Augustiner Johann Gregor Mendel, der Piarist Jan Evangelista Purkyne (Purkinje) und Pfarrer Thomas Robert Malthus

Es fing in der Stille des Augustinerklosters in Brünn (Brno) an. Der Priester, Mönch und spätere Abt Gregor Johann Mendel, ein Bienenliebhaber und Hobbygärtner, setzte 1854 im St. Thomas-Klostergarten verschiedene Erbsenarten ein und begann, sie systematisch zu kreuzen. Nach Kreuzungsexperimenten mit fast 30 000 Erbsenpflanzen entdeckte er, dass ihre Merkmale nicht zufällig, sondern nach bestimmten Gesetzen – heute Mendelsche Regeln genannt – vererbt werden. Die entsprechende wissenschaftliche Abhandlung aus dem Jahre 1866 publizierte er unter dem trockenen Titel «Versuche über Pflanzenhybriden».

Mendel trat nach seinem Besuch eines Piaristenkollegiums und nachfolgend eines Priesterseminars 1843 in das Brünner Kloster der Augustiner ein. In der Hauptstadt Mährens begann er ein Theologiestudium an der Brünner Theologischen Lehranstalt. Nach mehrjährigem Studium der Naturwissenschaften in Wien kehrte er zurück und übernahm 1853 eine Stelle als Lehrer für Naturwissenschaften am Gymnasium.

Gregors – dies war Mendels Name im Kloster – botanische Versuche zur Vererbungslehre legten den Grundstein für die Genetik und so wird der deutschstämmige mährische Mönch oft auch als Vater der Genetik in der Wissenschaftsgeschichte betrachtet. Dass er manchmal als «österreichischer Forscher» angesehen wird, ist Folge der politischen Veränderungen, welche Mitteleuropa in den letzten Jahrhunderten durchmachte: Im 19. Jahrhundert gehörten nämlich Böhmen und Mähren, das heutige Tschechien, zur Österreichischen Monarchie.

Obwohl Mendels Versuche theologisch als fragwürdig angesehen werden konnten, wurden sie keineswegs ohne die Zustimmung der klösterlichen Obrigkeit durchgeführt. Im Gegenteil. Der damalige Abt Cyrill Franz Napp, selbst ein naturwissenschaftlich gebildeter Geistlicher, unterstützte Gregors

Kreuzungsexperimente. Auch der entsprechende Bischof war informiert und sein einziger Einwand war nur die Befürchtung, ob man sich in der Öffentlichkeit mit Erbsen nicht lächerlich machen würde und es deshalb nicht klüger wäre, Kartoffeln zu untersuchen.

Mendel experimentierte mit 22 Erbsenarten, die er systematisch untereinander kreuzte. Er fand drei Vererbungsgesetze: das Uniformitätsgesetz, das Spaltungsgesetz und das Kombinationsgesetz, die man heute «Mendelsche Gesetze» nennt.

Als er seine zehnjährigen Forschungsergebnisse 1865 im Naturforschenden Verein vortrug, wurden von den gelehrten Zuhörern keine Fragen gestellt. Die Arbeit interessierte eigentlich niemanden.

Im Gegensatz zu Charles Robert Darwins Evolutionslehre, die nur eine unbewiesene Hypothese war, stellten die mit mathematischer Statistik untermauerten Vererbungsgesetze von Mendel eine fundierte Wissenschaftstheorie dar. Da aber Mendel nicht wagte, seine rein botanischen Ergebnisse als allgemeingültige, auch für die Menschen relevante Gesetze zu proklamieren, wurde seine Arbeit sowohl in der Öffentlichkeit als auch in der Wissenschaft kaum beachtet. Erst viele Jahre nach Mendels Tod fand seine Vererbungstheorie in der Fachwelt ein Echo.

Da die Evolutionstheorie auf einem Zufall, die Vererbungstheorie dagegen auf einer Gesetzmäßigkeit aufbaute, schien es zuerst so, als ob es sich dabei um zwei diametral verschiedene Lehren handele. Erst viel später wurde erkannt, dass Mendels Werk die lange gesuchte Lücke in Darwins Theorie schließt.

Nicht nur Mendel, sondern auch Darwin war in der Jugend Student der Theologie. Erst später trennten sich die Lebensweisen der beiden Forscher; der Kandidat für den Beruf des anglikanischen Priesters wurde Agnostiker, der um dreizehn Jahre jüngere Katholik dagegen Augustiner. Paradoxerweise waren die meisten Entwicklungsbiologen, sowohl Vorläufer als auch Jünger Darwins, von Geistlichen erzogen worden. Jean-Baptiste de Lamarck, der Autor der «Zoologischen Philosophie», war Absolvent einer Jesuitenschule und Ernst Haeckel, der Entdecker des «Biogenetischen Grundgesetzes», begann seine Laufbahn in einer Domschule.

Mendel war nicht der erste Geistliche, der in der Entwicklungsgeschichte der Biologie eine Rolle spielte. Auch sein Landsmann, der um zwanzig Jahre ältere Zeitgenosse Johannes (Jan) Evangelista Purkyne (Purkinje), ging in die Geschichte der Hirnforschung als Entdecker der so genannten «Purkinje-Zellen» ein. Er leistete zudem einen beachtlichen Beitrag zur Entwicklung der physiologischen Optik, insbesondere der Theorie des Sehens.

Ähnlich wie Mendel wurde Purkinje in einem piaristischen Gymnasium unterrichtet. Und wie Mendel begann Purkinje seine Lebensbahn in einem Mönchsgewand. Er wurde Piarist und wirkte zuerst als Lehrer in den Schulen des Ordens in Mähren, wo die Piaristen schon seit dem Dreißigjährigen Krieg aktiv waren. Nach drei Jahren verließ Purkinje aber den Orden und widmete sich voll den Naturwissenschaften.

1818, in seinem dreißigsten Lebensjahr, erlangte er an der medizinischen Fakultät in Prag den Doktortitel. Kurz danach wurde Purkinje als Professor der Physiologie nach Breslau (Wroclaw) berufen, wo er mehr als 25 Jahre lang blieb.

Im Gegensatz zum katholischen Mönch Mendel, dessen Forschungen für das Verständnis der Vergangenheit des Menschen wichtig war, stand beim anglikanischen Pfarrer Malthus die Zukunftsfrage der Menschheit im Mittelpunkt seiner wissenschaftlichen Tätigkeit. Thomas Robert Malthus war Pfarrer, wirkte aber daneben als Ökonomieprofessor. Berühmt wurde er durch sein zuerst 1798 anonym erschienenes Werk «An Essay on the Principle of Population», wo er seine berüchtigte Bevölkerungstheorie – das Hauptproblem der Menschheit sei die Überbevölkerung – präsentierte.

Die Idee, dass man staatlicherseits das übermäßige Anwachsen der Bevölkerung regulieren sollte, war nicht neu; man findet sie schon 1516 in der «Utopie» des heiligen Thomas Morus. Dort wurden die überzähligen Menschen aus dem Land in die Kolonien geschickt.

Malthus' realistischer Pessimismus war gleichzeitig eine Ablehnung der vom deutschen Philosophen Gottfried Wilhelm Leibniz verbreiteten Idee, dass wir in der «besten aller möglichen Welten» leben. Obwohl sich seine Zukunftsbefürchtungen – wie übrigens alle ähnlichen Prognosen und Prophezeiungen

– nicht erfüllt haben, waren sie keineswegs abwegig. Denn seit dem Mittelalter stieg die Weltbevölkerung bis zum Ende des 18. Jahrhunderts auf das Doppelte an. Heute leben auf der Erde fast zehnmal mehr Menschen als zur Zeit von Malthus.

Die von Malthus vorhergesagte allgemeine Hungersnot ist zwar nicht eingetroffen, aber der Hunger wurde auch nicht aus der Welt geschafft und ist heute je länger desto mehr ein riesiges Problem. Das Problem der Übervölkerung trat tatsächlich auf, zumindest im bevölkerungsreichsten Land der Welt. In China, wo es in den fünfziger Jahren des 20. Jahrhunderts zur Hungerkatastrophe kam, wurde versucht, das Wachstum der Einwohnerzahl durch die Politik der Einkindfamilien zu begrenzen.

Piaristen

Der katholische Orden der Piaristen wurde 1617 vom Spanier José Calasanz in Rom gegründet. Das Hauptziel der Gemeinschaft, die vorwiegend aus Priestern bestand, war die Erziehung armer Kinder in kostenfreien Schulen. Die Piaristen waren vorwiegend in der Österreichischen Monarchie tätig, wo sie im 18. Jahrhundert etwa 25 Gymnasien unterhielten. In Mähren eröffneten sie im Jahr 1631 ihr erstes deutschsprachiges Gymnasium.

Österreich-Ungarn

Die Österreichische Monarchie, manchmal auch Donaumonarchie genannt, galt im 19. Jahrhundert als eine europäische Großmacht. Um 1900 war sie bevölkerungsmäßig größer als Deutschland oder Frankreich. Sie war ein Vielvölkerstaat, wurde von den Habsburgern regiert und seit 1867 als Doppelmonarchie Österreich-Ungarn geführt. Zum österreichischen Teil gehörte neben dem Mutterland mit der Kaiserstadt Wien ein Teil Italiens (Südtirol), Tschechien (Böhmen und Mähren), ein Teil Polens und der Ukraine, (Schlesien und Galizien), Slowenien und ein Teil von Kroatien. Der ungarische Teil mit der Hauptstadt Budapest bestand neben Ungarn aus der Slowakei, Kroatien, Bosnien, einem Teil Rumäniens (Siebenbürgen) und einem Teil der Ukraine (Ruthenien). Nach dem verlorenen Ersten Weltkrieg fiel das Imperium 1918 auseinander.

Versuche über Pflanzen-Hybriden.

Von

Gregor Mendel.

(Vorgelegt in den Sitzungen vom 8. Februar und 8. März 1865.)

Einleitende Bemerkungen.

Künstliche Befruchtungen, welche an Zierpflanzen desshalb vorgenommen wurden, um neue Farben-Varianten zu erzielen, waren die Veranlassung zu den Versuchen, die her besprochen werden sollen. Die auffallende Regelmässigkeit, mit welcher dieselben Hybridformen immer wiederkehrten, so oft die Befruchtung zwischen gleichen Arten geschah, gab die Anregung zu weiteren Experimenten, deren Aufgabe es war, die Entwicklung der Hybriden in ihren Nachkommen zu verfolgen.

Dieser Aufgabe haben sorgfältige Beobachter, wie Kölreuter, Gärtner, Herbert, Lecocq, Wichura u. a. einen Theil ihres Lebens mit unermüdlicher Ausdauer geopfert. Namentlich hat Gärtner in seinem Werke „die Bastarderzeugung im Pflanzenreiche“ sehr schätzbare Beobachtungen niedergelegt, und in neuester Zeit wurden von Wichura gründliche Untersuchungen über die Bastarde der Weiden veröffentlicht. Wenn es noch nicht gelungen ist, ein allgemein giltiges Gesetz für die Bildung und Entwicklung der Hybriden aufzustellen, so kann das Niemanden Wunder nehmen, der den Umfang der Aufgabe kennt und die Schwierigkeiten zu würdigen weiss, mit denen Versuche dieser Art zu kämpfen haben. Eine endgiltige Entscheidung kann erst dann erfolgen, bis Detail Versuche aus den verschiedensten Pflanzen-Familien vorliegen.

Die erste Veröffentlichung des Augustinermönchs Gregor Mendel über seine genetischen Experimente. Anfang 1865.

Der vatikanische Zeitsprung

Das Osterproblem: vom Mönch Dionysius Exiguus zu Papst Gregor XIII.

Täglich erinnert uns der Kalender an die vergangenen Generationen der Geistlichen. Sowohl das jeweilige Tagesdatum als auch die meisten Jahresfesttage stellen die Erbschaft der gelehrten Mönche, Bischöfe, Kardinäle und Päpste dar. Dass wir im 21. Jahrhundert leben, verdanken wir den Ideen eines Mönchs aus dem 6. Jahrhundert. Und die für uns selbstverständliche Tatsache, dass der Frühling jedes Jahr am gleichen Datum beginnt, ist das Resultat einer großen mathematischen Arbeit, die von einem Papst ein Jahrtausend später angeregt wurde.

Als Begründer der heutigen christlichen Zeitrechnung gilt der aus Skythien (heute Russland) stammende und in Rom wirkende Mönch Dionysius Exiguus (Denys der Kleine). Er ersetze den seit Kaiser Diokletian im römischen Reich geltenden Kalender, gemäß dem man gerade das Jahr 248 schrieb, durch eine neue Zeitrechnung, in der nach Dionysius Berechnungen christlich gesehen schon das Jahr 532 lief. Da er aber mit dem Jahr 1, der angeblichen Geburt Christi (in der Westkirche erstmals am 25. Dezember 354 gefeiert), begann, fehlt in der Zeitreihe das Jahr Null (die Zahl Null war damals noch unbekannt).

Den Begriff «nach Christi Geburt» benützte Dionysius zuerst in seinen Ostertafeln im Jahr 525. «Wir wollen nicht», begründet er seine Ablehnung der Diokletian-Ära, «unsere Zyklen mit dem Andenken dieses ruchlosen Verfolgers verknüpfen, sondern haben es vorgezogen, von der Fleischwerdung (Inkarnation) unseres Herrn Jesus Christus an die Jahresläufe zu bezeichnen.»

Es dauerte allerdings noch sehr lange, bis seine Zeitrechnung in Europa angenommen wurde. Die Westkirche übernahm sie erst im 11. Jahrhundert vollständig. Im Russischen Reich war es erst Zar Peter der Große, der aus dem geläufigen 7208. Jahr nach der Welterschaffung das Jahr 1700 n. Chr. machte. Viel später als die Zeitrechnung nach Christus entstand die Zeitrechnung vor Christus. Diese wurde um 1630 vom jesuitischen Chronologen

Dionysius Petavius geschaffen. Unsere Zeitrechnung ist «christlich», unser Kalender «päpstlich». In der heutigen Form wurde er auf die Initiative des Papstes Gregor XIII. hin im Oktober 1582 – der Papst wurde gerade 80 Jahre alt – eingeführt.

Demzufolge war das Jahr 1582 um 10 Tage verkürzt und ging so als das kürzeste Jahr in die Kalendergeschichte ein. Mit dieser Kalenderreform von 1582 wurde auch der Ostertermin fixiert. Es gab da nichts mehr mit der Astronomie abzugleichen, das Regelwerk konnte ohne weitere Beobachtungen umgesetzt werden. Gauss hat denn auch nichts anderes gemacht, als diese Regeln des Computus (Osterberechnung) in Formeln einzubauen. Später hat dann die Kirche definitiv entschieden, dass sie Ostern gemäß diesen Formeln festlegt.

Über die Kalenderreform wurde vorher schon lange diskutiert. 1436 unterbreitete beispielsweise Kardinal Nikolaus von Kues einen entsprechenden Vorschlag. Erst 1579 begann man aber die Arbeit am neuen Kalender. Mit der Ausarbeitung wurde der damals berühmteste Mathematiker, der Jesuit Christophorus Clavius, von Papst Gregor XIII. beauftragt.

Der Gregorianische Kalender ersetzte den früheren Julianischen Kalender (eingeführt von Julius Cäsar, nicht zu verwechseln mit der in der Astronomie gebräuchlichen Julianischen Periode), da sich dieser langfristig als ungenau erwiesen hatte. Verglichen mit der Himmelsmechanik, dem astronomischen Sonnenjahr, war das Julianische Jahr um etwa 11 Minuten zu lang.

Ohne die Gregorianische Reform hätten wir heute die Tag-und Nachtgleiche nicht am 21., respektive 20. März, sondern schon zwei Wochen früher. Durch den neuen Kalender wurde auch der Jahresanfang endgültig auf den 1. Januar festgelegt, was allerdings schon unter Caesar so war. Der Zeitpunkt für seine allgemeine Akzeptanz war nun aber wegen der kürzlich in Lauf gesetzten antipäpstlichen Reformation ungünstig.

Da der Gregorianische Kalender, obwohl astronomisch perfekt, aus Rom kam, wurde er in den nichtkatholischen Ländern abgelehnt. In Dänemark und Norwegen hat man ihn erst im Jahr 1700, in England 1752, in Japan 1873, in Russland 1918 und in der Türkei 1927 eingeführt.

In der Schweiz haben die katholischen Kantone den neuen Kalender zwar schon sofort im Jahr 1583 angenommen, gesamtschweizerisch wurde er aber erst 1812 eingeführt. In dieser Epoche galt neben der üblichen Gegebenheit «andere Länder – andere Sitten» auch noch das Faktum «andere Länder – andere Kalender».

Der gregorianische Kalender wurde in Europas Osten nur im Zivilbereich akzeptiert. Der kirchliche Kalender der Orthodoxie in Russland, Bulgarien, Serbien und Griechenland blieb – im Gegensatz zu den westlichen nichtkatholischen Glaubensgemeinschaften – unverändert. Und so werden dort die Feste Weihnachten und Ostern später als im Westen gefeiert.

Die Folgen der Jahrhunderte währenden doppelten Datumsführung sind aber auch auf der politischen und historischen Ebene heute noch spürbar. So wurde in der Sowjetunion jährlich die «Große Oktober-Revolution» im November gefeiert.

Und man findet manchmal in Lexika bei einigen historischen Ereignissen unterschiedliche oder verzerrte Angaben, wie z.B. bei der Frage, ob Newton wirklich im gleichen Jahr geboren wurde, in dem Galilei starb.

Das generelle Problem eines genauen Kalenders besteht darin, dass die Umlaufzeit der Erde um die Sonne, das Sonnenjahr, nicht einer vollen Zahl der Achsenumdrehungen der Erde (den Tagen also) entspricht:

In einem Jahr dreht sich die Erdkugel 365,242... Mal um sich selbst. Um dies auszugleichen, muss man jeweils nach drei Jahren mit 365 Tagen ein Jahr mit 366 Jahren einfügen. Jahrhundertzahlen die mit 00 enden, wie 1700 oder 1800, und die nicht durch 400 dividierbar sind, sind dabei allerdings keine Schaltjahre; das Jahr 2000 dagegen war ein Schaltjahr.

Im Kalender Caesars war deshalb das durchschnittliche Jahr etwas zu lang. Nach jeweils 128 Jahren war der Kalender wieder einen Tag voraus. Seit der gregorianischen Reform 1582 gibt es in einem Zyklus von 400 Jahren deshalb nur noch 97 und nicht mehr 100 Schaltjahre. (Die Jahreslänge war in Caesars Kalender 365,25 Tage, bei Gregor 365,2425 Jahre. Astronomisch ist die Jahreslänge heute 365,24219 Tage – sie nimmt übrigens langsam ab.)

Ostern und der Vollmond

Selbstverständlich geschah die Kalenderreform vom Vatikan nicht nur aus astronomischen, sondern auch, oder gar hauptsächlich, aus kirchlichen Gründen. Denn es ging eigentlich um die genaue Festlegung des Ostersonntag-Datums. Obwohl bei den Osterfestdaten scheinbar keine Gesetzmäßigkeiten gelten – das Osterfest, im Gegensatz zu Weihnachten, fällt bekanntlich jedes Jahr auf ein anderes Datum –, gilt für ihre Bestimmung doch eine feste und ganz einfache Regel:

Ostern wird am ersten Sonntag, der auf den ersten Frühlingsvollmond folgt, gefeiert.

Auf diese Vorschrift, die für die ganze Christenheit gelten sollte, hat sich erstmals 325 das Konzil von Nicäa (jetzt Iznik, Türkei) geeinigt. Gleichzeitig wurde als Frühlingsanfang der 21. März definiert, also das Datum der Tag- und Nachtgleiche. Die Versammlung der Bischöfe des römischen Reiches – der damalige Papst Silvester I. war allerdings nicht dabei – wurde von Kaiser Konstantin einberufen. Die Aufgabe, alljährlich das Osterdatum zu berechnen und bekannt zu geben, wurde dem damaligen Bischof von Alexandrien zugeteilt.

Der astronomische Frühlingsanfang kann im gregorianischen Kalender auf den 19., 20. oder 21. März fallen. 2003, 2007 und 2011 liegt das Datum auf dem 21., in den übrigen Jahren des 21. Jahrhunderts auf dem 20. März. Ab 2044 kommt immer häufiger der 19. März vor. Für die Berechnung des Osterdatums nimmt die Kirche aber immer den 21. März als Frühlingsbeginn.

Die Häufigkeit der Ostertermine
Einfache Regel – komplexe Berechnung

Die Regel klingt zwar trivial, da sich aber jährlich neben den Kalenderdaten – sie verschieben sich jedes Jahr um einen Tag nach hinten – auch noch die Vollmonddaten ändern, ist eine richtige Voraussage der Ostertermine ohne astronomische Grundkenntnisse kaum möglich; wer ist schon fähig, den Tag, an dem im folgenden Jahr der erste Frühlingsvollmond erscheint, vorauszuberechnen? Das Mondjahr entspricht nicht dem Sonnenjahr, es ist um etwa 11 Tage kürzer.

Zwischen gleichen Vollmondmonatstagen liegen in der Regel 19 Jahre (diese Tatsache wurde von Meton um 430 v. Chr. entdeckt), zwischen gleichen Vollmondmonats- und Wochentagen 95 Jahre.

Wenn am 21. März Samstag und Vollmond ist, ist der Ostersonntag am 22. März. Wenn es der 19. April ist und dieser Tag ein Sonntag ist, so wäre Ostern eigentlich am 26. April. Dazu gibt es aber eine Zusatzregel, dass dann Ostern eine Woche zu früh gefeiert wird, nämlich am 19. April. So ist das spätestmögliche Osterdatum der 25. April.

Wie beim Frühlingsanfang entscheiden auch bei Vollmondtermin nicht die Astronomie, die sich an den 19-jährigen Meton-Zyklus anlehnen. Im Durchschnitt findet deshalb alle 11 Jahre Ostern nicht am astronomisch bestimmten Termin statt.

Total stehen für die Festlegung des Ostersonntags 35 mögliche Daten vom 22. März bis zum 25. April zur Verfügung. Die Häufigkeit der einzelnen Daten ist aber unterschiedlich; die Randdaten kommen viel seltener vor als die Daten aus dem Mittelfeld. Je extremer sie sind, umso seltener kommen sie vor. Seit 1582 gab es Ostern am 22. März dreimal, am 26. und 27. März dreizehnmal, am 16. April dann sogar 19 mal. Aprilostern kommen überproportional öfter vor als Ostern im März. Zweimal hintereinander erscheinen Märzostern nie.

Der Mondmonat ist mit dem Kalendermonat nicht identisch; die Zeit von einem zu einem anderen Vollmond dauert, im Gegensatz zum durchschnittlichen Sonnenmonat von 30,4 Tagen, im Schnitt nur 29,5 Tage. Wenn der Mond nach 12 Erdumläufen, d.h. nach 354 Tagen, seine Anfangsphase wieder erreicht, so fehlen bis zum Kalenderjahresende noch 11 Tage. So fiel zum Beispiel der erste Frühlingsvollmond 2003 auf Mittwoch, den 16. April, 2004 auf Montag, den 5. April, und 2005 auf Freitag, den 25. März. Die entsprechenden Ostersonntage waren daher: 2003 der 20. April, 2004 der 11. April und 2005 der 27. März. Da 2006 der erste Frühlingsvollmond auf Donnerstag, den 13. April, fiel, musste gemäß der Osterregel am Sonntag, dem 16. April, das Osterfest gefeiert werden. Der 16. April gehört zu den häufigsten Osterdaten. Vom 28. März bis 20. April sind die Daten etwa gleich häufig mit Ausnahme des 19. Aprils, der in einer langfristigen (mehrere

Jahrtausende umfassenden) Statistik das häufigste Osterdatum ist. Im Vergleich zu den meisten Daten, die hier etwa 120 Mal vorkommen, erscheint der 19. April 157 Mal. In den letzten 100 Jahren trat das Osterdatum 16. April fünfmal auf, das letzte Mal 2006. Nach 2006, da erschien es zum 64. Mal, wird es noch in den Jahren 2017 und 2028 auftreten.

Das Osterdatum tritt stets in kleinen Gruppen auf, in denen zwischen den einzelnen Monatsdaten 11 Jahre liegen. Erstmals wurde die 16. April-Reihe in den Jahren 355, 366 und 377 präsent. Die zweite Gruppe spielte sich 439, 450, 461 und 472 ab. Zweimal hintereinander erscheinen Märzostern nie. Zwischen gleich fortlaufenden Jahresgruppen mit identischen Osterdaten liegen etwa 152 Jahre. So gehört Ostern 2006 zum 47-jährigen Zyklus, der 2004 mit dem 11. April begonnen hat und 2051 mit dem 2. April enden wird. In allen dazwischen liegenden Jahren sind die Ostertermine identisch mit denjenigen der Zyklen 1852 bis 1899 und 1700 bis 1747. 2007 wurde also Ostern gleich wie vor 152 Jahren (1854), respektive vor 2'152 Jahren (1702), am 8. April gefeiert. Eine durchgehende Langzeitperiode existiert bei den Osterdaten nicht; genau wiederholen wird sich der ganze Osterkalender erst nach 5.7 Jahrmillionen.

Obwohl die Vorausberechnung der Osterfeste für die frühchristlichen Gelehrten eine harte Herausforderung darstellte, vermochten sie die Aufgabe, wie die Kontrollrechnungen beweisen, doch zufrieden stellend zu erfüllen. An der Verbesserung der Berechnungsmethode haben später noch Generationen von Mathematikern, vorwiegend Mönche, weitergearbeitet.

Zahlreiche Ostertafeln wurden geschaffen; die bekannteste ist diejenige von Dionysius Exiguus. Die genaueste Osterformel wurde schließlich 1800 vom deutschen Mathematiker Carl F. Gauss entwickelt.

In den Jahren 2008 bis 2012 fallen die Frühlingsvollmonde der Reihe nach auf Freitag, den 21. März, Donnerstag, den 9. April, Dienstag, den 30. März, Montag, den 18. April und Freitag, den 6. April; die entsprechenden Ostersonntage sind demnach der 23. März, der 12. April, der 4. April, der 24. April und der 8. April. Die Leuchtkraft des Mondes in der Osternacht variiert je nachdem, an welchem Wochentag vorher er die Vollmondgestalt (100

%) angenommen hat. 2005 leuchtete der Mond zu 98 %, 2006 zu 95 %, 2007 zu 75%, 2008 zu 99 % und 2009 zu 94 %.

Im Extremfall kann zwischen der Vollmondnacht und der Ostersonntagnacht eine ganze Woche liegen. Kommt es zum Vollmond am Montag, dann sieht man am Ostersonntag die Mondscheibe etwa nur zur Hälfte beleuchtet. Als Sichel kann man allerdings den Mond zu Ostern nie beobachten. Nicht nur die Leuchtkraft, sondern auch die maximale Höhe des Mondes auf dem Osternachthimmel erreicht jedes Jahr einen anderen Wert; sie variiert in Mitteleuropa zwischen 15 bis 35 Grad. Der Mond befindet sich dabei wie üblich in der Südrichtung.

Wie sich der Mond in der letzten Woche des Lebens Jesu am Himmel präsentierte, ist zwar historisch nicht nachweisbar, nimmt man jedoch an, dass dieser Zeitabschnitt mit dem Vollmond korrelierte, dann scheidet hier die Sichelform auf jeden Fall aus. Dieser Tatsache waren sich allerdings in der Vergangenheit nicht alle Ostergeschichtsmaler bewusst, wie es sich z.B. in der «Merian Bibel» zeigt. Sowohl im Bild «Jesus in Gethsemane» als auch im Bild «Verhör Jesu» zeichnet hier der berühmte Kupferstecher (1625) auf dem Nachthimmel den Mond als eine Sichel. Darüber hinaus stellt er die Sichel, obwohl es sich nur um eine kurze Zeitdifferenz handelt, im ersten Bild abnehmend, im zweiten zunehmend dar, obwohl es sich um eine Vollmondnacht handelte.

Der Mond im Islam und im Christentum

Die Rolle, welche der Mond im Islam spielt, ist allgemein bekannt: Man sieht ihn auf den islamischen Staatsfahnen und selbstverständlich auch auf den islamischen Gotteshäusern. Man weiß auch, dass sich der islamische Kalender nicht nach der Sonne, sondern nach dem Mond richtet, nämlich nach der ersten Sichtung des Neumondes (Neulichts). Der islamische Kalender ist ein Mondkalender, der ebenfalls aus zwölf Monaten besteht. Er basiert auf dem im siebten Jahrhundert entstandenen Koran (Sure 9/36, 37: «Die Anzahl der Monate bei Allah ist zwölf Monate ... sie hat Allah heilig gemacht»). Dies ist auch der Grund, weshalb die unten angegebenen Daten in Wirklichkeit um plus/minus einen Tag abweichen können. Der Ramadan beginnt bekanntlich jedes Jahr an einem anderen Datum, und zwar wenn am ersten Tag des Monats die Mondsichel erkennbar wird, und endet, wenn sich dies zu Beginn des Folgemonats wiederholt. Da das Jahr im islamischen Kalender zehn bis zwölf Tage kürzer ist als das Sonnenjahr, ist ein 64-jähriger Christ gleich alt wie ein 66-jähriger Moslem.

Der Ramadan wandert infolgedessen durch die Jahreszeiten: Im Jahr 2007 z.B. dauerte der Ramadan vom 13. September bis zum 11. Oktober, 2008 vom 1. September bis zum 1. Oktober, 2009 vom 22. August bis 21. September, 2010 vom 11. August bis 10. September.

Interessant ist auch die Tatsache, dass die Mondsichel auf den Flaggen der islamischen Staaten, wie es beispielsweise in der Türkei der Fall ist, astronomisch genau gesehen, gar keine richtige Mondform darstellt – so sieht der reale Mond nie aus. Eine Mondsichel wird von einem Halbkreis und einer Halbellipse begrenzt. Es handelt sich eigentlich um ein altbabylonisches Mondsymbol.

Weniger bekannt ist dagegen die Rolle, die der Mond im Christentum spielt. Dass Ostern, ähnlich wie Ramadan, durch den Mond bestimmt wird, ist nur wenigen bewusst. Auch der kirchliche Kalender, d.h. unsere Feiertage, werden vom Mond regiert. Ist für den Islam der erstmals sichtbare Neumond maßgebend, so entscheidet im Christentum der Vollmond über die kirchlichen Festtage.

Der christliche Kirchenkalender wurde beim Konzil von Nicäa drei Jahrhunderte früher (im Jahr 325) begründet: Der Ostersonntag ist der erste Sonntag, der nach dem ersten Frühlingsvollmond kommt.

Praktisch alles, was wir vom Mond wissen, stammt von Gelehrten der christlichen Westkirche. Viele davon waren, im Kontrast zum Islam oder auch der Ostkirche, sogar Geistliche; zahlreiche Mondkrater tragen bis heute Namen von gelehrten Jesuiten.

Klosterheilkunde

Von Hildegard von Bingen zu Pfarrer Sebastian Kneipp

Es begann mit der Klosterheilkunde der Benediktiner in der Mitte des 6. Jahrhunderts. Die Mönche und Nonnen legten Klostergärten an und züchteten Heilpflanzen. Das älteste Arzneibuch Deutschlands wurde schon anno 795 im Kloster Lorsch geschrieben. Walafrid Strabo, Abt des Klosters Reichenau, verfasste etwas später, Anfang des 9. Jahrhunderts, das Lehrgedicht «Über den Gartenbau», das eines der bedeutendsten botanischen Werke des Mittelalters ist. In jener Zeit gab es außerhalb der Klöster keine Medizin. Die so genannte «Schulmedizin» gab es noch nicht und Universitäten mit dem Studienfach Medizin wurden erst nach der Jahrtausendwende gegründet.

Zweihundert Jahre nach Walafrid Strabo verfasste der französische Mönch Odo Magdunensis ein weiteres Werk über Kräuterheilkunde, nämlich das berühmte Buch «Macer floridus» (Herbarium, Standardwerk der Kräuterheilkunde im Mittelalter). Hier beschreibt er etwa 80 verschiedene Heilpflanzen. Der Höhepunkt der Klostermedizin wurde mit der Benediktinerin Hildegard von Bingen im 12. Jh. erreicht. Die Klostergründerin, Visionärin und berühmteste Frau des Mittelalters wird zwar als Heilige verehrt, wurde offiziell aber nie heilig gesprochen, obwohl es mehrere Vorstöße dazu gab. Ihr medizinisches Werk «Physica» entstand um das Jahr 1150.

Hildegard beschreibt 230 Pflanzen, wobei sie dazu auch Butter, Eier und Salz mitrechnet. Das Buch ist ein praktischer Ratgeber. Zum Beispiel: «Wer Geschwüre an seinem Körper hat, lege Rosenblätter darauf», oder «ein Mensch, der gebratenen Käse essen will, streue Kümmel darauf» und «Knoblauch muss roh gegessen werden». Auch: «Eier jener Vögel, die immer im Flug sind, sind zum Essen schädlich.» Sie untersucht auch Wirkungen von Bäumen, Steinen, Reptilien, Fischen und Vögeln und anderen Tieren. Interessant ist, dass sie auch Tiere behandelt, die sie sicher selber nie gesehen hat, wie z.B. Elefanten oder Kamele, ganz zu schweigen von Fabeltieren wie dem Einhorn. Trotzdem rät sie, dass pulverisierte Einhornleber gut für Leprakranke sei.

Selbstverständlich ist eben nicht alles, was sie gelehrt hat, aus der heutigen Sicht medizinisch wirksam. Wie jedermann, konnte auch sie dem damaligen Zeitgeist nicht entgehen.

Und so findet man auch bei der gelehrtesten und selbständigsten Frau des Mittelalters von Emanzipationsgedanken keine Spur. «Die Frau soll dem Manne unterworfen und immer zum Dienen bereit sein», sagt sie.

Einen wirklichen medizinischen Fortschritt brachten erst die an den Universitäten geschulten Ärzte. Dazu gehörten auch die päpstlichen Leibärzte, die «Archiatra pontificio». Petrus Hispanus, der portugiesische Dominikaner, der Papst Gregor X. diente, fasste um 1250 die Grundzüge der damaligen Schulmedizin im Buch «Thesaurus pauperum» (Schatz der Armen) zusammen. Interessanterweise wurde dieser päpstliche Leibarzt später selbst Papst, nämlich Papst Johannes XXI.

Ein weiterer berühmter päpstlicher Leibarzt hieß Girolamo Fracastoro. Er diente Papst Paul III. und arbeitete auch als Arzt des Konzils von Trient. Das Hauptverdienst Fracastoros liegt in seiner Untersuchung der ansteckenden Krankheiten. Als Erster diagnostizierte Fracastoro den Typhus. Er war es auch, der den Begriff Syphilis in die Medizin einführte, und er gilt als der Begründer der Epidemiologie. 1546 erschienen von ihm drei Bücher: «De contagionibus et contagiis morbis et eorum curatione» (Deutsch (1910): Drei Bücher von den Kontagien (lat. contagium = Ansteckung), den kontagiösen Krankheiten und deren Behandlung). Sie enthalten u.a. die erste charakteristische Beschreibung der Pest, des Typhus und der Maul- und Klauenseuche.

Marcelus Malpighi, der Leibarzt von Papst Innozenz XII., gilt als Begründer der Pflanzen-Anatomie. Er benützte bei seiner Forschung das Mikroskop und entdeckte im Jahr 1661 den Kapillarkreislauf. Nach ihm wurden die Körperchen in den Nieren «Malpighi-Körperchen» benannt. Von der Ausbildung her war Malpighi zwar kein Kleriker, dank seiner Stellung erhielt er aber doch den kirchlichen Ehrentitel Monsignore.

Erwähnenswert ist schließlich noch Giovanni Maria Lancisi, Mediziner und Naturforscher. Bereits im Alter von 18 Jahren promovierte er zum Dr. med. Er wurde von Papst Innozenz XI. als Leibarzt in den Vatikan berufen und diente dort auch noch den beiden nachfolgenden Päpsten Innozenz XII. und Clemens XI. Lancisi beschäftigte sich wissenschaftlich mit den Krankheitserregern und erkannte, dass es nicht, wie man damals dachte, die schlechte Luft (mal aria) ist, welche die Malaria verursacht, sondern Mücken und Moskitos. Lancisi untersuchte auch den Herzmuskel und bis heute ist der Begriff «Lancisi-Muskel» in der Anatomie geläufig.

Die europäische Medizin wurde auch durch die Erfahrungen der Überseemissionare bereichert. Seit dem Jahr 1658 wurde in Europa unter dem Namen «Jesuitenpulver» ein neues Medikament in den Apotheken angeboten. Das darin enthaltene Fieber senkende und gegen Malaria helfende Chinin hatten die Jesuiten in Südamerika kennen gelernt.

Da seine Anwendung vom römischen Kardinal Johann de Lugo stark propagiert wurde, nannte man das Chininpulver auch Kardinalpulver.

Es gab selbstverständlich noch andere Geistliche, die sich in der Medizin ausgezeichnet haben.

Der Stadtarzt von Bern, Otto Brunfels, ehemaliger katholischer Mönch und dann lutherischer Pfarrer, gab um 1530 die ersten gedruckten Kräuterbücher heraus. Hier werden zum ersten Mal einheimische Pflanzen beschrieben und abgebildet, so dass er neben seiner ärztlichen Verdienste auch als «Vater der Botanik» gilt.

Stephen Hales, ein Pfarrer der Anglikanischen Kirche, führte nach 1705 die ersten Blutdruckmessungen durch, und zwar an Tieren wie Hunden, Pferden und Schafen. Er ist als Begründer der Physiologie in die Geschichte eingegangen.

Abbé Felice Fontana war einer der bedeutendsten französischen Physiologen des 18. Jahrhunderts. In der Augenanatomie spricht man noch heute von «Fontanaschen Räumen». Durch die Untersuchung des indianischen Pfeilgiftes Curare (1788) machte sich Fontana auch als Pharmakologe einen Namen.

Der italienische Jesuit Lazzaro Spalanzani schrieb über Atmung, Verdauung und Magensäfte. 1768 entdeckte er, dass bei Salamandern abgerissene Glieder wieder nachwachsen. Als

Universalgelehrter untersuchte er auch noch Kupferminen in der Türkei und Vulkane auf den Liparischen Inseln und leitete darüber hinaus ein Naturhistorisches Museum in Pavia.

Durch die Entdeckung der Wasserkuren um das Jahr 1850 wurde der katholische Priester Sebastian Kneipp weltberühmt und ist es heute noch. Er studierte in Dillingen Theologie und wirkte später als Stadtkaplan in Augsburg und als Beichtvater im Kloster der Dominikanerinnen in Wörishofen.

Kneipp hat zwar das Prinzip der Wasserkur selber nicht erfunden, aber doch in der praktischen Anwendung weiter entwickelt und vor allem populär gemacht. Dank ihm wurde Wörishofen allmählich zum Kurort. Mit Pfarrer Aloys Stückle unternahm Kneipp später auch Informationsreisen durch Europa. 1886 erschien sein Hauptwerk «Meine Wasserkur». Von Papst Leo XIII. erhielt Kneipp den Ehrentitel Monsignore und eine goldene Medaille.

Der Pater, der alles wusste

Athanasius Kircher

Der deutsche Jesuitenpater Athanasius Kircher (1602-1680), Mathematikprofessor und Orientalist, war einer der gelehrtesten Männer des 17. Jahrhunderts. Seine Schuljahre begann Athanasius Kircher bei einem Rabbiner, bei dem er Hebräisch lernte. Er absolvierte anschließend die Jesuitenschule, verbrachte sechs Jahre in Fulda und trat als Achtzehnjähriger in den Orden der Jesuiten ein. Seine berufliche Laufbahn begann er in Heiligenstadt in Oberfranken als Lehrer der Mathematik, des Hebräischen und des Syrischen. Über eine Station in Mainz wechselte Kircher dann nach Würzburg. Er lernte Koptisch (die jüngste ägyptische Sprache) und verfasste die erste koptische Grammatik «Prodromus Coptus sive Aegyptiacus». Aus Würzburg flüchtete er – nämlich vor protestantischen schwedischen Soldaten; zu seiner Zeit wütete gerade der Dreißigjährige Krieg. Er reiste nach Frankreich, nicht ahnend, dass er seine Heimat nie wiedersehen würde.

1637 besuchte er die Insel Malta und ein Jahr danach trat er im Collegium Romanum eine Stelle als Mathematik- und Physikprofessor an. Später wurde er vom Lehrauftrag befreit, so dass er sich voll der Forschung widmen konnte. Es gelang ihm, im Collegium Romanum in Rom 1651 das «Museum Kircherianum» mit einer gewaltigen wissenschaftlichen Sammlung einzurichten. Man konnte hier sowohl Fossilien, Skulpturen und Gemälde als auch ägyptische Obelisken und neue technische Geräte bewundern.

Athanasius Kircher gab insgesamt mehr als dreißig Bücher heraus, alle selbstverständlich in Latein verfasst. Die Werke hatten vorwiegend enzyklopädischen Charakter. So schrieb er die umfangreichsten Magnetismusbücher des 17. Jahrhunderts. Die erste Schrift dieser Art, «Ars magnesia» (Magnetische Wissenschaft), erschien im Jahr 1631 noch in Würzburg, wo er ja Mathematik lehrte. In Rom verfasste er dann die Werke «Magnes sive de arte magnetica» (Der Magnet oder die magnetische Wissenschaft) und «Magneticum naturae regnum» (Die magnetische

Herrschaft in der Natur). Kircher schrieb über magnetische Nachrichtenübertragung, über ein magnetisches Perpetuum mobile (eine Maschine, die ohne Energieverbrauch läuft), über magnetische Geheimsprache, magnetische Horoskopie, magnetische Navigation und magnetische Uhren.

In «Magnes sive de arte magnetica» (1643) betrachtet Kircher, seiner Zeit voraus, Magnetismus als eine elementare Naturkraft (heute gilt Magnetismus als eine der vier Grundkräfte) – und schreibt als Erster auch den Planeten und Sternen Magnetismus zu, eine Eigenschaft, die erst durch die Astronomie des 20. Jahrhunderts bestätigt werden konnte. Dass die Erde nach Gilberts Lehre ein Dauermagnet ist, glaubte Kircher allerdings nicht.

Auch da lag er im Prinzip richtig; der Erdmagnetismus wird nicht durch die Magnetsteine verursacht, sondern beruht auf einem dynamischen elektromagnetischen Effekt. So weit reichten Kirchers Kenntnisse selbstverständlich nicht, obwohl er den Begriff «Elektromagnetismus» – zweihundert Jahre, bevor der Effekt überhaupt entdeckt wurde – in die Naturwissenschaft einführte.

Allerdings sah Athanasius Kircher Magnetismus auch dort, wo es ihn nicht gab. Das war aber auch schon bei dem Astronomen Kepler der Fall. So erklärte er die Drehung der Sonnenblumen zur Sonne durch die magnetische Kraftwirkung der Sonne. Es stimmt zwar, dass die Sonne stark magnetisch ist, dies hat aber mit den Sonnenblumen nichts zu tun, denn diese folgen der Sonne, um optimal Licht zu erhalten.

Er verfasste weiter ein umfangreiches Werk über die Optik – «Ars magna lucis» (Wissenschaftliche Grundlagen des Lichts) (1646). Hier beschreibt er die «Laterna magica», die erste Lichtbild-Einrichtung, ein Projektionsgerät, das er für das Jesuitentheater entwickelte. Man kann sogar den Ursprung der Tonfilmidee bei ihm finden: Im Kapitel über die «Geheim-Kunst oder Magia Naturalis» beschreibt der Jesuit, «wie man den Anwesenden sprechende Bilder zeigen kann, so dass sie glauben, dass das Bild lebe, sich rege und bewege». Er erwähnte auch das Phänomen der Fluoreszenz.

Athanasius Kircher wurde stark vom alten Ägypten, insbesondere von den geheimen Hieroglyphen, angezogen und verfasste zu diesem Thema mehrere interessante Werke. Er versuchte auch, die Hieroglyphen zu entschlüsseln, was ihm allerdings nicht gelingen konnte, da in jener Zeit der entsprechende Schlüssel – der Stein von Rosetta noch nicht gefunden worden war. (Rosette ist eine Ortschaft am Nil. Der Stein ist eine halbrunde, 700 Kilogramm schwere stählerne Stehle mit einem in drei Schriften eingemeißelten Text, der maßgeblich zur Entzifferung der ägyptischen Hieroglyphen beitrug. Er befindet sich heute im British Museum in London.) In seiner grenzenlosen Phantasie glaubte Kircher, dass das Altägyptische die Sprache von Adam und Eva war und dass die chinesische Schrift aus den ägyptischen Hieroglyphen entwickelt wurde. Darüber hinaus machte er sich Gedanken, wie man eine Universalsprache verwirklichen könnte.

Die utopische Erzählung «Iter extaticum coeleste» (Die verzückte Himmelsreise, 1671) enthält die Beschreibung einer imaginären Reise durch das Sonnensystem. Aus der Analyse der unterschiedlichen Weltsysteme, das des Kopernikus inbegriffen, kommt Kircher zum Resultat, dass dasjenige von Tycho de Brahe das optimale sei. Kircher bezweifelte nicht die Rotation der Erdkugel, sondern nur ihren Lauf um die Sonne.

Im Gegensatz zu den meisten Astronomen seiner Zeit, die an die Bewohntheit der Planeten glaubten, vertrat er die später auch als richtig erwiesene Meinung, dass in unserem Planetensystem nur die Erde bewohnt sei. Die Planeten sind ohne jegliches Leben, sie sind vollständig tot.

Athanasius Kircher befasste sich mit mechanischen Rechenmaschinen, ansteckenden Krankheiten, Temperaturmessungen, Musik, Hieroglyphen und Vulkanen. Und er wagte sogar, das Innere des Vulkans Vesuv zu untersuchen. Er meinte, dass Ätna und Vesuv unterirdisch verbunden seien. Den Vulkanismus behandelte er später in seinem Werk «Mundus subterraneus» (Die Unterwelt). Im «Organum mathematicum» (Mathematische Werkzeuge) beschreibt er eine mathematische Lernmaschine.

Seine «Phonurgia nova» erschien auf Deutsch im Jahr 1684 unter einem wie damals üblich sehr langen Titel:

«Anastasii Kirchers, Soc. Jesu Neue Hall- und Thonkunst, oder mechanische Geheim-Verbindung der Kunst und Natur durch Stimme und Hall-Wissenschaft gestifftet, worinn ingeheim der

Stim, Thons-, Hall- und Schalles Natur-Eigenschaft – Krafft und Wunder-Würckung, auch deren geheime Ursachen, mit vielen neu und ungemeinen Kunst-Wercken und Proben vorgestellt werden.

Ingleichem wie die Sprach- und Gehör-Instrumenta, Machinen und Kunstwercke vorbildender Natur zur Nachahmung, so wohl bei Stimm, Hall und Schall an weitengelegene Ort zu führen, als auch in abgesonderten Gehaim-Zimmern, auff kunstverborgene Weise, vertreulich und ungefahr sich mit einander zu unterreden sollen verfertigt werden.

Endlich wie solche schöne Erfindung zu Kriegs-Zeiten nützlichen könne angebracht und gebraucht werden.

In unsere Teutsche Mutter-Sprach übersetzet von Agatho-Carione Nördlingen.»

Darin ging Athanasius Kircher auf das Thema der Fernübertragung von Sprache und Musik mehrmals ein. Er beschreibt hier verschiedene schallverstärkende Sprachrohrsysteme, mit denen man sich auf größere Entfernungen – allerdings meistens im Rahmen eines Palastes oder Schlosses – verständigen kann. Er schildert beispielsweise, wie «zwei Fürsten in zweyen abgesonderten Zimmern sicher und geheim communiciren und ihr Vorhaben wissend machen können». Man findet in seinem reich illustrierten Buch mehrere «verwunderliche Sprach- und Gehör-Wercke, durch deren Behülff man auf eine große Distanz und Weite so wohl Sprach und Wörter als anderen Thon und Hall fortführen kann», was angeblich besonders in Kriegszeiten, bei Belagerung usw. wichtig sei. Er spricht weiter von magnetischer Musik und behauptet, dass «Musik auch Krankheiten vertreiben kann». Diese Einsicht haben sich heute auch die Musiktherapeuten zu eigen gemacht.

Er erklärt hier auch die Theorie der antiken Aeolsharfe, des durch Windwirkung selbstspielenden Saiteninstrumentes, und wird daher manchmal als deren Erfinder genannt. Die Windharfe war ein sehr großes, im Freien aufgestelltes Gerät. Weil sie allein ohne Musikanten klang, wurde sie auch Geisterharfe genannt. Der Musik widmete Kircher eine spezielle Monographie, die «Musurgia universalis» (ein umfassendes Handbuch über das musikalische Wissen der Zeit).

Selbstverständlich beschäftigte sich Kircher auch mit der Bibel in wissenschaftlicher Weise. In der «Hall- und Thonkunst» behandelte er die mit der Akustik zusammenhängenden biblischen Erscheinungen. Ein Beispiel: Im ersten Buch Samuel, Kapitel 16 ist beschrieben, dass David mit einer Harfe den bösen Geist von König Saul vertreibt. Kircher erklärt dazu, dass es sich bei König Saul um eine Melancholie gehandelt habe und dass die nachfolgende Beruhigung einfach durch die harmonische Luftbewegung zustande gekommen sei. Den durch Posaunenschall verursachten Einsturz der Mauer von Jericho (Jos 6) als ein Resonanzphänomen zu erklären, gelang ihm jedoch nicht – in diesem Fall blieb er bei seinem Glauben an ein Wunder.

Im Buch «Arca Noe» (Arche Noah) (1675) versuchte er, die Arche Noah technisch zu rekonstruieren. Architektonisch interessant ist auch seine Vorstellung vom Turm zu Babel.

Der hochgebildete Jesuit, der fast alles wusste, was zu seiner Zeit bekannt war, starb am 27. November 1680 im Alter von 78 Jahren in Rom.

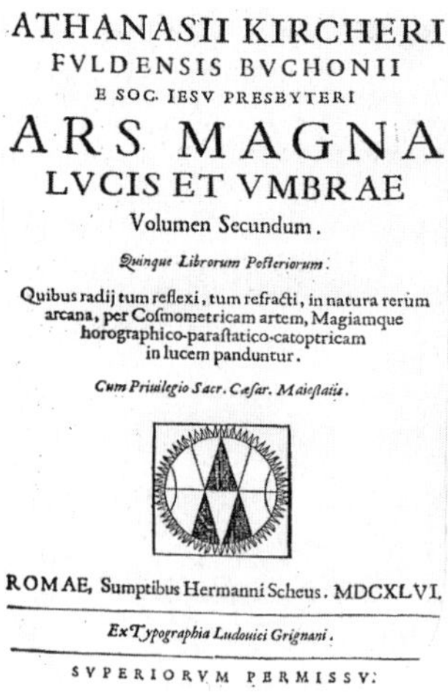
ATHANASII KIRCHERI
FVLDENSIS BVCHONII
E SOC. IESV PRESBYTERI
ARS MAGNA
LVCIS ET VMBRAE
Volumen Secundum.
Quinque Librorum Posteriorum:
Quibus radij tum reflexi, tum refracti, in natura rerum arcana, per Cosmometricam artem, Magiamque horographico-parastatico-catoptricam in lucem panduntur.
Cum Priuilegio Sacr. Cæsar. Maiestatis.
ROMAE, Sumptibus Hermanni Scheus. MDCXLVI.
Ex Typographia Ludouici Grignani.
SVPERIORVM PERMISSV.

1646 gab Pater Athanasius Kircher sein Werk über Licht und Schatten heraus, in welchem er u.a. die «Laterna magica» (die Zauberlaterne), ein optisches Projektionsgerät, beschreibt. Das Porträt stellt den Universalgelehrten als 53-Jährigen dar.

In seinem Werk «Mundus subterraneus» untersucht Pater Kircher sowohl das Innere der Erde: Vulkane, Mineralien und Wasserquellen als auch weitere damit verbundene wissenschaftliche Fragen, z.B. aus dem Gebiet der Meereskunde und das Thema der Gezeiten. Man findet dort auch eine Karte der legendären Insel Atlantis. Titelblatt der Ausgabe von 1678.

Arche Noah in der Vorstellung des Jesuitenpaters Athanasius Kircher (1675).

Mönche als Technologen und Bierbrauer

Inständiges Gebet und harte Arbeit

Tausende Klöster wurden im Mittelalter in Europa gebaut; allein die Zisterzienser haben 2000 Klöster errichtet. In der Schweiz gab es um 1300 schon mehr als 220 Klostergebäude, in Böhmen waren es etwa 160 und auf dem Gebiet des heutigen Österreich 60. Das gesamte Bauvolumen der Klöster des Westchristentums war enorm und sicher mit demjenigen der ägyptischen Pyramiden vergleichbar. Die Mönche haben beim Bau sowohl als Bauherren, Architekten und Techniker als auch als gewöhnliche Arbeiter gewirkt. Allerdings sind von ihrer manuellen Tätigkeit nur sehr wenige Bilder vorhanden. Die Maler haben sich mehr für die geistigen Übungen der Mönche als für ihre körperlichen Anstrengungen interessiert.

Im Gegensatz zu den Kathedralen, deren Bau man in der Regel erst nach Jahrhunderten zu beenden imstande war, wurden die Klöster sehr schnell gebaut. Dabei wurde auch der neue Baustil, die Gotik, entwickelt. Er wurde zuerst im Jahr 1137 beim Bau der Abteikirche von Saint-Denis bei Paris angewendet. Sein Schöpfer war Abt Sugar von Saint-Denis.

Man kann das Wachstum der mittelalterlichen Klöster gut mit dem Wachstum der Fabriken während der neuzeitlichen industriellen Revolution vergleichen. Und die Klöster waren auch in gewissem Sinne industrielle Unternehmen; mit dem Bau der Klöster kam die mittelalterliche technologische Revolution in Gang. Die klösterlichen Anlagen waren nicht nur Mittelpunkte der Wissenschaft und Bildung, sondern auch Zentren der Technologie. So wird auch die Erfindung des Schießpulvers, das die Kriegsführung revolutionierte, dem Franziskaner Berthold dem Schwarzen (Bertholdus Niger) zugeschrieben. Der Freiburger Alchimist entdeckte das «schwarze Pulver» um 1355.

Die Klöster der einzelnen Orden wurden durch ein Netzwerk von Straßen und Wegen, z.B. zwischen St. Gallen und Einsiedeln, miteinander verbunden. Die Briefboten, welche dort zirkulierten, waren Vorläufer des modernen Postsystems. Sie liefen generell zu

Fuß, und dies auch, wenn es sich um sehr große Distanzen, wie z.B. um die Strecke von Deutschland nach Italien, handelte.

War in der technologischen Revolution der Neuzeit der heiße Wasserdampf die treibende Kraft, so kam es im Mittelalter zur technologischen Wende durch die Kraft des kalten Wassers.

Es waren unzählige Wasserräder, die den allgemeinen Fortschritt ermöglichten, und zwar hauptsächlich durch den Fleiß und den Unternehmungsgeist der Mönche. Einer der ersten mit Wasser betriebenen Mahlwerke entstand im Benediktinerkloster Saint Sauveur (eine karolingische Gründung) in der Bretagne um das Jahr 990. In der Normandie haben die Benediktiner seit 1175 Zuckerrohr mechanisch zerstoßen und in Schweden errichteten die Zisterzienser die erste Eisenmühle um das Jahr 1195. Seit 1250 wurden im Kloster St. Albans in England (nach dem römischen Soldaten Alban, dem ersten Märtyrer Englands, benannt) Getreide und Tuch mit Hilfe von Wasserkraft verarbeitet. Im Hoch- und Spätmittelalter gehörten die Zisterzienser in Frankreich zu den größten Eisenproduzenten.

Die Klöster der Benediktiner und Zisterzienser wurden im freien Umland angesiedelt, im Gegensatz zu denjenigen der Franziskaner und Dominikaner, die direkt in den Städten bauten. Diese Bauten steckten voller neuer Erfindungen; man erfand die Wendeltreppe und andere Bauteile, die heute in der Architektur zum Alltag gehören. Die Glocken, die zuerst nur innerhalb des Klosters benutzt wurden, verwendete man nach dem Wunsch von Papst Sabinian ab 604 als Signalgeber für die Gebetsstunden.

Die älteste Glocke der Schweiz ist die (genietete) Gallusglocke aus dem 7. Jh. im Kloster St. Gallen. Der St. Gallener Mönch Tancho gehörte später zu den besten Glockengießern Europas.

Die Orgel setzte sich in den Kirchen relativ langsam durch, da es sich hierbei um eine heidnische Erfindung von Ktesibios aus Alexandrien im heutigen Ägypten im Jahr 246 v. Chr. handelte. Über tausend Jahre lang wurde sie ausschließlich als Prunkinstrument für weltliche Zwecke verwendet im Amphitheater, im Zirkus und bei kaiserlichen Festen.

Kirchlich erlaubt wurde sie um 665 von Papst Vitalianus. Papst Johannes VIII. bestellte 873 in Bayern eine gute Orgel samt Organisten.

Das Neue war den Mönchen keineswegs fremd. Schon ein halbes Jahr nach der ersten gelungenen Ballonfahrt der Brüder Montgolfier in Frankreich am 5. Juni 1783, stieg auch in Deutschland ein Heißluftballon in die Höhe. Dem Benediktinerpater Ulrich Schiegg gelang es am 22. Januar 1784, einen vier Meter großen Ballon zum Himmel aufsteigen zu lassen; damit ging er als Begründer der deutschen Ballonfahrt in die Geschichte ein. Dies spielte sich in der Abtei Ottobeuren in Bayern ab.

Gleichzeitig errichteten die Mönche rund um ihre Klöster große landwirtschaftliche Gutshöfe. Sie bearbeiteten die Erde und verwandelten sie in fruchtbares Ackerland. Falls nötig, entwässerten sie die Sümpfe und bauten für zu trockene Gebiete Bewässerungskanäle. Sie legten Teiche an, um dort Fischzucht zu betreiben. Die berühmte Teichlandschaft Südböhmens ist eine Erbschaft der mittelalterlichen Klöster.

Der Bischof von Olmütz (Olomouc), Jan Dubravius, widmete später der Teichwirtschaft ein wissenschaftliches Werk.

Sein «Buch von den Teichen und den Fischen» (1547) wurde ein Klassiker für die Karpfenzucht im ganzen mitteleuropäischen Raum.

Die Hygiene der Klöster lag im Vergleich zu den hygienischen Verhältnissen der Städte im Mittelalter auf viel höherem Niveau. Sowohl Rohrleitungen für Trinkwasser als auch Wasserentsorgungsleitungen waren keine Seltenheit.

Allerdings reichte den Mönchen das reine Wasser nicht immer als Getränk; ein Glas Wein oder Bier gehörte auch zum Klosterleben. Und es versteht sich von selbst, dass sie diese Getränke selber herstellten.

Die Brauerei nahm ihren Anfang in den Benediktinerklöstern. Das Kloster St. Gallen war vermutlich das erste, in dem man Bier braute. Um 1000 stellte man dort schon drei verschiedene Biersorten her.

Bei München haben die Weihenstephaner Mönche seit dem 9. Jahrhundert eine Brauerei geführt. Und da das Bier nicht nur den Benediktinern schmeckte, haben auch andere Orden mit der Herstellung von Bier begonnen. Selbstverständlich nicht nur in Deutschland und der Schweiz, sondern auch in anderen Ländern.

In Südböhmen brauten die Mönche des Zisterzienserklosters Hohenfurth (Vyssi Brod), seit 1380 Bier. Zweihundert Jahre später entstand hier auch noch ein Gasthaus. Hopfen als Bestandteil des Bieres wurde in Böhmen schon seit 825 angepflanzt. Man benützte das Bier auch als Medizin; viele Klöster besaßen ja eigene Apotheken. Dass Hopfen als Heilmittel wirkt, wusste schon die heilige Hildegard. «Mit seiner Bitterkeit hält er gewisse Fäulnisse von den Getränken fern», schrieb sie.

In Bayern haben Paulanermönche Anfang des 17. Jahrhunderts im Kloster Neudeck bei München das erste Starkbier (der Alkoholgehalt des Starkbieres beträgt mehr als 14 % im Gegensatz zum normalen Bier mit ca. 4-5 %) gebraut. In Belgien existieren fast zwanzig Sorten des Abteibieres; neben den Benediktinern waren es auch Trappisten (ein Zweig der Zisterzienser) und Norbertiner (Prämonstratenser), die in ihren Klöstern Brauereien einrichteten.

Nach der Regel der Zisterzienser war allerdings jedes Kloster gehalten, nicht Bier, sondern Wein herzustellen.

In Deutschland pflegten die Mönche beispielsweise in den Klöstern Eberbach, Wald, Pforta und Allerheiligen Weinberge. Als erstes Kloster mit Weinbergen wird jedoch das Benediktinerkloster von St. Gallen genannt. Sein Gründer und erster Abt Othmar wird daher manchmal zusammen mit einem Weinfass abgebildet.

Der Legende nach wurde die Leiche des ersten St. Galler Abtes Othmar im Jahre 759 von der Insel Werd, wo er in Verbannung gelebt hatte und gestorben war, nach St. Gallen überführt, wobei auf der durch Sturm und Nebel beschwerlichen Fahrt der mitgeführte Wein im Holzfass nie ausging.

Aber nicht nur Mönche, sondern auch Nonnen waren und sind an der Weinproduktion beteiligt.

Die Nonnen der Abtei St. Hildegard in Eibingen, die im Jahr 1165 von der heiligen Hildegard gegründet worden war, beschäftigen sich intensiv mit dem Weinbau, berufen sich dabei aber auf die Regel des hl. Benedikt: «Erst dann sind sie wirklich Mönche, wenn sie von der Arbeit ihrer Hände leben», und: «Wir glauben mit Rücksicht auf die Schwachen, dass ein Glas Wein für jeden Tag reichen sollte.» Selbstverständlich heißt eine ihrer Weinsorten nach Hildegards Hauptwerk «Scivias» (Wisse die Wege). Die Mönche haben sich auch an der Entwicklung des Champagners beteiligt. Das erste Champagnerhaus der Welt wurde 1729 dank der Initiative des Benediktiners Dom Thierry Ruinart eröffnet. Als «Erfinder» des Champagners gilt Dom Perignon, ein Benediktinermönch, Kellermeister der Abtei Hautvillers. («Dom» ist ein Ehrentitel.) Dom Perignon hat die «Méthode champenoise», ein Verfahren der Flaschengärung, maßgeblich mitentwickelt. Er stellte auch fest, dass eine Beschränkung des Traubenertrags pro Quadratmeter der Qualität des Weines zuträglich ist. Auf ihn geht auch das Flaschenfüllvolumen 0,7 Liter zurück. Er hatte dieses Maß als die durchschnittliche Verzehrmenge der Männer beim Nachtmahl ermittelt. Es gelang ihm darüber hinaus, aus dunklen Trauben weißen Wein zu gewinnen.

Schließlich geht auch der Ursprung vieler Liköre auf die Mönche zurück. Der «Benedictine» wurde vom Benediktiner Dom Bernardo Vincelli in der nordfranzösischen Abtei Fécamp um das Jahr 1510 kreiert.

Der Kräuterlikör «Chartreuse» stammt von den Kartäusern; die Rezeptur wurde anno 1605 im Kloster Vauvert bei Paris entworfen.

Die Kräuterliköre wurden zuerst als Medizin betrachtet. Dem ist grundsätzlich auch heute noch so. Der Benediktiner-Likör aus der Abtei Rajhrad in Mähren wird beispielsweise bei Magenproblemen und Stress als Medizin empfohlen.

Zisterzienser

Der Orden wurde 1098 in Cîteaux (daher der Name), Frankreich, von Robert von Molesme und zwanzig weiteren Mönchen gegründet und von Bernhard von Clairvaux maßgeblich verbreitet. Um 1500 gab es in Europa mehr als 300 Klöster. Die Mönche tragen ein graues Gewand.

Trappisten

Eine um das Jahr 1650 sich von Zisterziensern abgesplitterte Gruppe, geführt vom Abt La Trappe, ein Orden der Zisterzienser von der strengen Observanz. Zu Gebet, Lesung, körperlicher Arbeit, die bei den Zisterziensern den Tagesablauf gliedern, kommt noch Schweigen und Buße dazu.

Prämonstratenser

Um das Jahr 1120 von Norbert von Xanten (daher auch manchmal Norbertiner genannt) als Priestergemeinschaft gegründet.

Benediktiner

Benedikt von Nursia gründete im Jahr 529 das Kloster Monte Cassino und verkündete die «Benediktsregel». Noch bestehende Benediktinerklöster in der Schweiz sind Einsiedeln und Engelberg.

Paulaner (Minimiten)

Die Paulaner (Minimiten) wurden vom hl. Franz von Paola im Jahr 1474 gegründet. Sie leben nach den Regeln des Franziskanerordens, aber in strenger Askese. Sie eröffneten 1627 im Kloster Neudeck bei München eine Bierbrauerei.

Gründungsjahre einiger bekannter Klöster:

Monte Cassino (Italien) 529, St. Augustinus, (Canterbury, England) 597, St. Gallen (Schweiz) 612, St. Peter (Salzburg, Österreich) 696, Reichenau (Deutschland) 724, Cluny (Frankreich) 910, Einsiedeln (Schweiz) 934, Brevnov (Prag, Tschechien) 993, Cîteaux (Frankreich) 1098, Clairvaux (Frankreich) 1115.

Bierbrauerei in einem südböhmischen Zisterzienserkloster um das Jahr 1380.

Benediktiner beim Klosterbau. Fresken vom Maler Sodoma (Giovanni Antonio Bazzi) im Monte Oliveto um 1530 gemalt.

Mönche als Steinmetze im süddeutschen Zisterzienserkloster Salem.

Die Kirche und die Pseudowissenschaften

Der Himmel der Theologen, Astronomen und Astrologen

Unter dem Begriff «Pseudowissenschaft» werden Lehren verstanden, die äußerlich wie Wissenschaften aussehen, in Wahrheit aber keine sind. Sie gründen ihre Theorien auf dogmatisierte, wissenschaftlich unbeweisbare Thesen, ignorieren den allgemeinen Fortschritt der Wissenschaft und sind in der Regel gegen jegliche Kritik immun. Die Astrologie stellt das bekannteste Beispiel solcher Wissensgebiete dar.

In der Antike wurde zwischen den Begriffen Astronomie (-nomos = Gesetz) und Astrologie (-logia = Kunde), zwischen der Sternbeobachtung und der Sterndeutung, meistens nicht unterschieden. Und da viele Sternbeobachter wie Claudius Ptolemäus, auch die Bewegungen der Sterne – eigentlich nur der Planeten – in Zusammenhang mit dem irdischen Leben sahen, konnte man sie sowohl Astronomen als auch Astrologen nennen. Noch Paracelsus betrachtete die Astrologie als einen Teil der Astronomie. Hat aber die Astronomie inzwischen riesige Fortschritte gemacht, so blieben die Aussagen der Astrologen praktisch unverändert. Das astronomische Weltbild des Ptolemäus ist längst überholt, seine astrologischen Vorstellungen sind aber lebendiger als zu seiner Zeit.

Im Altertum und Mittelalter galt Astrologie als eine Art der Weissagungskunst. Der astrologischen Vorstellung, dass Himmelskörper das menschliche Leben beeinflussen, basiert eigentlich auf einem religiösen Hintergrund – der kosmischen Religion. Da man seit Urzeiten alle Gestirne, die sich sichtbar auf dem Himmel bewegen, als Götter verehrte, war es einleuchtend, dass sie auf das Schicksal des Menschen auch wirken können mussten. Und dass auch dann, wenn man sie nicht sah.

Selbstverständlich gab es schon im Altertum Gelehrte, welche die Astrologie ablehnten. Zu den Kritikern gehörte in der Antike Cicero: «Welch unglaublicher Wahnsinn!», Tacitus: «Auf die Astrologen kann man sich nicht verlassen.» Und Seneca: «Alles Illusionen». Der astrologische Glaube war zeitweise so verbreitet, dass er von den römischen Kaisern, wie z.B. von Diocletian (297), verboten wurde.

Nach dem Sieg des Christentums haben zwar die Gestirne den Status der Göttlichkeit verloren, die Astrologie aber hat überlebt. Die Warnungen der Kirchenväter, wie die von Origenes: «Astrologie ist gefährlich», oder von Tertullian: «Astrologie stammt vom Teufel», blieben ohne große Wirkung.

Das Gleiche gilt für die späteren Aussagen des hl. Augustinus, der vom «törichten Geschwätz der Astrologen» spricht, des Isidor von Sevilla, der die Astrologie einfach als «einen heidnischen Aberglauben» bezeichnet oder des hl. Albertus Magnus, nach dem «das irdische Geschehen an den Himmelskörpern nicht zu erkennen ist».

Auch für die heilige Hildegard war die Geburtsastrologie ein «schlimmer Aberglaube». Dante verurteilte in seiner Göttlichen Komödie Astrologen in die Hölle und der heilige Thomas Morus bezeichnete in seiner «Utopia» die Wahrsagerei aus den Sternen als einen Schwindel: «Dem Utopier fällt nicht einmal im Traume etwas ein von Einflüssen der Planeten.» Auch sein Freund Erasmus von Rotterdam, Augustiner, Priester und Humanist, lehnte die Astrologie scharf ab. Und Kepler, der sonst selber astrologisch tätig war, schrieb: «Vergebens wird der Sterndeuter aus der Gestirnvereinigung meiner Geburtzeit die Ursachen meiner Entdeckungen suchen.»

Der Franziskaner François Rabelais nannte die Astrologen «Betrüger des armen blöden Volkes». In seinem satirischen Roman «La vie très horrificue du grand Gargantua, père de Pantagruel» (das sehr Furcht einflößende Leben des großen G., des Vaters von P.) (1532) schildert er seine Auseinandersetzung mit einer Wahrsagerin.

Die christlichen Kirchen lehnten die Astrologie generell als eine unchristliche Lehre ab. Außer Gott, so die Begründung, weißt die Zukunft keiner. Die erste offizielle kirchliche Verdammung der Astrologie verkündete Papst Johannes III. schon im Jahre 561. In Paris verurteilte Bischof Etienne Tempier (Stephanus von Orléans) am 7. März 1277 die damals bei den Gelehrten diskutierten Thesen des Averroismus, die seiner Meinung nach gefährliche Irrlehren waren. Dazu gehörten auch die Aussagen der Astrologen. Und so wurden auch Thesen wie «die Himmelszeichen bezeichnen verschiedene Konditionen der Menschen» und «unser Wille unterliegt der Macht der Himmelskörper» scharf verurteilt.

Averroës (Ibn Ruschd) war ein spanisch-arabischer islamischer Philosoph, Arzt und Mystiker (Sufismus) des 12. Jahrhunderts. Seine Kommentare zu Aristoteles fanden zwar starke Resonanz in der christlichen Scholastik, aber die Lehren von der Ewigkeit der Welt und vom begrenztem Wissen Gottes wurden sowohl von der christlichen Kirche als auch vom Islam abgelehnt.

Interessanterweise wurde die These von der möglichen Mehrheit der Welten nicht verurteilt, da man Gottes Allmacht, so die Überlegung des Bischofs, nicht nur auf eine Weltschöpfung begrenzen kann. Nicht verurteilt wurde auch die Erdkugeltheorie; ein Beweis dafür, dass sie eine von der Kirche voll akzeptierte Vorstellung war.

Es gab aber auch Geistliche, die den astrologischen Aberglauben verbreiteten und in die Geschichte der Astrologie als positive Gestalten eingegangen sind. Einer der berühmtesten davon ist der Benediktiner Johannes Trithemius. Er war zuerst Abt im Benediktinerkloster Sponheim (1483), später Abt im Kloster Sankt Jakob in Würzburg. Trithemius verfasste zahlreiche Bücher, davon einige über Astrologie und Magie.

Er schrieb auch über Geheimschriften: Seine «Polygraphiae» (1508) ist das erste gedruckte Buch über Kryptographie. Bei ihm erwarb Paracelsus Kenntnisse in der Chemie. Andererseits befürwortete er die Hexenverfolgung. Von der Kirche wurde er oft kritisiert und einige seiner Schriften landeten auf dem Index der verbotenen Bücher.

Im Jahr 1631 wurde die Astrologie erneut durch päpstliches Urteil verboten; der Glaube an die Kraft der Himmelskörper wurde aber auch diesmal nicht erschüttert. Auch die rationalistischen Aufklärer vermochten die Lage nicht zu verändern. Die Agnostiker haben zwar den Glauben an den dreieinigen Gott verloren, den Glauben an die sieben Planeten allerdings aufrecht gehalten. Sie «wussten», dass die Erde um die Sonne läuft, zählten aber den Tagesstern (die Sonne) weiter zu den Planeten. Daran hat sich bis heute nichts geändert.

Nicht nur die katholischen Theologen, sondern später auch alle Reformatoren, wie Zwingli, Calvin und Luther, waren gegen die Astrologie. Gemäß dem Evangelischen Erwachsenenkatechismus aus dem Jahr 1975, hat die Astrologie «ein eigenes religiöses Denkschema, das sich deutlich von christlichen Verhaltensmodellen unterscheidet». Und: «Hinter Astrologie verbirgt sich», so der Katechismus der katholischen Kirche von 1993, «der Wille zur Macht über die Menschen.»

Es wurde von einigen Sterndeutern immer wieder versucht, doch eine (scheinbar) christliche Astrologie zu entwickeln. So glaubte man, den Stern von Bethlehem astrologisch deuten, oder ein Horoskop für den Schöpfungstag und sogar für Jesus aufstellen zu können. Roger Bacon sah in Jesu Wundern Planetenkräfte wirken und führte auch den Sieg des Christentums auf günstige Planeten-Konjunktionen zurück. Im «Buch der Natur» (1350) von Konrad von Megenberg erklärt der Autor, dass Maria von allen Heiligen den Menschen die nächste und gnädigste ist, so wie auch der Mond weiblich ist und der Erde am nächsten steht.

In Buchform wurde die erste «Christliche Astrologie» von William Lilly, dem berühmtesten Astrologen Englands, im Jahr 1647 in London herausgegeben. Er war allerdings, wie die Mehrheit der Astrologen, kein Kleriker.

Eine medizinische Diagnose ohne Sterndeutung konnte sich Paracelsus nicht vorstellen. «Der Arzt soll wissen», schreibt er, «dass im Menschen sind Sonne, Mond». Beim Aderlass musste man unbedingt auf die richtige Mondstellung achten. Aber auch schon Claudius Galen (Claudius Galenus, Arzt und Philosoph * 129, † 200) glaubte, dass der Mond den Krankheitsverlauf beeinflussen kann. Die medizinische Astrologie wurde «Jatromathematik» genannt. Auch für die Samuel Hahnemanns Homöopathie aus dem Jahr 1810 diente die «heimliche, unsichtbare Kraft», durch welche die Erde den Mond herumführt, als Beweis dafür, dass nichtmaterielle, geistartige und daher unmessbare Kräfte wirken können und dass daher auch Heilmittel, ohne etwas Materielles zu beinhalten, heilen müssen.

Martin Luther selbst glaubte zwar nicht an die Astrologie, sein enger Mitarbeiter Philipp Melanchthon aber durchaus. 1553 schrieb Melanchthon: «Wertvoll und wahrhaftig ist die Wissenschaft der Astrologie, eine Krone ist sie des Menschengeschlechts und ihre ganze Weisheit ein Zeugnis Gottes.»

Die Ablehnung der prophetischen Astrologie bedeutete eben noch nicht, dass jeglicher Einfluss der Gestirne auf die irdischen Vorkommnisse verneint wurde. Viele glaubten, dass die Konstellation der Planeten durch Zeichen doch irgendeinen Einfluss ausüben könne, obwohl sie nicht unmittelbar wirkt.

Der Ex-Augustiner Michael Stifel, ein lutheranischer Prediger und Pfarrer in Lochau am Bodensee, eine schillernde Figur der Reformationszeit, lebte ganz im Gedanken der Apokalypse. Er wollte das Datum des Weltuntergangs berechnen und versuchte um 1530 als begabter Mathematiker (er gilt als Erfinder der Logarithmen) die Bibel mathematisch zu deuten. Er kam zum Resultat, dass sehr bald, nämlich am 19. Oktober 1533, genau um acht Uhr morgens, der Weltuntergang käme.

Als der Untergang nicht stattfand, musste er wegen Beunruhigung des Volkes für einen Monat ins Gefängnis.

In der «wunderbaren Magie» (1719) von Jo. Nicol. Marth schreibt der Autor u.a., dass «alle Menschen dem Einfluss des Gestirns unterworfen seyn, ausgenommen die mit wahrem Glauben begabten Christen, in welchen die Kraft des Heiligen Geistes des Gestirns Gewalt bricht».

Dass kein «Prophet», unabhängig davon, ob er sich auf die Sterne, Träume oder auf Handlinien stützt, in seinen Voraussagen keine höhere Erfolgsrate erreichen kann als diejenige, die aus der Theorie der Wahrscheinlichkeit folgt, lässt sich statistisch leicht beweisen. Da es sich hier aber nicht nur um eine Pseudowissenschaft, sondern auch um eine Pseudoreligion handelt, werden rationale Beweise kaum angenommen. Höchstens wird dem Kritiker anhand seines Horoskopes erklärt, dass für seine Sternfeindlichkeit eben eine ungünstige Sternkonstellation verantwortlich sei.

Auf astrologischen Grundlagen basiert auch der berühmte Hundertjährige Kalender. Dass sein Autor Mönch war, ist wie bei den meisten hier vorgestellten Gelehrten kaum bekannt. Der Abt des Zisterzienserklosters Langheim in Bayern, Mauritius Knauer, stellte diesen Kalender um das Jahr 1660 zusammen. Er hatte Astronomie studiert und verfügte über eine gute Beobachtungsgabe. Der Kalender hat mit der Zeitspanne von 100 Jahren allerdings nichts zu tun und hieß ursprünglich «Immerwährender Hauskalender».

Knauer ging davon aus, dass entsprechend der Astrologie ein siebenjähriger Planetenzyklus das Wetter bestimmt, und beobachte daher sieben Jahre lang täglich genau das Wetter. Erst dann wagte er, sein Calendarium aufzuschreiben. Publiziert wurde dieser Kalender aber erst nach seinem Tod und den Titel «Hundertjähriger Kalender» trägt er seit dem Jahr 1720.

Knauers Glaube, man könne mit Hilfe des Weltraums das Wetter vorhersagen, hat sich im Prinzip bestätigt – allerdings nicht durch Planeten, sondern durch Satelliten, und nicht für sieben Jahre, sondern nur für sieben Tage. Auf jeden Fall gehören seine genauen Wetterbeobachtungen aber zu den ersten langjährigen Daten der Meteorologie.

Sternzeichen

Was sind Sternzeichen? Obwohl fast jeder weiß, unter welchem himmlischen Sternzeichen er geboren wurde, ist nur wenigen klar, um was es sich bei diesem Begriff eigentlich handelt. Und diejenigen, die fähig sind, am Nachthimmel das entsprechende Sternbild zu finden, stellen zwischen den Sterngläubigen sicher einen Ausnahmefall dar. Darüber hinaus sind sich nicht alle bewusst, dass die astrologischen Sternzeichen mit den astronomischen Sternbildern nicht identisch sind. Der Himmel der Astrologen entspricht nicht dem Himmel, den wir sehen, sondern demjenigen, der vor 2500 Jahren von den ersten Sterndeutern gesehen wurde. Die Sternzeichen sind reine Symbole, mit den Sternen haben sie nichts zu tun. Die Menschen nördlich des Polarkreises können beispielsweise den Tierkreis schon nicht mehr sehen.

Aber auch die realen strahlenden Sternbilder stellen eigentlich nur eine optische Täuschung dar. Es sind keine auf einer Fläche liegenden «Bilder», sondern tief im Raum zufällig verstreute Himmelskörper. Darüber hinaus handelt es sich bei den «Fixsternen», die die Formen der Sternbilder bilden, keineswegs um unbewegliche Objekte. Die Neandertaler sahen einen ganz anderen Sternenhimmel als wir.

Außer der Sonne und des Mondes sind von keinem anderen Himmelskörper wissenschaftlich messbare Beeinflussungen der Erde bekannt. Die übliche astrologische Argumentation: «Wenn der Mond die Kraft hat, die Ozeane in Bewegung zu setzen, desto mehr hat er die Kraft, den Menschen zu beeinflussen», basiert auf mangelhaften Kenntnissen der Himmelsmechanik. Nur sehr große Massen auf der Erdkugel, wie eben Ozeane, können die Mond- und Sonnengravitation beeinflussen. Die erste fundierte Theorie von Ebbe und Flut entwickelte George H. Darwin, Sohn des berühmten Entwicklungsbiologen, im Jahre 1911.

Astrologische Motive aus dem 16. Jahrhundert.

Sibillen Wyssagun=
gen/vann viel wunderbarer zo=
kunfft/van anfang biß zom
ende der werelt
schriuende.

Die Weissagungen der Seherin Sibylle.
Titelbild der Kölner Ausgabe aus dem Jahr 1540.

Das Wissen der Ketzer

Origenes und Giordano Bruno

Da sowohl im Alten als auch im Neuen Testament kein eindeutig definiertes Weltbild vorgestellt wird, gab es seit dem Urchristentum bei den naturwissenschaftlich fundierten Theologen unterschiedliche Vorstellungen von der Entstehung, Entwicklung und Struktur des Weltalls, d.h. des Kosmos (griechisch) bzw. des Universums (lateinisch). Obwohl diese Ansichten außerhalb des täglichen Lebens lagen und sowohl die Arbeit als auch das Beten der Gläubigen kaum beeinflussten – wen kümmert es schon, ob das Universum endlich, unendlich oder grenzenlos ist –, wurden sie doch von einigen kirchlichen Würdenträgern als bedrohlich für den Glauben empfunden und daher als Irrlehren, als Häresien und Ketzereien verdammt. Und das auch dann noch, wenn die Autoren dieser Anschauungen schon lange tot waren.

Allerdings galt die Verdammung meistens nicht bis in alle Ewigkeit, sondern in der Regel nur, solange sie noch entsprechend der Entwicklung der Wissenschaften haltbar war. Darüber hinaus war oft nicht der sachliche Inhalt der kosmologischen Spekulation entscheidend, sondern vielmehr die formale Präsentation der Ideen und das persönliche Verhalten der Autoren. Erklärungen, die bei einigen Geistlichen von der Kirche stillschweigend akzeptiert wurden, führten bei anderen zu Katastrophen. Nicht was man behauptete, sondern wie man die Behauptung präsentierte, war oft entscheidend. Beleidigungen und Arroganz waren nicht die richtigen Mittel, um neue Weltbilder salonfähig zu machen.

Die Liste der Theologen, die als Ketzer bezeichnet wurden, ist lang und man findet dort paradoxerweise sogar die Namen einiger Heiliger.

Der erste christliche Gelehrte, der ein merkwürdiges Weltbild entworfen hat, war der am Ende des 2. Jahrhunderts in Alexandrien geborene Origenes, der als Lehrer an der von Bischof Alexandria (Demetrius) gegründeten Katechetenschule tätig war. Meistens als Kirchenlehrer bezeichnet und laut Papst Benedikt XVI. «der fruchtbarste Autor der ersten drei christlichen Jahrhunderte», hat Origenes unsere heutige Vorstellung von der Weihnachtsgeschichte wesentlich beeinflusst durch die Annahme, der Stern von Bethlehem sei ein Komet gewesen. Die drei Könige verwandelte Origenes deshalb folgerichtig in drei Astrologen.

Da seine Muttersprache Griechisch war, konnte er sowohl alle alten griechischen Philosophen als auch alle Dokumente des frühen Christentums im Original, d.h. ohne Verzerrungen und Fehler der Übersetzer, mühelos studieren.

Er war zwar einerseits ein asketischer frommer Urchrist, andererseits aber auch ein durchaus moderner kritischer Geist. Das zeigen seine Genesiskommentare ganz deutlich. Z.B.: «Welcher vernünftiger Mensch wird annehmen, der erste, zweite und dritte Tag der Schöpfung, sowie Abend und Morgen, seien ohne Sonne, Mond und Sterne geworden?» Oder: «Wer ist so einfältig zu meinen, Gott habe wie der Bauer einen Park in Eden gepflanzt und darin einen sichtbaren Baum des Lebens geschaffen...»

Von der Schöpfung selbst hatte Origenes eine recht eigene Vorstellung. Es gab seiner Ansicht nach nicht nur eine Schöpfung. Die Welten weisen eine ewige Reihenfolge von Geburten und Toden aus. Es handelt sich ihm zufolge um einen kosmischen Dauerprozess. Einen Gott, der nicht ständig als Schöpfer tätig wäre, konnte er sich nicht vorstellen.

Interessanterweise war tausend Jahre später, nämlich 1277, der Pariser Bischof Tempier in seinen Verurteilungen der mittelalterlichen Irrlehren der gleichen Meinung: «Da Gott allmächtig ist, kann er auch mehrere Welten schaffen. Wer das bezweifelt, stellt die Allmacht Gottes in Frage und wird verdammt», verkündete er. Das Problem liegt nur darin, ob es sich dabei um eine Möglichkeit oder um eine Notwendigkeit handelt, d.h. ob es mehrere Welten wirklich gab, gibt oder geben wird. Auf jeden Fall gehört die in der Spätantike erdachte Multi-Universen-Hypothese von Origenes in die kosmologische Diskussion des 21. Jahrhunderts.

Einiges, was Origenes sagte, ist zeitlos, zum Beispiel:

«Weil etwas nicht wahr ist, braucht es darum nicht schon falsch sein.»

«Die Häretiker denken zwar tiefer, aber nicht wahrer.»

«Wenn jemand uns irgendeinen Gegenstand schenkt, so sagen wir nicht, dass er uns auch den Schatten des Dinges schenkte.»

«Den Weisen genügt es, Gelegenheiten gegeben zu haben.»

Während der 70-jährigen Lebenszeit von Origenes – er starb anno 254 – sind seine Lehrmeinungen auf keinen nennenswerten offiziellen Widerstand gestoßen. Erst als sich seine Ideen, der «Origenismus», in den folgenden Jahrhunderten verbreiteten und als eine Art der Reinkarnationslehre präsentiert wurden, ordnete man in der Westkirche den Autor in die Reihe der Ketzer ein und verbot seine Schriften.

Am 18. Juni 1233 wurde der Salzburger Bischof Virgilius in Rom heilig gesprochen. Er war ein irischer Missionar, der im Jahr 745 nach Salzburg kam und zuerst als Abt im Benediktinerkloster Sankt Peter wirkte. Später wurde er zum Bischof geweiht. Der hl. Virgil war auch ein hochgebildeter Naturwissenschaftler und wird als der erste Geometer Österreichs angesehen. Wegen seiner Antipodenlehre, der These, dass auch auf der anderen Seite der Erdkugel Menschen leben, kam er in Konflikt mit dem hl. Bischof Bonifatius, dem «Apostel Deutschlands».

Bonifatius war englischer Benediktiner und 25 Jahre älter als Virgil. Er kam als Missionar auf den Kontinent. Er befand Virgils Vorstellungen von den Gegenfüßlern für ketzerisch (obwohl auch Beda Venerabilis der Antipodenlehre zustimmte) und klagte ihn bei Papst Zacharias an. Zacharias, der letzte Grieche im Vatikan, reagierte mild und forderte Virgil lediglich auf, seine Ideen nicht publik zu machen. Da kurz danach Bonifatius bei seiner Mission in Friesland getötet wurde, war die Sache damit erledigt. Virgil wurde Bischof und schließlich zum Heiligen.

Auch der eifrige Missionar Bonifatius wurde heilig gesprochen, paradoxerweise aber erst 600 Jahre später als sein «ketzerischer» Widersacher.

Da der «Fall Virgil» gut als Beispiel in der These von der Antiwissenschaftlichkeit der mittelalterliche Kirche passte, wurde er im 19. Jahrhundert in diesem Sinne verarbeitet. Aus dem Erbauer des berühmten Domes wurde ein Märtyrer der wissenschaftlichen Wahrheit gemacht, der bildlich gesprochen auf dem Scheiterhaufen endete.

Nicht so glimpflich wie Origenes und Virgil erging es dem Dominikanermönch Giordano Bruno. Er wurde noch zu seinen Lebzeiten als Ketzer angeklagt und nach einem siebenjährigen Prozess im Jahr 1600 in Rom wirklich öffentlich verbrannt. Heute steht an dieser Stelle – Campo di fiori – ein Denkmal, das ihm im Jahr 1889 errichtet wurde.

Auch in Nola bei Neapel, wo Giordano Bruno anno 1548 als Filippo geboren wurde – Giordano d.h. Jordanus war sein Ordensname –, wurde ein Denkmal aufgestellt. Seine Schriften standen bis 1965 auf dem Index der verbotenen Bücher. (Man darf den Italiener Giordano Bruno nicht mit dem heiligen Bruno aus Köln verwechseln, der 1084 in La Chartreuse den Orden der Kartäuser gegründet hatte.)

Giordano Brunos Werke sind, wie früher üblich, als Dialoge mit sich widersprechenden Ansichten konzipiert. Auf den heutigen Leser wirken sie erfrischend und sind – dank der witzigen Satire – sicher lesenswert. Und seine Sprüche sind keineswegs uninteressant:

«Es würde nicht alles sein, wenn es nicht alles sein könnte.»
«Die allgemeinste Meinung ist nicht die wahrste.»
«Alle Dummköpfe können keinen Weisen ersetzen.»
«Wenn es auch wahr wäre, ich würde es doch nicht glauben.»
«Alles wechselt, doch nichts geht unter.»

Giordano Bruno wurde Priester und Doktor der Theologie. Im Kloster San Domenico in Neapel verbrachte er acht Jahre. Danach musste er wegen Streitigkeiten das Kloster fluchtartig verlassen. Es folgte ein stetiges Wanderleben. Nach einem kurzen Zwischenhalt im Kloster Santa Maria in Rom verließ Bruno den Orden und ging nach Genf.

Im Zentrum von Johannes Calvin legte er das Mönchsgewand ab und konvertierte zum Calvinismus. Trotzdem wurde er nach kurzer Zeit, wegen Beleidigung eines Gelehrten, ins Gefängnis geworfen. Er musste feststellen, dass auch hier wie in Rom Kopernikus' Theorie abgelehnt wurde.

So bezeichnete er die Calvinisten als «Buchstabeneiferer von blinder Vermessenheit» und zog über Toulouse nach Paris weiter. Nach dem Verlauf von zwei Jahren, in denen er dort eine Komödie und ein Sachbuch über das Gedächtnis herausgab – er verfügte über ein so fantastisches Gedächtnis, dass man ihn sogar als Magier betrachtete –, verlegte er sein Domizil nach London.

Zufrieden war er aber auch hier nicht. Von der Ausländerfeindlichkeit der Londoner Bevölkerung enttäuscht, notierte er:

«Dieser niederträchtige Pöbel ist unhöflich und frech, wie man ihn sich nur vorstellen kann. Wenn er einen Ausländer trifft, so benimmt er sich wie ein Schwein. Einem armen italienischen Edelmann wurde zum Gelächter des ganzes Platzes ein Bein gebrochen und zerschmettert.» Ihm selbst wurde «ein doppelter Stoß versetzt», bis er «gegen eine Mauer schleuderte».

Obwohl Giordano Bruno England als ein Land betrachtete, das «unter dem Stern der verstocktesten pedantischen Unwissenheit, gepaart mit bäurischer Unhöflichkeit» existierte, gab er in London 1584 alle seine Hauptwerke, «Das Aschermittwochsmal», «Von der Ursache, dem Prinzip und dem Einen» und «Über die Unendlichkeit, das Universum und die Welten» heraus.

Im nächsten Jahr zog er über Paris weiter nach Wittenberg, wo er an der dortigen Universität Vorlesungen über Mathematik und Physik hielt. Zwei Jahre später war er aber schon in Prag und wanderte von dort aus weiter nach Helmstedt. Hier haben ihn die Lutheraner, wie vorher die Calvinisten, exkommuniziert. Auch aus seinem neuen Aufenthaltsort Frankfurt am Main wurde er nach einem Jahr ausgewiesen.

Giordano Bruno konnte nirgends Ruhe finden und sein Talent, Menschen zu verärgern, kannte keine Grenzen. Er beleidigte buchstäblich alle, mit der Begründung, dass «auch die Götter müssen dulden, dass sie beleidigt werden», vergaß aber dabei, dass die menschliche Geduld doch eine Grenze hat. Nach ihm waren die meisten Geistlichen «verachtenswert», die Doktortitel «wie Sardellen billig zu haben» und wahre Ärzte «kaum bekannt».

Zwischen den Philosophen seien schließlich «eine Menge Schurken, die verderbliche Träumereien, Brennnesseln gleich, pflegen». Aristoteles war «ungehobelt, schmähsichtig, armselig und ein Esel» und Paracelsus «einer, der weder Griechisch, noch Arabisch und nicht einmal Latein versteht». Nur Cusanus und Kopernikus waren für Giordano Bruno einigermaßen akzeptabel.

Viele kosmologische Vorstellungen Giordano Brunos überdauerten Jahrhunderte und sind noch heute aktuell. So ahnte er das

Erhaltungsgesetz der Materie und das Prinzip der Selbstorganisation voraus:

«Während in der Natur eine Form der anderen folgt, bleibt die Materie doch immer ein und dieselbe», «die Materie kann weder aufgelöst noch vernichtet werden» und «vielleicht gewinnt die Materie Gestalt durch sich selbst.»

Die Materie aller Weltkörper, Kometen inbegriffen, ist gleich der Materie der Erde. Er erkannte auch richtig, dass sich die Sonne um die eigene Achse dreht. Und Bruno stellte zeitüberschreitende Fragen: «Was geschähe denn wohl, wenn der Mond der Erde näher wäre?» Einmalig ist sein Gedankenexperiment, in dem er sich so weit von der Erde entfernt, bis sie die gleichen Merkmale aufweist wie für uns der Mond.

Er lehrte: Das Universum ist unendlich und weist daher keinen Mittelpunkt auf. Da irrt eben nicht nur Ptolemäus, sondern auch Kopernikus. Es existieren unzählige Welten; unendlich viele Erden und unendlich viele Sonnen. Wir können die Sonnen (Sterne), aber nicht die Erden sehen. Bewohnt sind sowohl die Erden als auch die Sonnen. Dass die Sterne allgemein und die Sonne speziell bewohnt sein könnten, haben – heute eine absurde Vorstellung – auch seriöse Forscher noch um 1800 wirklich geglaubt, so der berühmte Astronom William Herschel im Jahr 1795 oder Dominique Arago 1845.

Das Universum ist nicht allein die Welt, sondern außerdem die Leere und der Raum. Allerdings kann außerhalb der Welt keine Zeit angenommen werden. Die Welt ist endlich, das Universum aber unendlich. Aber: «Wenn diese Welt vollkommen ist, bedarf sie nicht, dass ihr eine andere beigesellt wird.» Und durch die Ablehnung des Äthers wurde Giordano Bruno zum direkten Vorläufers Albert Einsteins. Äther wurde im 17. Jh. als ein unsichtbares, unendlich leichtes Medium in die Physik eingeführt, um die Ausbreitung der Lichtwellen (später auch Radiowellen) im Weltraum zu erklären. Dies konnte allerdings experimentell nicht bewiesen werden; Einstein schließlich erklärte die Äther-Hypothese als überflüssig. Äther existiert eben nicht.

Bruno entkräftet den scheinbaren Beweis: Die Erde bewege sich nicht, da die senkrecht nach oben geworfenen Steine wieder genau auf die gleiche Stelle zurückfallen, damit, dass er darauf hinweist, dass auch auf schnell fahrenden Schiffen die Steine auf den Wurfort zurückfallen. Mit seinem Wort: «Wir sind in beständigem Wandel», erscheint er auch als Vorläufer der Entwicklungslehre.

Selbstverständlich waren alle Thesen Giordano Brunos reine Spekulationen. Seine Meinungen waren höchstens Hypothesen, keine mathematisch untermauerten Theorien. Konkrete Beweise hatte er selbstverständlich keine; in seiner Zeit war das Teleskop auch noch nicht erfunden. Obwohl das Universummodell des rebellierenden Mönches Bruno nicht viel anders aussah als dasjenige, welches Kardinal Nikolaus von Kues 150 Jahre vorher in der Stille entworfen hatte, wurde es diesmal nicht akzeptiert:

Seine Lehre lautete u.a.: «Die Welt ist zwar nicht unendlich, lässt sich aber doch nicht als endlich begreifen» oder «der Bau der Welt ist so, als hätte sie überall ihren Mittelpunkt» und «auf anderen Sternen könnte es Bewohner anderer Gattungen geben».

Als ein halbes Jahrhundert später der Jesuitenpater Athanasius Kircher in seiner fiktiven Weltraumreise Giordano Brunos Ansichten teilweise übernahm, hatte dies schon keine Konsequenzen mehr für ihn.

Die Erklärung, welche Giordano Bruno vor dem Inquisitionsgericht über seine Weltanschauung abgab, lautete:

«Ich glaube an ein unendliches Universum, die Schöpfung der unendlichen Allmacht, da ich es der göttlichen Güte und Macht für unwürdig erachte, wenn sie unzählige Welten kann, nur eine endliche begrenzte Welt geschaffen zu haben. Daher habe ich stets behauptet, dass unzählige andere Welten, ähnlich dieser Erde existieren.

Ich nenne das All als Ganzes unendlich, weil es ohne Rand ist, keine Oberfläche hat. Die Welt ist unendlich und Gott ist ihr Umfasser.»

Diese Erklärung vermochte nicht, ihn vor dem Scheiterhaufen zu bewahren.

Heute entsprechen Giordano Brunos Vorstellungen der «Steady state»-Kosmologie, die allerdings nur von einer Minderheit der Wissenschaftler verteidigt wird. Die Mehrheit der Astronomen sind von der Theorie des «Big bangs», des Urknalls, überzeugt, gemäß der das Universum aus dem «Nichts», aus dem Vakuum, plötzlich erschaffen wurde. Wie sich das Universum danach entwickelt hat, lässt sich sogar mathematisch beschreiben; auf die Frage aber, warum es aber überhaupt entstanden ist, weiß niemand eine Antwort.

Kosmos und Vakuum

Die Begriffe Welt, All, Universum und Kosmos werden oft in ganz unterschiedlicher Weise benützt und interpretiert. Und insbesondere bei den Übersetzungen weiß man eigentlich nicht, welches Wort im Original verwendet wurde. So kann der Ausdruck Welt sowohl die Erde, wie bei den Weltkarten, als auch das ganze Universum oder den Kosmos meinen, wobei diese beiden Begriffe das Gleiche bedeuten sollten, da der Unterschied nur darin besteht, dass der erste aus dem Lateinischen und der zweite aus dem Griechischen stammt.

Unter Kosmographie wurde allerdings früher auch nur Geographie verstanden. Die Mehrheit der Welten kann so bedeuten, dass nur andere Planeten unseres Sonnensystems oder alle Planeten anderer kosmischen Systeme bewohnt sind. Auch der Ausdruck der Leere ist mehrdeutig. Er kann entweder nur den luftleeren Raum, das physikalische Vakuum, oder das absolute philosophische Nichts bedeuten. Gemäß der Urknalltheorie entstand das Universum zwar aus dem Vakuum, aber dieses Nichts beinhaltete verborgene Energie. Und: Energie ist gleich Materie.

«Erbauung des ersten Salzburger Domes durch den heiligen Virgil», Bild von Sebastian Stief (1860).

Giordano Bruno. Denkmal in Rom, am 9. Juni 1889 enthüllt.

Der letzte gelehrte Jesuit

Teilhard de Chardin

Einer der letzten in der Wissenschaft berühmten Jesuiten war der französische Gelehrte Pierre Teilhard de Chardin. Geboren 1881 (das war zwei Jahre nach der Geburt Einsteins), starb er 1955, im gleichen Jahr wie Einstein, und zwar wie dieser in den USA. Am Begräbnis des bekanntesten Jesuiten des 20. Jahrhunderts haben nur zehn Menschen, davon zwei Ordensbrüder, teilgenommen.

Teilhard de Chardin wurde von den Jesuiten in einem Kolleg erzogen und trat als Achtzehnjähriger als Novize in den Orden ein. Das erste Gelübde legte er 1901 ab. Nach einem naturwissenschaftlichen Studium in England lehrte er drei Jahre am Jesuitenkolleg in Kairo. Er setze seine Laufbahn mit dem Studium der Theologie fort, wurde 1911 zum Priester geweiht und begann anschließend, in Paris Paläontologie zu studieren.

Im Ersten Weltkrieg von 1914 bis 1918 war er als Sanitäter an der Front und so auch bei den großen Schlachten in Ypern und Verdun im Einsatz. 1922 promovierte er zum Doktor der Naturwissenschaften und lehrte als Professor für Geologie und Paläontologie am katholischen Institut (katholische Universität) in Paris. 1923 reiste er mit Erlaubnis seines Ordens zum ersten Mal nach China. 1929 entdeckte er in seiner Eigenschaft als führendes Mitglied einer amerikanisch-chinesischen Forschungsgruppe in Zhoukoudian, in der Nähe von Peking, den fossilen Schädel eines Urchinesen, den Sinanthropus Pekinensis.

Teilhard de Chardin beteiligte sich an zahlreichen asiatischen Forschungsreisen, wobei ihn – gemäß der Tradition der Jesuitischen Missionare – besonders China faszinierte. Dort verbrachte er insgesamt 20 Jahre. In China entstanden auch seine bekanntesten philosophisch-religiösen Werke wie das umstrittene «Der Mensch und der Kosmos» (Le phénomène human, 1940). Nach dem Zweiten Weltkrieg von 1939 bis 1945 kehrte er nach Frankreich zurück. 1949 verfasste er das Werk «Die Entstehung des Menschen» (Le Groupe zoologique human). Für seine naturwissenschaftliche Leistung wurde Teilhard zum Mitglied der französischen Akademie ernannt, für seine (damals) unkonventionellen religiösen Ansichten aber gleichzeitig vom Orden gerügt; seine Bücher wurden verboten.

Da Teilhard de Chardin kein Rebell war, gehorchte er der Kirche und wanderte nach Amerika aus. In den USA widmete er sich dann der Anthropologie. Und dort starb er am 10. April 1955, eine Woche vor dem Tod Einsteins. Es war gerade Ostersonntag; sein Wunsch war es immer gewesen, «am Tage der Auferstehung zu sterben».

Seine Schriften wurden erst zehn Jahre nach seinem Tod kirchlich freigegeben. Der Streitpunkt war die Evolutionstheorie, die Teilhard de Chardin lehrte; er war der erste katholische Gelehrte, der die Evolutionstheorie voll akzeptierte und sie auch mit dem christlichen Denken in Einklang zu bringen versuchte. Er wird daher oft als «Brückenbauer zwischen der Naturwissenschaft und dem Glauben» bezeichnet. «Der Fortschritt des Universums», schrieb er 1926, «ist weder eine Konkurrenz gegen Gott, noch ein sinnloser Verschleiß der Kräfte, die wir ihm schulden.»

In seiner teilweise mystischen Evolutionstheorie unterscheidet er vier Entwicklungsstufen: Geogenesis (Entstehung der Erde), Biogenesis (Entstehung des Lebens), Noogenesis (Entstehung des menschlichen Geistes) und Christogenesis (Entstehung des Christentums). Die Entwicklung steuert auf den göttlichen Punkt Omega hin. Nach Teilhard «flößt die Evolutionslehre den christlichen Erwartungen neues Blut ein».

Joseph Ratzinger (Papst Benedikt XVI.) gehört zu den ersten Theologen, die Teilhards Leistung positiv bewerteten: Schon in seiner «Einführung in das Christentum» (1968) und seinem Buch «Eschatologie» (1977) hat er ihn mehrmals erwähnt.

Im erstgenannten Buch schrieb er, dass die Belehrungen von Teilhard uns helfen zu verstehen, dass die biblische Botschaft vom Weltende nicht einfach Anthropologie in kosmischen Bildern sei, in der anderen genannten Schrift zitiert er Teilhards evolutionstheoretischen Gedanken. Und 1982 schrieb Josef Ratzinger: «Teilhard ordnete die geschichtliche Bewegung des Christentums in einer kühnen Vision in den großen kosmischen Evolutionsprozess ein.»

Teilhard de Chardin war ein Optimist: «Die Entwicklung des Menschen hat keineswegs schon ihren Höhenpunkt erreicht, geschweige denn, dass sie rückläufig wäre.» Er warnte: «Wenn der Fortschritt nur ein Mythos ist, sinkt unsere Kraft und reißt in ihrem Fall die ganze Evolution mit.» Und: «Wenn die Menschheit eine Zukunft hat, kann man sich diese Zukunft nur in der Richtung eines harmonischen Ausgleichs vorstellen zwischen Freiheit, Planmäßigkeit und Gesamtheit.» Gleichzeitig dachte er aber auch realistisch:

«Doch es ist ebenfalls möglich, dass das Böse mit dem Guten wächst – einem Gesetz zufolge, das in der Vergangenheit ausnahmslos waltete; keine Höhen ohne Tiefen. Denn: Leben ist nicht so sicher wie der Tod.»

Zum Verhältnis von Wissenschaft und Religion erklärt er: «Nach fast zwei Jahrhunderten leidenschaftlicher Kämpfe ist es weder der Wissenschaft noch dem Glauben gelungen, sich wechselseitig herabzusetzen; im Gegenteil, es bewahrheitet sich, dass sie nur zusammen sich normal entwickeln können.»

Societas Jesu

Der Jesuitenorden (Societas Jesu, Abkürzung: SJ) wurde im Jahr 1540, also schon in der Neuzeit, vom Spanier Ignatius von Loyola quasi als eine Reaktion auf die Reformation gegründet. Als Symbol dient das Monogramm IHS (damit sind die drei ersten Buchstaben des griechischen Namens Jesu gemeint; volkstümliche Deutung im Deutschen: Jesus, Hominum, Salvator – Jesus, Heiland, Seligmacher).

Im Orden gilt einerseits absoluter Gehorsam – er ist direkt dem Papst unterstellt – andererseits aber große persönliche Flexibilität. Da die Jesuiten keine Klöster besaßen, waren sie eigentlich von Beginn an keine Mönche. Alle waren aber Kleriker (Priester) und, insbesondere in den exakten Wissenschaften, hochgebildet. Den Schwerpunkt legte der Orden auf die Gebiete Bildungswesen und Mission.

Von Klosterschulen zu Jesuitenuniversitäten

Alkuin, Petrus Canisius und Johann Amos Comenius

Die Wurzeln unseres modernen Schulsystems liegen in den mittelalterlichen Klöstern. Die ersten Lehrer und Professoren des Abendlandes waren Mönche. Es waren die christlichen Geistlichen, die dem Volk Lesen und Schreiben beigebracht haben. Und sie waren es auch, die unser Hochschulsystem schufen.

Die ersten Schulen entstanden bei Benediktinerklöstern und Bischofskirchen. Die erste Klosterschule im deutschsprachigen Raum war diejenige in St. Gallen. Am Ende des 8. Jahrhunderts gründete der frühere Abt von St. Gallen, Waldo, eine weitere Schule im Kloster Reichenau. Zur selben Zeit leitete im Kloster St. Martin de Tours der aus England stammende Abt Alkuin (735-804), der gelehrte und wichtigste Berater Karls des Großen, eine Klosterschule. Alkuin war einer der bedeutendsten Schulmeister seiner Zeit. Er hatte vorher die Domschule der Kathedrale von York geführt und als späterer Berater Karls den Großen setzte er anno 789 durch, dass in Frankreich jeder Bischof zur Einrichtung einer Schule verpflichtet wurde. Neben den Kloster- und Domschulen verbreiteten sich später auch Pfarrerschulen zur Vermittlung des Elementarwissens.

Nach der Gründung des Jesuitenordens in der Mitte des 16. Jahrhunderts spielten die Jesuitenschulen eine dominierende Rolle im westeuropäischen Bildungssystem. Das erste jesuitische Kollegium entstand in Coimbra, Portugal, im Jahr 1542. In Rom hatte Ignatius von Loyola, der Gründer des Jesuitenordens, 1551 das «Collegio Romano» eingerichtet. (Seit 1873 heißt es «Päpstliche Universität Gregoriana».) Petrus Canisius, Schriftsteller, Theologe, Verfasser des ersten Katechismus, Heiliger, Kirchenlehrer, geboren 1521 in den Niederlanden und gestorben 1597 in der Schweiz, der als der erste deutsche Jesuit gilt, gründete 1556 in Prag das erste Kollegium Ostmitteleuropas. Er hatte auch schon bei der Gründung des Kollegiums in Messina im Jahr 1548 mitgewirkt.

Weitere Kollegien, eigentlich Mittelschulen, wurden in Polen, der Slowakei, Ungarn und Litauen eröffnet. Und selbstverständlich auch viele in Deutschland, Österreich und in der Schweiz (Luzern). Einige Kollegien entwickelten sich mit der Zeit zu Hochschulen, wie z.B. in Olmütz (Olomouc in Mähren). Das 1566 in Olmütz gegründete Kollegium wurde einige Jahre später zu einer jesuitischen Universität.

Auch in Breslau folgte dem nach 1659 gegründeten Kollegium am Anfang des 18. Jahrhunderts die Universität. Später fand diese Entwicklung auch in den USA statt, wie in Milwaukee, wo das von den Jesuiten gegründete Marquette Kollegium im Jahr 1907 in eine Universität umgewandelt wurde. In nur fünfzig Jahren gelang es den Jesuiten, weltweit eintausend Schulen zu gründen. Im Jahr 1750 standen in Europa 650 Kollegien und 24 Universitäten unter der Leitung von Jesuiten.

Eine ganze Reihe von europäischen Hochschulen wurden von Geistlichen gegründet. In Genf entstand auf die Initiative des Reformators Calvin hin eine Akademie. In Braunsberg schuf Bischof Hosius eine Hochschule. Die Würzburger Hochschule war auf Initiative des Fürstbischofs Julius Echter von Mespelbrunn entstanden. Und schließlich geht die Entstehung der ersten Pariser Universität Sorbonne im Jahr 1268 auf den Theologen und königlichen Hofkaplan Robert Sorbon zurück.

Die Geistlichen wirkten aber nicht nur als Gründer unseres Bildungssystems, sondern sie haben auch die Grundlagen der modernen Pädagogik gelegt. Der tschechische evangelische Theologe, Philosoph und Pädagoge Johann Amos Comenius (1592-1670) formulierte 1657 in seiner «Großen Didaktik» die Prinzipien des Schulwesens wie folgt: «Der Mensch muss möglichst früh gezogen und gebildet werden, denn damit der Mensch zur Menschlichkeit gebildet werden könne, hat Gott ihm die Jugendjahre gegeben. Für die Jugend – und das beides Geschlechts – müssen Schulen Pflicht sein. Und die Form der Schulung muss der Natur entlehnt werden.»

Johann Amos Comenius' Werk «Orbis pictus» (Die Welt in Bildern), ein deutsch-lateinisches Bilderwörterbuch, welches mit dem Satz «komm her Knab, lerne Weisheit» beginnt und die erste Enzyklopädie für Jugendliche darstellt, war damals das meist verbreitete Buch nach der Bibel. Die Schule wird hier als «eine Werkstatt, in welcher die jungen Gemüter zur Tugend geformt werden», definiert.

Die Unterrichtssprache in den europäischen Hochschulen war Latein. Sie wurde, neben den nationalen Muttersprachen, als die europäische Vatersprache angesehen. Es war so sowohl für die Professoren als auch für die Studenten kein Problem, von einer Universität zu einer anderen zu wechseln. Alle Lehrbücher wurden in lateinischer Sprache geschrieben. Ein Verständigungsproblem gab es also für die damalige Gelehrtenwelt nicht.

Und: Man konnte – im Gegensatz zum heutigen Zeitalter der Nationalsprachen – problemlos auch jahrhundertealte Texte verstehen.

Auch der Orden der Piaristen widmete sich intensiv der Schulbildung. Gegründet zu Anfang des 17. Jahrhunderts, wollte er den armen Kindern einen kostenfreien Schulbesuch ermöglichen.

Tätig waren die Piaristen außer in Italien, wo sie entstanden waren, insbesondere in den Ländern der habsburgischen Monarchie, wie z.B. in Böhmen, Mähren und Ungarn.

Welche Leistung die Geistlichen des westlichen Christentums im Bildungswesen vollbracht haben, schätzt man erst, wenn man ihre Resultate mit denen anderer Kulturkreise vergleicht. Gab es 1750 in der Westkirche schon Dutzende Hochschulen, so waren es anderswo noch gar keine. Man findet auch keine andere Region der Welt, in der es so viele schreib- und lesekundige Menschen gab wie in Westeuropa.

Die Kloster-, Piaristen- und Jesuitenschulen haben nicht nur zukünftige Kleriker, sondern auch eine ganze Reihe von bürgerlichen Jugendlichen zu bedeutenden Persönlichkeiten – Philosophen, Schriftstellern und Wissenschaftlern – ausgebildet. René Descartes, der berühmte französische Philosoph, war Schüler eines Jesuitenkollegs. Der Mathematiker Pierre Simon Laplace besuchte, bevor er ein Jesuitenkolleg absolvierte, eine Benediktinerschule. Auch der Dramatiker Jean Baptiste Molière gehört zu den von Jesuiten geschulten großen Franzosen. Und sogar der Kirchenkritiker François Marie Voltaire erhielt seine Ausbildung bei den Jesuiten.

Zu den Prominenten der Jesuitenschulen gehören weiter Arthur Conan Doyle, der Autor von Sherlock Holmes, und der Elektrophysiker Alessandro Volta.

Von den Piaristen wurden der Begründer der Genetik, Gregor Mendel, und der berühmte Physiologe Jan Evangelista Purkinje ausgebildet. Und der Astronom Johannes Kepler besuchte zwei Jahre lang die Klosterschule in Adelberg, dann das höhere Seminar im ehemaligen Kloster Maulbronn; schließlich begann er 1589 sein Theologiestudium am evangelischen Stift Tübingen, denn er wollte ursprünglich evangelischer Geistlicher werden.

Invitatio. Einleitung.

M. Veni, Puer! disce Sapere.
P. Quid hoc est, Sapere?
M. Omnia, quæ necessaria, rectè intelligere, rectè agere, rectè eloqui.
P. Quis me hoc docebit?
M. Ego, cum Deo.

L. Komm her/ Knab! lerne Weißheit.
S. Was ist das/ Weißheit?
L. Alles/ was nöhtig ist/ recht verstehen/ recht thun/ recht ausreden.
S. Wer wird mich das lehren?
L. Ich/ mit GOtt.

Der böhmische Bischof Comenius gilt als Begründer der Pädagogik. Rechts: die erste Seite seines berühmten Werkes «Orbis Pictus».

Motive aus der Schule des 15. und 16. Jahrhunderts.

Sprachforschung in der klösterlichen Stille

Benediktiner, Jesuiten und Pfarrer begründen die Wissenschaft der Landessprachen

Die Geistlichen haben nicht nur gepredigt, sondern oft auch die Sprache, in welcher sie redeten, wissenschaftlich untersucht und so die Entwicklung der Sprache maßgebend beeinflusst. Das gilt nicht nur für die Muttersprache der Geistlichen, sondern auch für die Sprachen der Völker, bei denen sie als Missionare wirkten. Darüber hinaus trugen sie als Übersetzer wesentlich zum Transfer des Wissens zwischen den unterschiedlichen Weltkulturen bei.

Die Ersten, welche die deutsche Sprache pflegten, waren die Benediktiner. Das älteste erhaltene Buch in deutscher Sprache ist das Wörterbuch «Abrogans», das 765 im Kloster Freising in Bayern verfasst wurde. Der Name «Abrogans» leitet sich aber vom ersten Eintrag: «Abrogans = Dheomodi (bescheiden, demütig).» Eine Abschrift davon wird heute in der Stiftsbibliothek des Klosters St. Gallen aufbewahrt. Es folgte eine um 800 entstandene althochdeutsche Schrift aus dem Kloster St. Emmeram in Regensburg. Wie die entsprechenden Autoren hießen, weiß man aber nicht.

Der erste namentlich bekannte in Deutsch schreibende Dichter war der Benediktinermönch Otfried von Weißenburg, ein Schüler von Erzbischof Hrabanus Maurus. Sein um 820 verfasstes Werk stellt eine Bibeldichtung dar, eine Evangelienharmonie. Das Ziel Otfrieds war es, den Laien «das Gesetz Gottes durch den Gebrauch der eigenen Sprache verständlich zu machen». Im gleichen Jahrzehnt entstand auch die erste poetische deutsche Schrift, das Hildebrandslied. Auch da sind die Namen der Autoren unbekannt. Man weiß nur, dass es Mönche des Klosters in Fulda waren.

Auch die erste mit Namen bekannte deutsche Dichterin war eine Benediktinerin. Roswitha (Hrosvith) von Gandersheim aus dem Kloster Gandersheim verfasste für Klosterzöglinge kurze

Dramen, allerdings nur in lateinischer Sprache. Es war wieder ein Benediktinermönch, Notker III. (Notker der Deutsche oder Notker Labeo genannt), der um 1000 die erste Rechtschreibung der deutschen Sprache entwickelte.

Notker war Leiter der Klosterschule St. Gallen. Er beschäftigte sich mit der Übersetzung antiker lateinischer Autoren (wie Seneca, Cicero oder Boëthius) ins Althochdeutsche und entwarf dabei die notwendigen Sprachkorrekturen. Die Übersetzung des Werkes «De consolatione philosophiae» (Der Trost der Philosophie) von Boëthius ist das erste auf Deutsch geschriebene philosophische Buch. Boëthius war ein spätantiker christlicher Philosoph. Notkers sprachtheoretische Leistung wird heute als Notkersches Anlautgesetz bezeichnet. Darüber hinaus übersetzte Notker auch biblische Psalmen, den Psalter, und ergänzte ihn mit seinen Kommentaren.

Auch der erste deutsche Roman stammt von einem Geistlichen. Der Pfaffe (vor der Reformation üblicher Name für einen Weltgeistlichen) Lamprecht aus Trier verfasste um 1125 in deutscher Sprache ein Epos über Alexander den Großen, das so genannte «Alexanderlied». Um 1180 entstand das Tier-Epos «Reinhart Fuchs», die erste deutsche Gesellschaftssatire, gedichtet von Heinrich Glîchezaere, der vermutlich ein elsäßischer Geistlicher war.

Das Lateinische blieb aber das ganze Mittelalter hindurch die Sprache der Gelehrten. Die erste Universitätsvorlesung in deutscher Sprache hielt erst Paracelsus anno 1526 in Basel. (Dies war für die damalige Zeit ein außerordentliches Phänomen, da die überwiegende Mehrheit der Gelehrten der Meinung war das Wissen nur in lateinischer Sprache weitergeben zu dürfen, um Sie nicht der breiten Masse zugänglich zu machen. Diesem Trend widersprach Paracelsus, da er meinte, dass Bildung für alle Menschen zu verstehen sein solle. Deshalb setzte er mit dieser Vorlesung ein starkes Zeichen des Widerspruches gegen die damals vorherrschende Praxis).

An der Prager Karlsuniversität, der ältesten Hochschule nördlich der Alpen, wurden bis 1784 alle Vorlesungen auf Latein gehalten. 1520 waren 90 Prozent aller gedruckten Schriften im deutschsprachigen Raum lateinisch abgefasst. Ein halbes Jahrhundert später (1570) waren es immer noch 70 Prozent. Wie in Deutschland, standen auch in den slawischen Ländern die Geistlichen Pate bei der Geburt ihrer nationalen Schriftsprachen. Der Kanonikus des Prager St.-Veits-Doms, Klaret, verfasste im Jahr 1350 ein Fachvokabular der tschechischen Sprache.

Fünfzig Jahre später reformierte der Reformator Johannes (Jan) Hus die tschechische Orthographie. In seinem Werk «De orthographia Bohemica» (Tschechien hieß lateinisch und deutsch Bohemien, Böhmen) hat er die tschechische Rechtschreibung mittels diakritischer Zeichen vereinfacht. (Neben dem Tschechischen werden die gleichen Zeichen im Slowakischen, Slowenischen und Kroatischen angewendet. Diese werden als umgekehrte «Haken» ^ über den Buchstaben c, s, z geschrieben, womit sich diese akkustisch in tsch, sch verändern.)

Der Priester und Professor an der kurz vorher, nämlich anno 1348, gegründeten Karlsuniversität, setzte sich, ähnlich wie der Mönch Luther ein Jahrhundert später, für die Benutzung der Landessprache bei den Predigten ein.

Die moderne tschechische Schriftsprache wurde vom Jesuiten, Theologen, Philologen und Slawisten Josef Dobrovsky, der Priester war, begründet. Er begann seine wissenschaftliche Tätigkeit als Bibelforscher, publizierte 1792 eine «Geschichte der böhmischen Sprache» und schuf in seinem «Ausführlichen Lehrgebäude der böhmischen Sprache» (1809) die erste moderne Grammatik des Tschechischen. Dobrovsky verfasste auch ein deutsch-tschechisches Wörterbuch und publizierte eine Grammatik des Altkirchenslawischen. Er wird daher als Begründer der Slawistik betrachtet.

In jener Zeit wurde in Böhmen (das heutige Tschechien setzt sich aus Böhmen und Mähren zusammen) das Deutsche allgemein als Schriftsprache gebraucht.

Sogar Dobrovsky selbst schrieb überwiegend auf Deutsch. Tschechisch sprach in Böhmen damals eigentlich nur das Volk.

Im Nachbarland, in der Slowakei, (sowohl Tschechien als auch die Slowakei gehörten damals zur Österreichischen Monarchie) waren es ebenfalls Geistliche, die die nationale Schriftsprache schufen. So verfasste der gelehrte Priester, Philologe und Patriot Anton Bernolak um 1790 die erste slowakische Grammatik und gab das erste slowakische mehrsprachige Wörterbuch «Lexicon Slavicum Latino-Germanico-Ungaricum» heraus. Ein halbes Jahrhundert später setzte sich der evangelische Geistliche, Lyriker und Gelehrte Jan Kollar für die Erneuerung der slawischen Sprachen in Europa ein. Er wirkte als Professor für slawische Geschichte in Wien und wurde hauptsächlich durch seine patriotischen Gedichte bekannt. Kollar gilt als Mitbegründer des Panslawismus; für ihn waren alle slawischen Sprachen, sei es Russisch, Tschechisch oder Kroatisch, nur Mundarten einer einzigen slawischen Nation.

Nicht nur europäische, sondern auch asiatische und amerikanische Sprachen standen oft im Zentrum des Interesses von Geistlichen, insbesondere der jesuitischen Missionare. Sehr aktiv waren die Jesuiten in China. Die ersten wichtigen Nachrichten über China erhielten die Europäer von den Jesuiten. Die meisten Missionare beherrschten perfekt Chinesisch und übersetzten daher sowohl zahlreiche chinesische Texte in europäische Sprachen als auch umgekehrt wissenschaftliche europäische Werke ins Chinesische. So hat Pater Dominique Parrenin viele Arbeiten französischer Gelehrter in die Mandschusprache übersetzt. Die Pekinger Missionare haben sogar eine Grammatik des Chinesischen verfasst. Von Pater Joseph Amiot, der 1750 nach China kam, stammt denn auch das erste französisch-chinesische Wörterbuch: «Dictionnaire tatar-mantschou-français» Lyon, Paris 1789, 3 Bände.

In Indien waren wiederum die Jesuiten die Ersten, die Sanskrit studierten und die Schriften der indischen Veden (Wissen) übersetzten. In Südamerika erforschten die christlichen Missionare die Sprachen der indianischen Ureinwohner und schrieben deren Grammatiken auf. In Brasilien machte sich beispielsweise der Jesuitenpater José de Anchieta durch seine Grammatiken und Wörterbücher als Sprachforscher einen Namen. Er schrieb auch eine Grammatik der Sprache der Peru-Indianer. Außerdem war er einer der Gründer der Stadt Sao Paulo.

Selbstverständlich waren die Jesuiten nicht die ersten Geistlichen, die mittels Übersetzungen den interkulturellen Austausch ermöglichten. Schon im 12. Jh. arbeiteten Mönche in der berühmten Übersetzerschule von Toledo und übersetzten dort die wissenschaftliche Literatur der Araber, die oft aus der griechischen Antike stammten, ins Lateinische. Einer der bedeutendsten Übersetzer arabischer Schriften ins Lateinische war der italienische Theologe und Gelehrte Diakon Gerhard von Cremona.

Ein spannendes Forschungsgebiet stellte für die Geistlichen auch die rätselhafte Schrift der alten Ägypter dar, die Hieroglyphen. Der erste Gelehrte, der über dieses Thema ein Buch verfasste, war Dozent an der päpstlichen Universität, Pierinus Valerianus. Unter dem Titel «Hieroglyphica» wurde sein Buch im Jahr 1556 in Basel publiziert. Ihm tat es 1631 der Jesuit Nicolas Caussin gleich, der die Schrift «De Symbolica Aegyptiorum Sapientiae» herausgab, und kurz danach erschienen vom Jesuiten Athanasius Kircher gleich mehrere Werke zu diesem Thema: «Prodromus Aegyptiacus» (1636), «Lingua Aegyptiaca» (1643), «Oedipus Aegyptiacus» (Ägyptischer König) (1652) und «Obelisci Aegyptiaci» (Ägyptische Steinpfeiler) (1666). In England beschäftigte sich Bischof John Wilkins im 17. Jahrhundert mit den Hieroglyphen. Er erwähnt Hieroglyphen in seinem Buch: «An Essay towards a philosophical language» (1668).

Bischöfe und Science Ficition

Vom heiligen Thomas Morus zu den Bischöfen Wilkins, Godwin und Comenius

Die ersten phantastischen und utopischen Romane wurden mehrheitlich von Geistlichen geschrieben. Dies, genauso wie die Tatsache, dass die Wurzeln der Science-Fiction-Literatur von Bischöfen gelegt wurden, ist heute kaum bekannt. Wer weiß schon, dass der Begriff «Utopie» von einem Heiligen erfunden wurde und dass der erste Mondroman von einem Bischof stammt?

Von Thomas Morus (1478-1535), einem ungewöhnlich gebildeten englischen Staatsmann und humanistischen Autor, erschien im Jahr 1516 in Löwen, Holland, ein in Lateinisch geschriebenes Buch über die imaginäre Insel Utopia, ein Land mit der angeblich idealen Verfassung. Zwei Jahre später folgte in Basel die zweite Ausgabe.

Die erste englische Veröffentlichung wurde aber erst 1551, mehrere Jahre nach Morus' Tod herausgegeben. Weil Morus den Suprematseid (Eid zur Anerkennung der Oberherrschaft des Königs über die Kirche) ablehnte, wurde er im Tower von London eingekerkert, vor Gericht gestellt und unter Heinrich VIII. zum Tod verurteilt. Am 6. Juli 1535 wurde er auf dem Schafott (Blutgerüst, Hinrichtungsstätte) vor dem Tower (auf dem Tower Hill) hingerichtet. Noch angesichts des Todes scherzte er, indem er seinen langen Bart zur Seite legte und sagte: «Der hat ja nichts verbrochen.» Sein Kopf wurde einen Monat lang auf der London Bridge zur Schau gestellt und dann von seiner Tochter Margaret Roper gegen ein Bestechungsgeld heruntergeholt.

Der Autor wuchs als Knabe im Hause des Erzbischofs von Canterbury auf. Als junger Mann verbrachte er vier Jahre in einem Londoner Kartäuserkloster, widmete sich aber später der Politik, was für ihn mit einer Tragödie endete. Seine Hinrichtung bewertete die Kirche später als Märtyrertod, so dass er, 400 Jahre nach seinem Heimgang, im Jahre 1935 heilig gesprochen wurde. Seine Seligsprechung war aber schon 1886 erfolgt; im Jahr 2000 wurde er zum Patron der Politiker ernannt.

Die utopischen Insulaner aus Morus' Roman, obwohl sie – aus heutiger Sicht – in einem primitiven Kommunismus lebten, waren keine Atheisten, sondern Deisten. (Deismus: Lehre, nach der Gott zwar die Welt erschaffen hat, aber im Folgenden keinen Einfluss mehr auf das Universum nimmt.) Als sie von Christus und seiner Lehre hörten, so der Autor, haben sie das Christentum größtenteils als neue Religion angenommen. Die Mannigfaltigkeit der Religionen wurde in Utopia geduldet, die Gottlosigkeit allerdings nicht; sie wurde hart bestraft. Die Priester, es waren auch Frauen zwischen ihnen, waren in Utopia sehr geehrt – «kein Amt genießt bei den Utopiern höhere Ehre», erklärte Morus. Dass es auf der Insel mit der besten Verfassung der Welt auch Sklaven gab, war in jener Zeit noch selbstverständlich.

1521, fünf Jahre nach dem Erscheinen des Romans Utopia, gab in Deutschland der kurz vorher zur Reformation konvertierte Franziskaner Johann Eberlin von Günzburg unter dem Titel «Wolfaria» eine sozial-nationale Utopie heraus. Ähnlich wie Morus versucht auch Eberlin, der eine kurze Zeit in der Schweiz (Baden, Basel) verbracht hatte, eine ideale Staatsform zu entwerfen. Einige seiner Vorschläge klingen heute allerdings befremdlich; zum Beispiel: «Alle offentliche zu trincker söllen ertrenckt werden», oder: «Es soll ein schmach sein kain bart tragen. Kainer soll sein angesicht glat haben wie ein wyb.»

Den zweiten deutschen Staatsroman verfasste ein Jahrhundert später im Jahr 1619 der evangelische Prediger und Doktor der Theologie Johann Valentin Andreae. Er nennt seinen Idealstaat «Christianopolis». Die Christenstadt ist eine aristokratische Republik (die Ehre des Königs gehört nur Christus) und befindet sich wie die Utopia von Morus auf einer Insel. Die Bürger gebrauchen dort, wie in allen utopischen Gesellschaften üblich, kein Geld und haben auch kein Privateigentum.

Man lebt dort umweltbewusst: Die Stadt hat fließendes reines Wasser, eine Kanalisation für den Unrat in verborgenen Röhren und viele Bäder. «Hier hat mit einem Wort», so der Autor, «Physica practica ihre Heimat, denn hier eröffnet sich eine rechte Probier-Schule der Natur.» Die Bewohner sind technisch-wissenschaftlich auf dem höchsten Niveau. Schon die meisten Handwerker sind echte Gelehrte.

Was nun das Recht betrifft, so werden in Christianopolis «die Sünden, wodurch Gott angegriffen wird, härter gestraft, als diejenigen, welche die Menschen beleidigen». Die Todesstrafe ist zwar nicht abgeschafft, wird jedoch nur selten angewendet. Bettler werden nicht geduldet.

Etwa zeitgleich, nämlich 1623, wurde das Werk des italienischen Dominikaners Tommaso Campanella «Civitas Solis» (Sonnenstaat) quasi als eine katholische Variante zur Christianopolis herausgegeben. Campanella, ein revolutionärer Mönch – er saß jahrelang als Ketzer im Kerker – sieht, ähnlich wie die meisten Utopisten, in einem totalitären Staat die ideale Gesellschaftsordnung. Bei ihm hat ein Priester das höchste Amt, er ist das Oberhaupt aller weltlichen und geistlichen Dinge. Alle Beamten und Astronomen sind gleichfalls Priester: «Sie preisen den Ptolemäus und bewundern den Kopernikus», schreibt er. «Sie sind jedoch noch unsicher, ob die Sonne der Mittelpunkt der irdischen Welt ist und ob außer der unseren noch andere Welten bestehen.» Die Welt sei ein Lebewesen und wir lebten in seinem Inneren wie etwaige Würmer in unserem Bauch. Die Ideen des als Ketzer verbrannten Giordano Bruno treten hier in milder Form auf.

Technisch sind die Sonnenstaatler der übrigen Menschheit, wie in den meisten Utopien, weit überlegen. So kennen sie «die Kunst des Fliegens», «Schiffe, die ohne Ruder und Segel am Meer fahren» und «Hörrohre, mit denen man die Harmonie der Sphären hören kann». Sie sind zwar sehr umweltbewusst, aber keine Bio-Bewunderer. Denn Mist und Jauche zur Düngung der Äcker betrachten sie als schädlich und benützen stattdessen «geheime (künstliche) Hilfsmittel».

Haben sich die ersten phantastischen Erzählungen noch auf irdischen Inseln abgespielt, so wurden nach der Feststellung der teleskopischen Astronomie, dass die Mondoberfläche der Erde ähnlich ist, diese Phantasien nun oft auf den Mond verlegt. Und da gehörten die Geistlichen wieder zu den Pionieren; die ersten neuzeitlichen Mondromane wurden von Bischöfen verfasst.

Das Buch «The Discovery of a World in the Moon» wurde von Bischof John Wilkins und «The Man in the Moon» von Bischof Francis Godwin veröffentlicht. Entsprechend dem damaligen technischen Niveau wurde der Flug zum Mond in beiden Erzählungen recht einfach dargestellt. Bei Wilkins waren es Wirbelstürme, bei Godwin Gänse, welche die Raumfahrer zum Mond brachten.

Francis Godwins «Mann im Mond» wurde 1638, fünf Jahre nach dem Tod des Autors, veröffentlicht, und zwar unter einem Pseudonym. Man wollte vermutlich den anglikanischen Würdenträger wegen seiner Phantasien nicht bloßstellen. Denn was der Bischof über den Mond erzählte, war mehr als merkwürdig. Er fand dort nicht nur Ozeane und Tiere, sondern auch Bewohner. Die Lunatiker waren, entsprechend der kleineren Anziehungskraft des Mondes, viel größer als die Erdmenschen und lebten, da der Tag auf dem Mond dreißigmal länger ist als auf der Erde, auch dreißigmal länger. Es gab dort keine Krankheiten und so starben sie nicht unter Schmerzen, sondern hörten einfach auf zu leben.

Überraschenderweise waren die Lunatiker Christen. Obwohl sich die Mondmenschen nicht mit einer Sprache, sondern mittels Musik verständigten, kannten sie den Namen Jesus. Vielleicht, weil ihr Urahn ursprünglich von der Erde zum Mond kam, oder weil sie manchmal ihre Kinder zur Erde schickten und gegen andere irdische Kinder eintauschten. Viele von Francis Godwins Einfällen wurden Jahrhunderte später von Autoren neuerer phantastischer Literatur übernommen, so z.B. von Jonathan Swift in seinem Roman «Gullivers Reisen» oder von Erich von Däniken in seinen Phantasien von Außerirdischen.

Dass aber Francis Godwin sonst über durchaus gute astronomische Kenntnisse verfügte, sieht man aus der Schilderung seiner Raumfahrt. Er sieht, dass die Erde eine Kugelform hat und dass sie auch wirklich rotierte. «Wie ein riesiger mathematischer Globus sah aus, der sich gemächlich vor mir drehte, wobei nacheinander Länder unserer irdischen Welt mir innerhalb von vierundzwanzig Stunden vorgeführt wurden», schreibt er begeistert. Er ruft alle Philosophen, welche die Erdbewegung bestreiten, dazu auf, «die Eigensinnigkeit ihrer Blindheit» einzugestehen. Allerdings ist der Bischof kein wirklicher Kopernikaner: «Ich will nicht so weit wie Kopernikus gehen, der die Sonne zum unbeweglichen Mittelpunkt der Welt macht», verkündete er.

Eine phantasievolle, fast utopische Erzählung stellt auch «Das Labyrinth der Welt» des Bischofs der böhmischen Brüder Johann Amos Comenius aus dem Jahr 1631 dar. (Die böhmischen Brüder waren eine religiöse Gemeinschaft, die im 15. und 16. Jh. insbesondere in Böhmen auftrat und sich aus Mitgliedern der Taboriten und Waldenser bildete.) Auch da handelt es sich um einen Flug ins All, allerdings nur in Erdnähe. Trotzdem konnte der Autor die wahre Form der Erde deutlich erkennen: «Wenn ich die runde Gestalt der Erde betrachtete», schreibt er «fühlte ich ganz deutlich, dass sie sich bewege und im Kreise drehe.» Wie Godwin akzeptierte auch Comenius die Rotation der Erdkugel, war aber gegen die Vorstellung von Kopernikus, die Erde sei nicht der Mittelpunkt des Universums.

Erstmals in der Weltliteratur werden bei Johann Amos Comenius Fernrohre erwähnt, mit denen man rückwärts, also in die Vergangenheit, sehen kann. «Wer wirklich ein Mensch sein wolle», wird man belehrt, «müsse nicht nur das sehen, was unmittelbar vor seinen Augen liege, sondern auch von den längst vergangenen Dingen Kenntnis nehmen, um daraus für die Zukunft nützliche Lehren zu ziehen.» Wie bei allen damaligen phantastischen Romanen handelt es sich auch bei Comenius um eine zeitgenössische Gesellschaftskritik. Verspottet werden sowohl Alchimisten und Astrologen, als auch Ärzte und Philosophen.

Und sogar Religionen werden von diesem Vater der Erziehungswissenschaft nicht verschont. «Ich sah bald Christen, welche erst vor kurzem Gott empfangen hatten», klagt er, «sich in Saufgelage stürzen, Diebstahl und Raub verüben.» Oder: «Diese weiß gekleideten und sauber gewaschenen Menschen stürzten sich auf alle, die sich ihnen in den Weg zu stellen wagen. Mein Führer klärte mich darüber auf: Sie disputieren über ihre Religion und suchen zu beweisen, dass der Koran ein Buch Gottes sei.»

Johann Amos Comenius' Werk ist noch heute lesenswert und die darin vertretenen Ansichten haben nichts an Aktualität verloren. Das sieht man auch an seinem Standpunkt zum Thema Bildung:

«Die Weisheit nicht zu lieben, bedeutet ein Dummkopf zu sein. Und das ist eine Beleidigung für den göttlichen Schöpfer.»

Der Jesuitenpater Francesco Lana di Terzi S.J. (1631-1687), Mathematikprofessor in Brescia, war zu sachlich, um seine technischen Phantasien als Romane zu publizieren. Seine Ideen von der Luftfahrt waren die ersten, die das Prädikat wissenschaftlich verdienen. Angeregt durch die Vakuumexperimente von Otto von Guericke und Robert Boyle schlug er vor, das Vakuum, die Luftleere, als die Antriebskraft der Luftschiffe anzuwenden. Seine Luftschiffe waren auch wirkliche Schiffe, nur mit dem Unterschied, dass sie der Erfinder zusätzlich mit luftleeren Kugeln ausstattete, die sie hoch in die Luft tragen sollten.

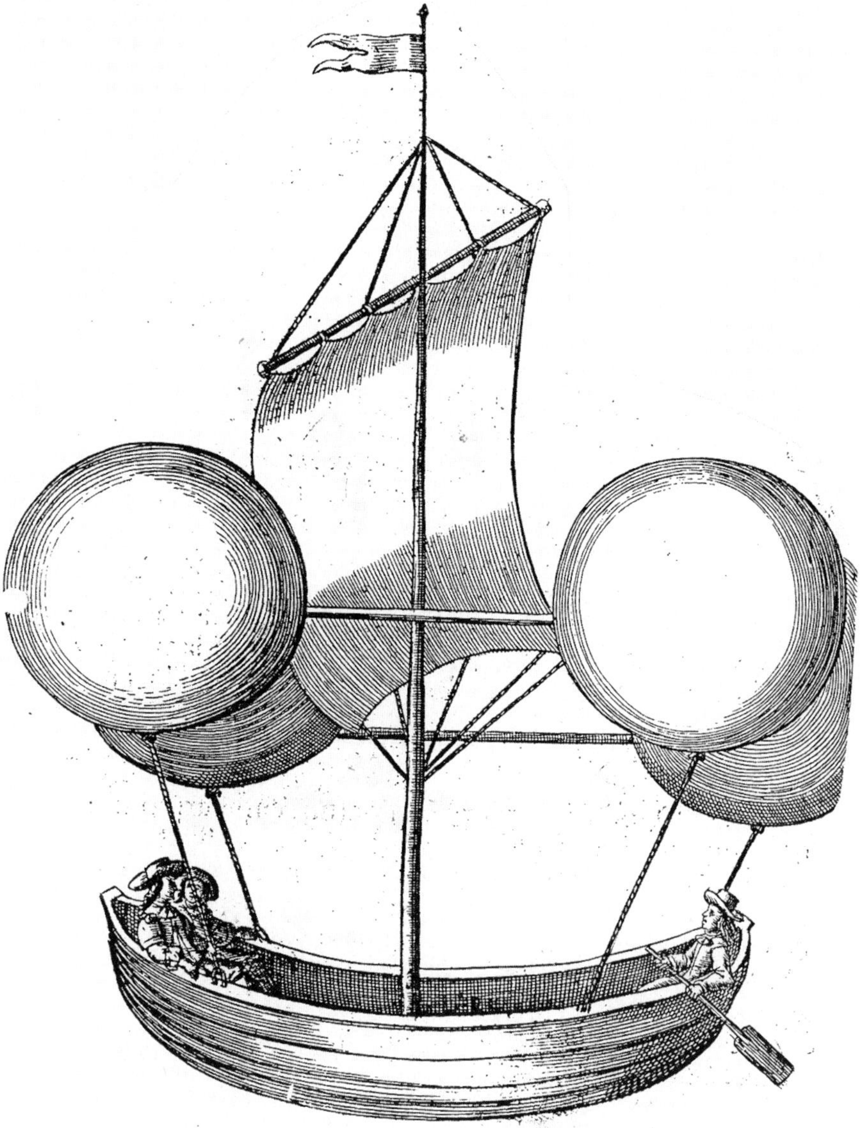

Der Jesuitenpater Francesco Lana entwarf 1670 das erste Fluggerät, das auf wissenschaftlichen Erkenntnissen beruhte.

Die Geistlichen und die Kultur

Literatur, Kunst, Theater und Musik der Geistlichen

Mönche, Pfarrer und Bischöfe schrieben nicht nur Fachbücher, sondern verfassten auch Romane, Satiren, Kinderbücher und Theaterstücke. Darüber hinaus waren sie auch schauspielerisch tätig und schreckten sogar vor Komödien, Gesang und Ballett nicht zurück. Und schließlich bewahrten die Geistlichen wertvolle Bücher in Klosterbibliotheken auf, die auch Laien zugänglich waren; die erste öffentliche Bibliothek des Abendlandes wurde anno 1441 im Dominikanerkloster San Marco in Florenz eröffnet.

Die Geschichte der deutschen Literatur beginnt mit den Schriften der Benediktinermönche und -nonnen. Im Anfang steht Otfried von Weißenburg aus dem Elsaß, dann folgen Notker Balbulus (der Stammler genannt) aus St. Gallen, Schweiz, der ein bedeutender Gelehrter und Dichter der karolingischen Zeit war. Es folgte Roswitha von Gandersheim aus Niedersachsen (geboren um 935, gestorben nach 973). Sie schuf eigenwillig gestaltete Dramen mit ausdrucksstarker Sprache und überraschend differenzierter Psychologie. Sie schrieb ausschließlich in lateinischer Sprache. Ihre beiden historischen Epen sind noch heute eine wichtige Quelle der deutschen Geschichte der ottonischen Romantik. Auch der älteste deutsche Roman «Rudlied» wurde in einem Benediktinerkloster in Tegernsee, Oberbayern, von einem unbekannten Mönch verfasst.

Eine der ersten satirischen Schriften der frühen Neuzeit war «Das Lob der Torheit» des Augustiners Erasmus von Rotterdam aus dem Jahr 1508. Erasmus lebte längere Zeit in Basel, wo er auch im Alter von 71 Jahren anno 1536 starb. Seine unparteiische Gesellschaftskritik brachte ihm Ärger sowohl von der katholischen als auch von der lutheranischen Seite.

Er spottet sowohl über Philosophen: «Sie halten nur sich selbst für weise und begründen unerklärliche Naturerscheinungen ohne zu stocken, wie wenn sie bei der Erschaffung der Welt zur Seite gestanden hätten», als auch über Theologen: «Glücklich in ihrer

Selbstgefälligkeit bewohnen sie den dritten Himmel und schauen aus der Höhe ihres Hochmuts auf alle anderen Sterblichen wie auf Gewürm herab.» Und: «Sie malen so genau das Bild der Hölle, als wenn sie mehrere Jahre in jenem Reich verbracht hätten.» Schließlich schreibt er: «Wer Weisheit erwirbt, erwirbt Kummer, und wer sich viele Gedanken macht, muss sich viel ärgern.»

Johannes Scheffler (Angelus Silesius), in Breslau (Wroclaw) geboren und lutherahnisch getauft, konvertierte später zum Katholizismus und empfing in seinem 37. Lebensjahr die Priesterweihe. Sein väterliches Erbe stiftete er für wohltätige Zwecke und bemühte sich um ein asketisches Leben. Die letzten elf Jahre seines Lebens verbrachte er zurückgezogen und arbeitete als Arzt für Arme im Matthias-Stift in Breslau. Berühmt wurde er durch seine geistreichen Epigramme im Buch «Der cherubinische Wandersmann» aus dem Jahr 1675. (Cherubine sind gemäß der Engellehre hochstehende Geistwesen, die den Eingang ins Paradies überwachen.) Zum Beispiel: «Der ist ein reicher Mann, der alles, was er hat, ohne Leid verlieren kann.» «Die schönste Weisheit ist, nicht gar zu weise sein.» Oder: «Ich weiß nicht, was ich bin. Ich bin nicht, was ich weiß, ein Ding und nicht ein Ding, ein Tüpfelchen, ein Kreis.»

Heinrich Seuse (Henricus Suso) (1295-1366) war ein mittelalterlicher Mystiker, Seelsorger und Theologe, der in Konstanz und Ulm wirkte. Im Alter von 13 Jahren trat er in den Orden der Dominikaner in Konstanz ein. Im Kloster erfuhr er mit 18 Jahren ein mystisches Bekehrungserlebnis.

Für seine mystische Schrift «Das Büchlein der ewigen Weisheit» (Christiana-Verlag, Stein am Rhein), das unter anderem hundert Betrachtungen enthält, musste er sich vor dem Ordensgericht verantworten. Es gehört bis heute zu den Kronjuwelen der geistlichen Literatur. Er pflegte Briefwechsel mit Elsbeth Stagel, Nonne und Priorin des Dominikanerklosters Töss (Schweiz). Sie war Mitverfasserin des um 1340 entstandenen Tösser Schwesternbuches mit seinen 39 Schwesternviten, die eine umfassende Darstellung der Frauenmystik bieten (siehe Elsbeth Stagel, Deutsches Nonnenleben – Das Leben der Schwestern zu Töss und der Nonne von Engelthal, Christiana-Verlag, Stein am Rhein). Er war begeisterter Schüler von Meister Eckhart.

Die heilige Gertrud von Helfta (Gertrud die Große) (1256-1302) war eine Frau von außergewöhnlicher Bildung. Im Alter von 25 Jahren hatte sie eine erste Vision, in der sie sich von Christus in seine besondere Nachfolge berufen sah. Zusammen mit den Nonnen Mechtild von Magdeburg und Mechtild von Hackeborn, die ebenfalls im Kloster Helfta lebten, bildete sie eine Zentralfigur der deutschen Frauenmystik. Bemerkenswert ist, dass sie trotz ihres mystischen Innenlebens ganz in der Realität stand und für die Menschen ihrer Umgebung eine gesuchte Ratgeberin und Seelsorgerin war. Ihre geistlichen Gespräche mit Christus fanden ihren Niederschlag in ihrem Hautpwerk «Gesandter der göttlichen Liebe» (Christiana-Verlag, Stein am Rhein).

Anno 1685 verfasste in Mexiko, im damaligen Neu-Spanien gelegen, die Nonne Sor Juana Inés de la Cruz die Dichtung «Der Traum». Geboren als ein uneheliches Wunderkind einer Kreolin – mit drei Jahren lernte sie lesen und als Achtjährige schrieb sie ihr erstes Gedicht – interessierte sie sich sowohl für Literatur als auch für Naturwissenschaften, insbesondere Astronomie, und gilt darüber hinaus als eine der ersten Feministinnen Amerikas. Am Anfang war sie Hofdame – sie war sehr hübsch – am Hofe des Vizekönigs, trat dann aber als 19-Jährige ins Kloster der Hieronymitinnen ein.

Der Mönchsorden der Hieronymiten wurde 1370 in Spanien gegründet, der weibliche Zweig fünf Jahre später. Das Klosterleben folgt der Regel der Augustiner.

Juana Inés starb an der Pest im Alter von nur 44 Jahren. Ihre Biografie wurde von Octavio Paz um 1990 als Roman gestaltet.

Obwohl der Abenteuerroman «Les Aventures de Telemaque» (Die Abenteuer Telemachs) des Erzbischofs François Fénelon (er war genauso alt wie Juana Inés) 1699 anonym erschien, entging der Geistliche nicht einigen Repressalien. Denn Telemachos, in der griechischen Mythologie der Sohn von Odysseus, wird in Fénelons Erzählung von seinem Lehrer durch die Staatenwelt der Antike geführt. Diese ähnelt allerdings auffällig dem damaligen Zustand Frankreichs.

Telemach wird durch verschiedene Länder geführt und dabei belehrt, was er eigentlich zur Verbesserung der Lage machen sollte. Man fand im Text eine verschlüsselte Kritik am Regierungsstil des Königs, und wer der Autor war, blieb auch nicht verborgen. Fénelon, der bislang als Erzieher am Hof wirkte, musste gehen. Im 19. Jahrhundert wurde das Buch über Telemachs Abenteuer in Frankreich viel gelesen. 1733 wurde es auch ins Deutsche übersetzt.

Als ein Viertel Jahrhundert später (1726) der 50-jährige anglikanische Priester Jonathan Swift das Werk «Gullivers Reisen» herausgab, ahnte er nicht, dass seine Erzählung einmal zu den Klassikern der phantastischen Literatur gezählt werden würde. Er schrieb vorher nur kurze gesellschaftskritische Abhandlungen und Essays, z.B. «Über die Verbesserung der Sitten», «Über die Erziehung von Damen» oder «Über Theorien, die in Irland nicht stimmen».

Er kritisierte zwar auch die Kirche: «Tausende Menschen wären durchaus rechtgläubig, wenn die Geistlichen nicht aus Übereifer die Rechtgläubigkeit auf Spitzfindigkeiten festgelegt hätten», blieb aber trotzdem objektiv realistisch: «Jene Herren, die sich einen Spaß daraus machen, über die Geistlichkeit zu spotten, sind es ihrer Ehre schuldig, selbst Pfarrer zu werden und uns bessere Beispiele zu geben.»

Swift stammte aus Dublin, Irland, wo er auch Theologie studierte. Wie seine scharfen Satiren die Öffentlichkeit schockieren mussten, begreift man, wenn man beispielsweise seinen «bescheidenen Vorschlag, wie man verhüten kann, dass die Kinder armer Leute in Irland dem Lande zu Last fallen», liest: man solle die Kleinen einfach verspeisen. «Ein Kind reicht für zwei Gerichte», rechnet er aus. Eine ähnliche Lösung schlägt der Priester auch für das Problem der Armut im Alter vor:

«Es wäre für die alten Bettler ein großes Glück, wenn man sie in der von mir beschriebenen Weise als Nahrungsmittel verkauft hätte, so dass ihnen ein Dasein immerwährenden Elends erspart geblieben wäre.»

Knapp zehn Jahre nach Swifts Tod, 1753, veröffentlichte in Paris Abbé Antoine François Prévost den Liebesroman «Manon Lescaut», ein Buch, das ihn quasi unsterblich machte. Sein Werk, eine Romeo-und-Julia-Variante, diente als Grundlage für eine Oper (Puccini, Italien 1893), einen Film (USA, 1912), ein Theaterstück (Nezval, Tschechien 1940) und eine Fernsehserie, und das jeweils mehrmals. Prévost veröffentlichte eine ganze Reihe von Romanen, Biographien und historischen Sachbüchern. Darüber hinaus wirkte er als Übersetzer.

Prévost war ein Geistlicher mit einem recht abenteuerlichen religiösen Leben. Von Jesuiten erzogen, trat er als Novize in den Orden ein, verließ ihn aber nach kurzer Zeit und wurde Soldat. Er desertierte aber aus der Armee und flüchtete in ein Benediktinerkloster.

Dort erhielt er die Priesterweihe und betätigte sich anschließend als Prediger. Nach einem Streit mit dem Abt des Klosters verließ Prévost Frankreich und ging nach London, wo er zum Anglikanismus konvertierte. Nach einer Liebesaffäre musste er aber auch London wieder verlassen. Mit Zwischenhalt in Holland kehrte er dann nach Frankreich zurück, erhielt vom Papst die offizielle Vergebung für seine Apostasie (Abkehr vom christlichen Glauben) und wurde endlich, knapp vierzig Jahre alt, Benediktinermönch.

In der Schweiz war der evangelische Pfarrer Jeremias Gotthelf als Schriftsteller tätig. Er begann relativ spät zu schreiben; sein berühmter Roman «Uli der Knecht» (1841) erschien, als er bereits 44 Jahre alt war. Er setzte sich für Sozialreformen ein: Allgemeine Schulpflicht und Kampf gegen Alkoholismus. Er kritisierte die herrschenden Berner Familien, die sich seiner Ansicht nach ungenügend um die Armen kümmerten. In seinen Romanen spiegelt sich das harte bäuerliche Leben im 19. Jh. Er verstand es, die christlichen und humanistischen Forderungen in sein Werk einzubringen, ohne zu moralisieren.

In Böhmen wurde das Kinderbuch «Die Käferchen» vom evangelischen Pfarrer Jan Karafiát (1846-1929) mehrmals herausgegeben. Hauptfigur ist ein kleiner Leuchtkäfer mit den Eigenschaften eines Kindes. Die ersten zehn Ausgaben publizierte der Pfarrer anonym; erst nach 1910 erschien auf dem Titelbild der Erzählung sein Name.

Das Buch stand unter dem kommunistischen Regime (1948-1989) vierzig Jahre auf dem Index. Karafiát absolvierte das evangelische Gymnasium in Gütersloh. Danach studierte er in Berlin, Bonn, Wien und Schottland. Priester wurde er 1869 im Alter von 23 Jahren.

Obwohl vom einem Geistlichen geschrieben und inhaltlich religiös – die Käferchen waren sehr fromm und beteten jeden Abend – erschien das Märchen um 1960 auch im damals noch atheistischen Russland. Allerdings wurden alle religiösen Begriffe, wie Gott oder Beten, ausgelassen. Auch Kinderbücher konnten sich der kommunistischen Zensur nicht entziehen.

Die Geistlichen, insbesondere Jesuiten, verfassten auch Theaterstücke. Von 1550 bis zur Auflösung des Ordens im Jahr 1773 wurden für das Jesuitentheater fast 8000 Dramen geschrieben. Gespielt haben die Jesuiten in den meisten größeren katholischen Städten Europas wie in München, Prag, Graz, Konstanz, Luzern und Fribourg.

Man wollte das Volk durch Emotionen zum Glauben bekehren und so wurden auch Lust- und Gesangspiele (Vorläufer des Musicals) aufgeführt.

Zu den produktivsten Barockdramatikern des 17. Jahrhundert gehörte der Jesuitenpater Jakob Bidermann. Sein berühmtestes Stück «Cenodoxus» (Ruhmsucht), 1602 in Augsburg uraufgeführt, stellt eine spannende Tragikomödie mit vielen allegorischen Figuren dar. Der negative Held Cenodoxus, ein hochgelobter Arzt, wird als charakterloser Egoist enthüllt.

Selbstverständlich haben auch andere Geistliche Theaterstücke geschrieben.

Von dem Dominikaner Giordano Bruno stammt beispielsweise die Komödie «Candelaio» (Der Kerzenzieher), die er im Jahr 1582 verfasste. Es handelt sich um eine derbe Komödie von drei Männern, welche in Neapel mit untauglichen Mitteln ihre Sehnsüchte und Wünsche verwirklichen wollen: Sex, Geld, intellektueller Ruhm.

In seinem Brief an die Epheser schrieb der Apostel Paulus: «Redet zueinander mit Psalmen, Hymnen und Liedern, singt und jubelt dem Herrn.» Einige Jahrhunderte später, nämlich um 600, fasste Papst Gregor I. die in den Kirchen gesungenen Lieder zusammen und schuf damit ein Werk, welches als Gregorianischer Choral ein wichtiger Bestandteil der kirchlichen Musikgeschichte ist.

Und so waren Mönche auch auf dem Gebiet der Musik aktiv. Dem Benediktiner Guido von Arezzo verdanken wir zum Beispiel die Einführung der heute benutzten Notenschrift. Guido erteilte in der Kathedralschule von Arezzo in der Toskana Musikunterricht und beschrieb seine Notation im Werk «Micrologus de Musica» (1025). Seit 1882 steht in der Stadt seine Statue mit der Bezeichnung «Guido Monaco».

Auch Arezzos Zeitgenosse Hermann von Reichenau, Benediktinermönch und Komponist, entwickelt einige Jahre danach eine Notentheorie. Er wurde auch Hermann der Lahme genannt, denn er litt von Geburt an unter einer umfassenden spastischen Lähmung, konnte nie gehen und seine Sprache war schwer verständlich. Umso erstaunlicher sind seine geistigen Leistungen. Er war ein herausragender Kenner der Geschichte, Musik, Mathematik und Astronomie. Die Einteilung der Stunde in Minuten geht wahrscheinlich auf ihn zurück. Er prägte den astronomischen Begriff «Almukantarat» für einen dem Horizont parallelen Kreis der Himmelskugel. Seine Komposition «Salve Regina», eine marianische Antiphon, die fast jeder Katholik im deutschen Sprachraum kennt, wird noch heute täglich im Kloster Einsiedeln nach der Komplet von den Mönchen gesungen.

Autor des berühmten Liebesromans «Manon Lescaut»: Abbé Prévost.

Papst Gregor I. begründet den Gregorianischen Gesang.

Die erste Dichterin Amerikas, die Nonne Juana Inés de la Cruz (1651-1695). Bild von Miguel Cabrea (1750). Ihre Statue steht in Madrid.

Angelus Silesius (Johannes Scheffler), Autor der Sammlung der «Cherubinische Wandersmann».

Chronisten und Historiker

Von Eusebius zu Priestley

Dass die abendländische Kultur zum großen Teil durch das Wirken der Geistlichen in Schwung gebracht wurde, sieht man auch auf dem Feld der Geschichtsschreibung. Die ersten europäischen Chroniken und Historien wurden von Priestern und Mönchen verfasst. Die als Weltchroniken titulierten Werke – im Mittelalter waren es etwa 200 – beginnen in der Regel mit der biblischen Erschaffung der Welt und enden natürlich mit der Zeit, in der sie verfasst wurden.

Der erste Autor eines christlichen universalen Geschichtsbuches war Sextus Julius Afrikanus, ein palästinensischer Judenchrist, der in den Jahren 230-250 in Alexandrien als Bischof wirkte. Seine Chronographie endet mit dem Jahr 221, welches, gemäß seiner Berechnungen, dem Jahr 6000 nach der Erschaffung der Welt entsprach. Afrikanus war einer der ersten Geschichtsschreiber, der zu dieser Zahl kam, und es dauerte noch mehr als 1500 Jahre, bis sie grundsätzlich korrigiert wurde. Heute wird diese Abschätzung zwar als ein Produkt des «rückständigen» Mittelalters belächelt, man darf aber nicht vergessen, dass noch um 1700 auch der geniale Mathematiker Isaac Newton praktisch zum gleichen Resultat kam.

Die zweite Weltchronik schuf ebenfalls ein Bischof, nämlich der heute zu den Kirchenvätern gezählte Eusebius von Caesarea (heute Israel). Sein «Chronicon» endet hundert Jahre später: mit dem Konzil von Nicäa (heute Türkei) 325, an dem er auch teilnahm. Eusebius schildert hier die Geschichte einiger antiker Völker, wie der Assyrer, Hebräer, Ägypter und Griechen. Darüber hinaus verfasste er auch eine monumentale Kirchengeschichte, in der er Origenes viel Platz widmete. Auch andere bedeutende Christen der ersten Jahrhunderte wurden durch ihn der Nachwelt übermittelt.

Das Buch «Historium adversum paganos» (Die Geschichte gegen die Heiden) vom spanischen (oder vielleicht portugiesischen) Priester Paulus Orosius ein weiteres Jahrhundert später beendet

(418), stellt eine «gegen die Heiden» gerichtete Weltchronik dar. Historisch relevant sind in ihr, wie in allen damaligen Weltgeschichten, selbstverständlich lediglich die Ereignisse, die in die Lebenszeit des Autors fallen.

Orosius' Absicht war es, den römischen Nichtchristen zu beweisen, dass die Welt, trotz der vielen Katastrophen der letzen Jahre, wie der Eroberung Roms durch den Gotenkönig Alarich am 24. August 410, durch die Abkehr von den alten Göttern doch nicht schlechter geworden sei.

Für die Gründung Roms setzte er (umgerechnet auf unsere Zeitrechnung) das Jahr 751 v. Chr. fest. Sein Werk wurde im Mittelalter viel gelesen und sogar ins Arabische übersetzt.

Orosius' Weltgeschichte fällt noch in die Zeit der Spätantike. Das erste bedeutende Geschichtswerk des Mittelalters wurde 730 vom englischen Benediktinermönch Beda Venerabilis verfasst. Er schrieb «Die Kirchengeschichte des englischen Volkes» im Kloster Jarow bei Newcastle; dort, wo er auch volle fünfzig Jahre seines Lebens verbrachte. Beda benützte als einer der Ersten für die geschichtliche Zeitzählung die Jahre «nach Christi Geburt».

Viel Platz widmete er der Berechnung der Osterfeste, denn die Osterzyklen waren damals in den christlichen Ländern keineswegs gleich. Bei der Ermittlung des genauen Datums der Welterschaffung kam er auf den 18. März 3952 v. Chr. Obwohl sich alle Gelehrten des Mittelalters und der frühen Neuzeit bei der Berechnung des Alters der Welt auf die Bibel (es gab ja auch keine andere Quelle) stützten, kamen sie manchmal zu recht unterschiedlichen Ergebnissen. Die Ursache dieser Differenzen lag einerseits bei der angewendeten Textinterpretation, andererseits aber auch bei der benützten Übersetzung, denn der Wortlaut der griechischen Fassung, der Septuaginta, war mit dem lateinischen Text, der Vulgata, – geschweige denn mit späteren Übersetzungen in den Landessprachen – keineswegs identisch.

Das Werk von Beda ist keine trockene Aufzählung historischer Ereignisse, sondern ein lebendiges Lesebuch mit zahlreichen philosophisch-theologischen Gedanken. Zum Beispiel: «Das Leben der Menschen erscheint für eine kurze Weile; was aber folgt und was vorausging – darüber tappen wir ganz und gar im Dunklen.»

Ein halbes Jahrhundert nach Beda widmete sich in Italien sein Ordensbruder Paulus Diaconus der Geschichte. Beachtenswert ist seine «Geschichte der Langobarden», die er um 790 verfasste. Sie diente späteren Generationen von Historikern als eine wichtige Quelle, aus der sie Informationen über dieses rätselhafte Volk, das während der Völkerwanderung nach Norditalien kam, schöpfen konnten.

Auch ein weiterer bedeutender Historiker des Mittelalters war Benediktinermönch. Der Abt des Klosters Prüm in der Eifel, Regino von Prüm, veröffentlichte seine Weltchronik «Chronicon» im Jahre 908. Das erste Buch beginnt aber erst mit der Geburt Christi und endet mit dem Jahr 741. Im zweiten Buch (741-906) beschreibt er das Frühmittelalter, dessen Kulmination er in Karl dem Großen sah.

Regino stützt sich auf die Werke Bedas und Paulus'. Seine Schriften liefern uns wichtige Erkenntnisse über die Karolingerzeit.

Die Wikingerzeit wurde vom bremischen Domherr und Leiter der Klosterschule Adam von Bremen historisch erfasst. In seiner Geschichte über das Erzbistum Hamburg, 1075 geschrieben, behandelt er auch nördliche Länder, inklusive Island und Grönland, und erwähnt die Entdeckung «Vinlands» d.h. Nordamerikas durch die Wikinger. Adam ist auch ganz klar, dass die Erde eine Kugel darstellt: «Wenn die Sonne auf der einen Seite der Erde Tag bringt», schreibt er, «lässt sie auf der anderen die Nacht zurück.»

Die erste Geschichte Böhmens (Tschechiens) stammt vom Kanoniker Cosmas von Prag. Geboren 1045, setzte er nach der Grundausbildung in der Prager Kathedraleschule sein Studium in Lüttich fort. Obwohl er verheiratet war, empfing er die Priesterweihe (der Zölibat wurde erst seit 1139 verbindlich) und wurde Kanoniker am Prager Domkapitel. Seine lateinisch geschriebene Chronica Boemorum beginnt mit dem Bau des Turmes von Babylon und endet mit dem Todesjahr des Autors 1125. Als Vorbild diente Cosmas die Weltchronik des Abtes Regino von Prüm.

Am Anfang erklärt Cosmas wie Boemorum (Böhmen, Tschechien) zu seinem Namen kam; der Führer der Volkgruppe, die zuerst in das Land kam, hieß Bohemus. Er ist eine Sagengestalt, die das tschechische Volk in seine neue Heimat geführt haben soll. Der Name Böhmen, ähnlich wie Bayern, geht allerdings in Wahrheit auf den keltischen Stamm der Boier zurück. Die eigentlich Chronik beginnt mit dem Jahr 894, als der erste Herzog Böhmens Borivoj getauft wurde. Neben den wichtigen politisch-kirchlichen Ereignissen beschreibt Cosmas jeweils auch ungewöhnliche Naturerscheinungen. Z.B. Kometen (943), eine Hungernot (1043), Polarlicht (1095), Erdbeben (1117), Überschwemmungen (1118) oder Wirbelstürme (1119).

Im 12. Jahrhundert waren es der Zisterziensermönch Otto von Freising und der Benediktinermönch Ekkehard von Aura, die versuchten, Weltchroniken zu verfassen.

Die «Geschichte der zwei Reiche» des Bischofs Otto gilt als Meisterwerk der mittelalterlichen Historiographie. Sie beginnt wie üblich bei der Schöpfung und endet mit Jahr 1146.

Eine Geschichte des Orients aus dem 13. Jahrhundert hinterließ uns der französische Bischof Jacques de Vitry. Da er Palästina und Ägypten besuchte, war er mit dem Thema vertraut.

Jacques beschreibt die Expansion des Islams, die Kreuzzüge und erwähnt auch die Benützung des Kompasses.

Zur gleichen Zeit verfasste der Franziskaner Johannes de Plano Carpini eine Geschichte der Mongolei.

Als den dritten Historiker des 13. Jahrhunderts müssen wir noch den französischen Dominikaner Vincent von Beauvais nennen. Sein «Speculum maius» (Der große Spiegel, eine Enzyklopädie) (1247) ist in fünf Bände gegliedert. Band 1 und 2 («Speculum historiale») stellen eine Historiographie von der Vertreibung aus dem Paradies bis zum Jahr 1244 dar. Aus dem 14. Jahrhundert ist uns eine Weltgeschichte des englischen Benediktiners Ranulf Higden hinterlassen worden. Sein lateinisch geschriebenes «Polychronicon» endet 1350. Er schrieb, wie die meisten damaligen Geschichtsschreiber, eine Geschichte der Welt, ohne selbst von der Welt etwas gesehen zu haben – sein Kloster St. Werburg in Chester verließ er während 64 Jahren praktisch nie.

Das große Erdbeben von Basel im Jahr 1356 wurde von den zeitgenössischen Chronisten genau registriert. Und so wissen wir, dass es am Dienstag, dem 18. Oktober, am Nachmittag gegen 16 Uhr stattgefunden hat. Stark beschädigt wurden dabei auch

Kirchen und Klöster. Die nachfolgende mehrere Tage andauernde Feuersbrunst verwandelte die Stadt in Asche. Dies hatte auch der Priester und Straßburger Kanonikus Jakob Twinger in seiner Chronik schriftlich festgehalten.

Nicht nur Mönche, Pfarrer und Bischöfe findet man in der Liste der mittelalterlichen Geschichtsschreiber, sondern auch einen Papst. 1458, genau zu der Zeit, als Kardinal Enea Silvio Piccolomini zum Papst Pius II. gewählt wurde, verfasste dieser seine «Historia Bohemica» (Geschichte Böhmens). Gedruckt wurde das Buch im Jahr 1475. Er ist auch der Autor der «Historia Friderici III. sive Historia Austrialis» (Die Geschichte Friedrichs III. oder eine Geschichte Österreichs) und eines geographischen Werkes, welches später Christoph Kolumbus bei der Vorbereitung seiner Reise nützlich war. Enea war Teilnehmer am Basler Konzil und stiftete später die Universität Basel. Und er war ein Poet, der sogar Liebesgeschichten schrieb.

Das dritte Werk der tschechischen Geschichtsschreibung verfasste ebenfalls ein Geistlicher. Es war der Jesuitenpater Bohuslav Balbin. Er war das siebte und jüngste Kind einer katholischen tschechischen Familie. Seine Schulzeit begann mit neun Jahren bei den Benediktinern, dann folgten die Jesuitenschule und das Jesuitenkolleg in Brünn. Das Ordensgelübde legte er 1638 ab, also in der Mitte des Dreißigjährigen Krieges; er war gerade siebzehn Jahre alt. Schließlich erlangte er den Titel eines Doktors der Theologie.

Balbin setzte sich für die Erhaltung der slawischen Sprachen, insbesondere der tschechischen ein, dies allerdings in lateinisch geschriebenen Werken, wie: «Dissertatio apologetica pro lingua Slavonica, praecipue Bohemica» (Verteidigung der slawischen, insbesondere der tschechischen Sprache) (1673). Drei Jahre danach veröffentlichte er sein Hauptwerk «Miscellanea historica regni Bohemiae» (Vielfalt aus der Geschichte des Königreichs Böhmen).

Das Monumentalwerk beinhaltet zehn Bände. Neben der Kulturgeschichte und der Ortsbeschreibung sind hier auch alle 134 Heiligen Böhmens aufgeführt. Über den heiligen Johann (Johannes) von Nepomuk verfasste Balbin eine separate Biografie.

In der frühen Neuzeit, am Anfang des 16. Jahrhunderts, erschienen auch in der Schweiz Chroniken, die von Geistlichen geschrieben worden waren: 1515 die Luzerner Chronik, genannt «Luzerner Schilling», von Diebold Schilling dem Jüngeren und 1554 die «Schwytzerchronik» von Johannes Stumpf. Schilling war ein Luzerner Priester, lebte allerdings ziemlich abenteuerlich. Er war eine skandalträchtige und schillernde Figur, so dass er sogar für zwei Jahre im Gefängnis landete und erst entlassen wurde, als er versprochen hatte, sich ehrbar und priesterlich zu verhalten. Aber als eine nächtliche Rauferei mit einem Totschlag endete, wurde er vom Rat zu einer Buße und zur Zahlung einer jährlichen Totenmesse verurteilt. Nichtsdestotrotz gilt sein reich illustriertes Buch als die schönste alte Bilderchronik der Schweizerischen Eidgenossenschaft.

Stumpf war studierter Theologe, Mönch des Johanniterordens und katholischer Pfarrer im Zürcher Oberland. Später konvertierte er zum Reformator Zwingli und erhielt eine Pfarrei in Stammheim. Er verfasste mehrere historische Bücher und Chroniken, wie jene über das Konzil zu Konstanz, worin er auch die Verurteilung und Verbrennung von Johannes Hus schildert.

Die Geschichte der «Eydgnosschafft» beschreibt er zusammen mit der Geschichte Europas in seiner Länderchronik von 1548. Er beginnt mit Caesar und endet mit der Gründung der Eidgenossenschaft, für die er das Jahr 1314 ansetzt. 1554 erscheint dann Stumpfs «Schwytzer Chronica»; sie wird bis 1546 geführt.

Über den Sinn der Geschichte nachzudenken, begann der deutsche Prediger Johann Gottfried Herder. Er wirkte zuerst in den baltischen Städten Königsberg und Riga, später in Straßburg und Weimar. Seine «Ideen zur Philosophie der Geschichte der Menschheit» gab er 1784 heraus. Riga, die Hauptstadt Livlands (Lettlands), wo Herder an der Domschule Geschichte lehrte, gehörte damals zu Russland. Die Slawen bekommen in Herders Geschichte nach den alten Griechen die höchste Anerkennung (obwohl die Balten keine Slawen sind und von den Russen unterdrückt waren). Unter dem Baltikum versteht man Estland, Lettland und Litauen. Die baltischen Sprachen gehören zur indoeuropäischen Sprachfamilie. Schon vor 4000 Jahren siedelten die Balten an der Ostsee.

Die Geistlichen haben auch in den Hilfswissenschaften Spuren ihrer Tätigkeit hinterlassen. Durch die Schrift «De re diplomatica» (1681), zu Deutsch «Über die Urkunden», schuf der französische Benediktiner Jean Mabillon den Begriff «Diplomatik», der mit der Zeit aus der Geschichtslehre, wo es hauptsächlich um die Urkundenfälschungen ging, in den Gebrauch der allgemeinen Politik überging. Mabillon verfasste sein Buch im Kloster Saint-Germain-des-Prés, in dem er als Bibliothekar tätig war. Er befasste sich mit der Überprüfung, Beschreibung und Klassifizierung von Urkunden und gilt daher als Begründer der historischen Hilfswissenschaften.

Die Geistlichen haben nicht nur allgemeine Geschichte geschrieben, sondern auch Geschichten einzelner Fachgebiete verfasst. Als Beispiel kann die «Geschichte der Elektrizität» von Joseph Priestley erwähnt werden. 1733 in England geboren, wurde er nach dem Studium der Theologie in seinem 22. Lebensjahr Prediger und zehn Jahre danach Priester. Von der Lehre der Unitarier angezogen und von der Reaktion der Mitbürger auf seine Anschauungen enttäuscht (sein Haus wurde angezündet und ausgeplündert), wanderte Priestley 1794 in die USA aus.

Die Unitarier akzeptieren als «echte Monotheisten» (ähnlich wie schon die Arianer im Frühchristentum) die Trinitätslehre nicht – daher der Name – und haben sich als Religionsgemeinschaft zuerst in der Reformationszeit in Siebenbürgen (Rumänien) und Polen organisiert. Zu den Gründern gehörten Franz Davidis, der als Ketzer zu lebenslanger Haft verurteilt wurde und im Gefängnis starb, Michael Servetus (auch Servet), ein spanischer Arzt, gelehrter Humanist, Theologe und Antitrinitarier, der 1553 in Genf als Ketzer verbrannt wurde, und Fausto Sozinni. In England gründete Theophilus Lindsey 1774 die unitarische Kirche, deren prominentes Mitglied der genannte Priestley wurde. In den USA konstituierten sich die Unitarier anno 1782.

«The History of Electricity» (Geschichte der Elektrizität) veröffentlichte Priestley noch in England (1767). Auf Deutsch wurde das Werk, eine der ersten und ausführlichsten Elektrizitätsgeschichten überhaupt, im Jahr 1772 herausgegeben. In der Vorrede schreibt er: «Ein Naturphilosoph müsste besser als ein anderer Mensch sein. Die Betrachtung der Werke Gottes müsste seiner Tugend eine Erhabenheit erteilen und ihn nach den moralischen Vollkommenheiten des großen Urhebers aller Dinge trachten lehren.» Was dann das eigentliche Fachgebiet betrifft, so schreibt er quasi prophetisch: «In der Elektricität vornehmlich kann man sich die stärkste Hoffnung auf neue Entdeckungen machen.»

Fünf Jahre danach verfasste Priestley auch die Geschichte der Optik, die «History of Discoveries Relating to Vision» (Geschichte der optischen Erfindungen). Selbstverständlich beschäftigte sich Priestley auch mit Religionsgeschichte und gab 1790 «A General History of the Christian Church» (Allgemeine Kirchengeschichte des Christentums) heraus.

Eine weitere spezielle Art der Geschichtsschreibung betrifft die Erforschung des historischen Jesus.

Die Suche nach dem historischen, nicht nur geglaubten Jesus begann im 18. Jahrhundert und das zuerst bei den protestantischen Neutestamentlern. Man wollte mittels außerbiblischen Wissens eine «normale» Biografie von Jesus finden.

Der erste, der das traditionelle Jesusbild in Frage stellte, war der Theologe Hermann Samuel Reimarus. Seine Schriften kamen aber erst nach seinem Tod – und das noch anonym – an die Öffentlichkeit; sie wurden als «Fragmente» in den Jahren 1774 bis 1778 von Gotthold Ephraim Lessing herausgegeben. Allerdings steht bei Reimarus mehr die generelle Kritik des Neuen Testaments als der historische Jesus im Vordergrund.

Will man die Lehre Jesu historisch begreifen, erklärt er, muss man die Katechismusvorstellungen zu Hause lassen und nur auf jüdische Anschauungen eingehen. Gemäß Hermann Samuel Reimarus waren die Jünger Jesu auf alles vorbereitet, außer auf das, was wirklich eintraf.

Ferdinand Christian Baur lehrte evangelische Theologie an der Universität Tübingen und war ein anerkannter Kirchenhistoriker. 1835 gab er «Die christliche Religionsphilosophie in ihrer geschichtlichen Entwickelung» heraus, 1847 «Lehrbuch der christlichen Dogmengeschichte» und 1861 «Die christliche Kirche des Mittelalters». Sein Hauptverdienst liegt darin, dass er die allgemeinen Gesetze der Geschichtswissenschaften auf die Kirchengeschichte anwendete.

Gut fundiert, aber zu provokativ war die Schrift «Das Leben Jesu kritisch bearbeitet» von David Friedrich Strauss aus dem Jahr 1835. Strauss war wie Reimarus und sein Lehrer Baur evangelischer Theologe. Er wirkte als Vikar und hielt Vorlesungen an der Tübinger Universität. Durch sein Buch fiel er aber bei den Behörden in Ungnade und wurde im Alter von nur 31 Jahren in den Ruhestand versetzt. Darauf verfasste er noch «Die christliche Glaubenslehre in ihrer geschichtlichen Entwickelung und im Kampf mit der modernen Wissenschaft» und «Der Christus des Glaubens und der Jesus der Geschichte».

Der erste katholische Schriftsteller, der sich mit der Frage des historischen Jesus auseinander setzte, war der Franzose Ernest Renan. Sein «Leben Jesu», 1863 herausgegeben, wurde gleich mehrmals, auch in deutscher Übersetzung, aufgelegt. Allerdings ist an seinem Jesusbild kaum etwas wirklich historisch.

«Seine hinreißende Schönheit», schreibt er zum Beispiel über Jesu Aussehen, «wie sie manchmal in der jüdischen Rasse erscheint, schuf gleichsam einen Zauberkreis um ihn.» Renans Jesus ist ein romantischer Freund der Menschen und der Tiere.

Eine herausragende Zusammenstellung der Arbeiten auf dem Gebiet des historischen Jesus im 18. und 19. Jahrhundert publizierte 1913 der elsäßische evangelische Theologe, Orgelkünstler, Musikforscher, Philosoph und Arzt Albert Schweitzer unter dem Titel «Geschichte der Leben-Jesu-Forschung». Er war Dozent für Theologie an der Universität Straßburg und Vikar an der Kirche St. Nikolai. Er sieht in allen Entwürfen des historischen Jesus lediglich den Wunsch der betreffenden Geschichtsschreiber, ihre eigenen Ideale in der Biografie von Jesus verwirklicht zu sehen. Gleichzeitig bezeichnet er aber die Erforschung des Lebens Jesu als «die größte Tat der deutschen Theologie». Denn:

«Keine historische Schule hat jemals auf die Erforschung dieses Problems eingewirkt, kein Historiker von Fach jemals die theologische Wissenschaft darin gefördert.» Und: «Das Verfahren der gewöhnlichen Geschichtswissenschaft lässt sich nicht auf das Leben Jesu anwenden. Die Forschung des Lebens Jesu hat sich ihre Methode selbst schaffen müssen.»

Das Buch von Albert Schweitzer ist äußerst interessant und auch – oder insbesondere – heute, trotz seiner stolzen 900 Seiten, lesenswert. Der Schluss, den er aus seiner Untersuchung zieht, ist allerdings ernüchternd:

«Der Jesus von Nazareth, der als Messias auftrat, die Sittlichkeit des Gottesreiches verkündete, das Himmelreich auf Erden gründete und starb, um seinem Werk die Weihe zu geben, hat nie existiert. Es ist eine Gestalt, die vom Rationalismus entworfen und von moderner Theologie in ein geschichtliches Gewand gekleidet wurde. Der historische Jesus kann der modernen Theologie nicht mehr Dienste leisten.» Aber: «Jesus ist unserer Welt etwas, weil eine gewaltige geistige Strömung ausgegangen ist. Diese Tatsache wird durch eine historische Erkenntnis weder erschüttert noch gefestigt.»

Links: Der Unitarier-Prediger und Autor der Geschichte der Elektrizität, Joseph Priestley (1733-1804).

Rechts: Der Schweizer Chronist Pfarrer Johannes Stumpf im Alter von 36 Jahren.

Jesuitenpater Johann Adam Schall wirkte seit 1618 als Missionar in China. Wie die meisten Jesuiten hatte er die chinesische Kultur adaptiert, heute sagt man, er war voll integriert. Er war einer der wichtigsten Berater des ersten Mandschu-Kaisers Shunzhi. Dieser beförderte ihn 1658 sogar zum Mandarin erster Klasse. Als Kaiser Shunzhi, der Schall wie einen Großvater verehrt hatte, 1661 starb, kam der ausländerfeindliche Kanzler Aobai an die Macht.

Schall wurde einer gefährlichen Religion und einer falschen Astronomie angeklagt. Er wurde zum Tode verurteilt, ins Gefängnis geworfen und entkam nur knapp seiner Hinrichtung. Als sich daraufhin einige schwere Naturkatastrophen ereigneten, wurden diese von den Richtern als Gottesbeweis für Schalls Unschuld interpretiert. Er starb im Alter von 74 Jahren 1666 in der Jesuitenmission in Peking.

Geistliche Geographen und Meteorologen

Papst Pius II., der Jesuit Jacques Marquette und der Benediktiner Steinlehner

Im Gegensatz zu Flammarions naivem Missionar, der in der Welt das biblische Paradies suchte, waren die wirklichen Missionare hochgebildete und mutige junge Männer, die ganz reale Vorstellungen von ihrer Hauptaufgabe, den christlichen Glauben in den nichtchristlichen Ländern zu verkünden, hatten. Ein Paradies oder das Ende der Welt suchte keiner von ihnen. Der Fortschritt, den die christliche Erdbeschreibung während des Mittelalters erreichte, war gegenüber der Geographie der Antike enorm. Zum größten Teil war dies das Verdienst der Geistlichen.

Die ersten Entdeckungsreisen des frühmittelalterlichen Abendlandes führten die irischen Mönche durch. Es begann mit der legendären Seereise des hl. Brendan, die sich angeblich um 525 im Atlantik abspielte. Die entsprechende romanhafte Bearbeitung des Themas «Navigatio Sancti Brendani» gehörte im Mittelalter zu den Lieblingslektüren. Historisch belegt ist aber, dass die Mönche aus Irland hundert Jahre später die Färöer-Inseln und um 750 auch Island entdeckten. Und höchstwahrscheinlich waren sie auch unter den ersten Europäern, die noch vor Kolumbus auf dem amerikanischen Kontinent landeten.

Auch die ersten Berichte über geographische Entdeckungen stammen von Geistlichen. In Irland schrieb um 825 der Mönch Dicuil, in Deutschland 1085 der Leiter der Klosterschule Adam von Bremen solche Berichte. Adam beschrieb die nordischen Inseln und erwähnte als Erster, dass dort im Sommer die Sonne volle vierzehn Tage nicht untergeht.

Die erste ausführliche Beschreibung des europäischen Nordens verfasste Olaus Magnus. Von ihm stammen auch die ersten Abbildungen der Schneekristalle. Olaf war ein schwedischer Geistlicher; der letzte katholische Erzbischof Schwedens. In Folge der Reformation verließ er 1524 Uppsala und verbrachte den Rest seines Lebens in Rom, wo er auch sein Buch über die nordischen

Völker «Historia de gentibus septentrionalibus» (Geschichte der nordischen Völker) (1555) herausgab.

Einige Jahrzehnte später flüchtete aus den gleichen Gründen – allerdings mit umgekehrten Vorzeichen – der evangelische Bischof Jan Amos Comenius aus dem katholischen Mähren nach Amsterdam, um hier als Asylant sein Leben ruhig zu Ende zu führen. Er beschäftigte sich weiter mit der Geographie und zeichnete 1627 eine detaillierte Karte seiner Heimat «Moraviae nova delineatio» (Mähren aufgezeichnet).

Der erste Erzbischof Skandinaviens war der Benediktiner Ansgar von Bremen; er ließ 830 bei Stockholm die erste Kirche Schwedens bauen und beschrieb als Erster Skandinavien. 1170 errichtete der Erzbischof von Lund, Absalon (Axel) Hvide (Weiß), in Dänemark ein Kloster am Öresund, die Bischofsburg Havn, und wurde damit auch zum Gründer der späteren dänischen Hauptstadt Kopenhagen.

Die ersten Beschreibungen des Mongolenreiches stammen von Franziskanermönchen, z.B. von Johannes (Giovanni) de Plano Carpini aus Piano di Carpine. Er reiste 1245 über die damals von den Mongolen schon besetzte Ukraine bis nach Karakorum. Nach der Rückkehr gab er 1250 die «Historia Mongalorum» (Die Geschichte der Mongolen) heraus. Um 1260 erschien der Reisebericht des flämischen Franziskaners Wilhelm von Rubruk, der sich als Gesandter des Papstes mehrere Jahre in der Mongolei aufhielt. Er erreichte die damalige Hauptstadt des Mongolenreiches Qara Qorum über Konstantinopel und Südrussland. Zu seiner großen Überraschung traf Rubruk in Karakorum auch Christen, die dort sogar eine Kirche unterhielten.

Es war eine Gemeinde der Nestorianer, deren Lehre auf dem Konzil von Ephesos (heute Türkei) anno 431 als eine christologische Häresie verurteilt wurde und die sich deshalb nach Asien, bis nach Indien und China, absetzten. Die Stadt Karakorum, 1220 von Dschingis Khan gegründet, lag etwa 300 km von Ulan Bator (mongolisch: Ulaanbaatar, Hauptstadt der Mongolei) entfernt. 1388 wurde sie zerstört und nie wieder aufgebaut.

Vom Franziskaner Jordanus Catalanus von Severac erschien 1330 «Mirabilia Descripta», eine der ersten Beschreibungen Chinas und Indiens. In Kerala traf er auch Nestorianer. Ein anderer indischer Missionar, der Jesuit Bento de Goes, wanderte zu Fuß von Agra nach Peking. Dabei überquerte er die große Mauer und erkannte, dass das von Marco Polo als Cathay bezeichnete Land China sein musste. Mehr als drei Jahre war Bento unterwegs; er verließ die indische Stadt Agra 1602 und erreichte Peking 1605.

Der österreichische Jesuit Johann Grueber war einer der ersten Europäer, der Tibet durchquerte und Lhasa sah. Als Missionar in Peking tätig, wurde er 1661 zurück nach Rom gerufen und da man den Seeweg in jener Zeit nicht benützen konnte, ging er, in umgekehrter Richtung als Bento, aus China nach Italien einfach ebenfalls zu Fuß (!). Das schaffte er gleichfalls in etwa drei Jahren. Seine Reise beschrieb später Pater Athanasius Kircher in seinem Werk über China: «China illustrata» sehr detailliert.

Zu den größten kartographischen Leistungen über das Land China werden die Landkarten des Südtiroler Paters Martino Martini in seinem Werk «Novus Atlas Sinensis» gezählt. Das Werk, in dem er die chinesische Kultur den Europäer vermittelt, wurde 1655 in Wien publiziert.

Nicht nur in Asien, sondern auch in Amerika haben Missionare in der Erdkunde Pionierleistungen vollbracht. Der Jesuit Eusebius Kino (Kühn) aus Südtirol ging 1680 nach Mexiko, gründete dort Missionsstationen und betätigte sich als Kartograph. Während der Expedition nach Südkalifornien im Jahr 1702 stellte er fest, dass es sich dabei im Gegensatz zur damaligen Meinung nicht um eine Insel, sondern um eine Halbinsel handelte. Auf den Karten der Neuen Welt, die im 17. Jahrhundert gezeichnet wurden, hatte man bis dahin Kalifornien sehr oft als Insel dargestellt.

Die meisten seiner Expeditionsberichte sind noch unveröffentlicht. Beiderseits der Grenze Kalifornien-Mexiko tragen viele Orte, Straßen, Flüsse und Täler seinen Namen.

Die Geschichte der «Insel» Kalifornien ist interessant. Sie stellt ein Musterbeispiel dar, wie auch in Gelehrtenkreisen, in diesem Fall eben in der Kartographie, Legenden jahrzehntelang als wissenschaftliche Wahrheiten präsentiert werden können.

Denn dass Kalifornien keine Insel ist, hatten schon um 1540 die Forscher der ersten spanischen Expeditionen erkannt und auf den Amerikakarten des 16. Jahrhunderts wurde dies auch richtig eingezeichnet. Erst im 17. und teilweise auch noch im 18. Jahrhundert erschien auf den meisten Weltkarten Kalifornien plötzlich als eine Insel. Wahrscheinlich spielte dabei der Ritterroman «Las Sergas de Esplandián» des Spaniers Garci Rodríguez de Montalvo, in dem es um eine Insel namens Kalifornien geht, die Hauptrolle. Die Insel war angeblich nur von Frauen – Amazonen – bewohnt und befand sich in der Nähe des irdischen Paradieses.

Da nun die Spanier die neue Gegend Kalifornien nannten, haben die meisten Kartographen, die selbstverständlich nur auf Reiseberichte und Literatur angewiesen waren, den Begriff mit der legendären Insel verbunden und aus der Halbinsel eine Insel gemacht. Erst nach Kinos ausführlicher Reisebeschreibung wurde der kartographische Irrtum beseitigt. Zu den wenigen, die im 17. Jahrhundert Kalifornien richtig als eine Halbinsel darstellten, gehörte der Jesuitenpater Athanasius Kircher.

Der Jesuit José de Acosta weilte als Missionar 15 Jahre in Südamerika, vorwiegend in Peru. Er gab dort die ersten gedruckten Bücher Südamerikas heraus und nach seiner Rückkehr nach Spanien publizierte er 1590 die «Historia natural y moral de las Indias» mit einem umfassenden Bericht über das Leben der amerikanischen Ureinwohner. Er beschreibt Kartoffeln und auch erstmals die Höhenkrankheit. Er kam auch auf die Idee, dass Indianer über eine Landbrücke aus Asien nach Amerika eingewandert seien.

Im französischen Kanada missionierte der Jesuit Jacques Marquette seit 1666 die Indianer. Als er von ihnen erfuhr, dass es in der westlichen Wildnis einen großen Fluss namens «Mississippi» geben soll, organisierte er eine Expedition und es gelang ihm am 17. Juni 1673 als dem ersten Europäer, den größten Fluss Nordamerikas tatsächlich zu erreichen.

Er verfolgte ihn mehrere hundert Kilometer nach Süden und da er den Eindruck hatte, dass der Mississippi in den Pazifik floss, kehrte er zurück. In Wirklichkeit mündet der Mississippi aber in den Golf von Mexiko. Bald danach, im Jahr 1675, starb er 38-jährig. Heute trägt die von Jesuiten geführte «Marquette University» in Wisconsin, USA, seinen Namen.

Selbstverständlich standen ebenso die Kanarischen Inseln auf der Liste der spanischen Kolonisatoren und damit auch Missionare. Der erste Missionar, der die Insel Fuerteventura bereiste, war der spanische Franziskaner Didakus de Alcalá (San Diego). Er landete dort 1441. Didakus versuchte, den Ureinwohnern, den Guanchen, das Christentum zu vermitteln, und gründete auf Fuerteventura ein Kloster. 1588 wurde er heilig gesprochen; seit 1602 trägt die kalifornische Stadt San Diego seinen Namen.

Die jeweilige Weltkenntnis wurde seit dem 15. Jahrhundert in so genannten Kosmographien zusammengefasst. Erst im 17. Jahrhundert wurde der Begriff Kosmographie durch Geographie ersetzt. Eine der ersten Kosmographien stammt von Papst Pius II. (Piccolomini). Das Buch erschien 1461; es behandelte hauptsächlich Asien und gehörte später zu der Literatur, die Kolumbus für die Vorbereitung seiner Entdeckungsreise 1492 benützte.

Der Franziskaner-Minorit und studierte Theologe Sebastian Münster gab seine «Cosmographia» 1544 in Basel heraus. Das reich illustrierte Monumentalwerk, die erste Weltbeschreibung in deutscher Sprache, enthielt 1200 Seiten und konnte mit Hilfe von mehr als hundert gelehrten Mitarbeitern erst nach zwanzig Jahren abgeschlossen werden. Münster selbst war selbstverständlich nur ein Kompilator (jemand, der Wissen zusammenträgt), sein Wissen basierte nicht auf eigener Erfahrung; er baute auf Reiseberichten und anderen schriftlichen Quellen auf.

Als Münsters Cosmographia herausgegeben wurde, war der Autor allerdings längst schon kein Mönch mehr; er hatte sein Ordensgewand anno 1529 nach 25 Jahren abgelegt und sich der Reformation angeschlossen. Seine Kosmographie kam in zwei Varianten heraus, deutsch und lateinisch. Bis 1650 wurde das Werk 45 Mal aufgelegt.

Zu den berühmten mittelalterlichen Kartographen gehörten auch einige Geistliche. Einer der Ersten, die eine Weltkarte kreierten, war der Benediktinermönch Andreas Walsperger. Auf seiner 1448 gezeichneten Karte liegt der Norden unten und als Mittelpunkt der Welt dient Jerusalem. Die Erde ist rund und mit den klassischen sieben Sphären nach Ptolemäus umrahmt.

Weitere Weltkarten folgten: Der Mönch Fra Mauro zeichnete 1475 die erste Weltkarte mit den Ergebnissen der damaligen

Entdeckungsfahrten entlang der afrikanischen Küste. In sein Werk «Margarita Philosophica» (1508) legte der Kartäuser Gregor Reisch auch eine Weltkarte ein. Praktisch gleichzeitig, nämlich 1507, schuf der Kanonikus Martin Waldseemüller – er lehrte im Kloster von Saint Dié-des-Vosges Kosmologie – die erste Weltkarte, in der die Bezeichnung Amerika auftauchte. Dies galt eigentlich nur für die südliche Hälfte; Nordamerika war dort noch nicht eingezeichnet.

Auch Sebastian Münster, Kosmograph, Humanist, Hebraist, gehörte zu den Kartenmachern. Mit insgesamt 140 Land- und Erdkarten war er einer der produktivsten von ihnen. Er stellte sowohl europäische als auch asiatische und afrikanische Länder dar. Allein in seiner Cosmographia waren 24 Karten eingebunden.

Als bedeutendster Kartograph der frühen Neuzeit gilt der Theologe, Philosoph, Mathematiker, Geograph und Kartograph Gerhard Mercator. Er zeichnete die erste Landkarte Europas und bei seiner Weltkarte von 1569 benützte er eine winkelgetreue Projektion, die noch heute seinen Namen trägt. Für ihn war Kalifornien noch richtig eine Halbinsel und er war der Erste, der die Bezeichnung «Amerika» für den ganzen Kontinent benutzte.

Von Mercator stammt auch der geografische Begriff «Atlas». Er verfasste zudem einige theologische Werke und landete sogar als Ketzer angeklagt für kürzere Zeit im Gefängnis. Seine zweite Lebenshälfte verbrachte er in Duisburg; die Duisburger Universität trug seinen Namen bis zur Fusion mit Essen im Jahr 2003.

Zur Geographie gehört auch die Gletscherkunde. Eine der ersten Gletschertheorien legte der Schweizer Priester Franz Joseph Hugi in der Schrift «Über das Wesen der Gletscher» (1842) vor. Nach ihm ist auf dem Finsteraarhorn der Hugisattel, 4090 Meter hoch, benannt.

Selbstverständlich spielte in dieser Zeit, in der es kein über das ganze Land reichendes Lebensmittelnetz gab, das lokale Wetter eine dominierende Rolle für die Landwirtschaft. Die Wettervorhersagen konnten sich allerdings nur auf überlieferte Erfahrung stützen; systematische Wetterbeobachtungen standen nicht zur Verfügung. Die früheste langjährige, jeden Tag registrierte Wetteraufzeichnung führte der Prior des Augustinerklosters Rebdorf bei Eichstätt in Bayern, Kilian Leib, Humanist, Historiker und Kontroverstheologe, in den Jahren 1513 bis 1531 durch. Die Daten legte er im «Wettertagebuch» nieder.

Zu den weiteren Wegbereitern der modernen Meteorologie gehörte im 17. Jahrhundert der Schöpfer des Hundertjährigen Kalenders, der Zisterziensermönch Mauritius Knauer. Knauer war seit 1649 Abt des Klosters Langheim bei Bamberg, Bayern. Mit hundert Jahren hatte sein Kalender ursprünglich nichts zu tun: Der Abt stellte nach siebenjähriger Wetterbeobachtung (1652 bis 1658) im Rahmen einer astrologischen Vorstellung für den Bedarf des Klosters einfach einen Dauerkalender, «Calendarium oeconomicum practicum perpetuum», zusammen. Die dort vorhandenen Wetterprognosen beruhten auf der (irrigen) Annahme, dass sich das Wetter jeweils nach sieben Jahre wiederhole. Veröffentlicht wurde das Calendarium erst 1700 und den Titel «Hundertjähriger Kalender» bekam es 1720.

Nicht nur in Europa, sondern auch in Asien haben die christlichen Geistlichen die meteorlogischen Beobachtungen systematisch registriert. Der französische Missionar Jesuitenpater Joseph Marie Amiot hat in Peking vom 1. Januar 1757 bis 31. Dezember 1763 die Wetterlage täglich genau aufgeschrieben. Amiot ging nach China als 32-jähriger junger Mann und blieb dort bis zu seinem Tod, der ihn im Alter von 76 Jahren ereilte. In Peking fand er seine letzte Ruhestätte.

Der von Jesuiten geschulte Mannheimer Hofkaplan Johann Jakob Hemmer baute als erster Sekretär der 1780 von Kurfürst Karl Theodor gegründeten Pfälzischen Mannheimer Meteorologischen Gesellschaft (Societas Meteorologica Palatina) ein internationales Netzwerk von Wetterstationen auf. Neben Berlin, Moskau, Prag und Rom beteiligte sich auch Genf an dem Projekt. Hemmer war ein vielseitiger Forscher; er konstruierte auch Blitzableiter und experimentierte sogar mit Heißluftballonen. 1784 las dann der Benediktiner Coelestinus Steiglehner in Ingolstadt die erste Hochschulvorlesung über die Meteorologie: Er wird «Vater der Meteorologie» genannt.

Die erste Bergwetterstation der Welt wurde auf dem Hohenpeißenberg in Bayern 1781 gegründet. Betrieben wurde sie von den Augustinerchorherren des Klosters Rottenbuch, die dort schon seit 1759 meteorologische Beobachtungen durchführten. Gemessen wurden Temperatur, Druck, Niederschlag, magnetische Deklination und Luftelelektrizität.

Auf der Station wurde auch ein Blitzableiter aufgestellt. Eine Reihe von Geistlichen, wie der Probst Ambrosius Mösner, Pfarrer Albin Schweiger oder Augustiner Primus Koch, beteiligten sich an den Beobachtungen. Ab 1827 führten mehr als hundert Jahre lang ausschließlich Pfarrer die Wetterstation. Als letzter Kleriker verließ im Jahre 1936 Joseph Kleidorfer die Station. Sie war für etwa hundert Jahre die einzige Bergwetterstation der Welt. Sie heißt heute «Meteorologisches Observatorium» und hat vierzig Mitarbeiter.

Volle zweihundert Jahre lang glaubte man, Kalifornien sei eine Insel. Erst 1702 entdeckte der Jesuit Kino, dass es sich bei Kalifornien in Wirklichkeit um eine Halbinsel handelt. Die obige Karte Nordamerikas veröffentlichte Jan Jansson um 1640.

Aus: Olaus Magnus «Geschichte des Nordens» (1555).

Der schweizer Geologe, Alpen- und Gletscherforscher Pfarrer Franz Joseph Hugi bei der Besteigung des Rottalsgletschers im Berner Oberland. Bild des schweizerischen Kunstmalers Martin Disteli 1830.

Kolumbus und die Franziskaner

Warum Kolumbus nicht heilig gesprochen wurde

Ohne Inspiration, Verständnis und Unterstützung der Geistlichen, insbesondere der Franziskanermönche, hätte Christoph Kolumbus Amerika anno 1492 schwerlich entdecken können. Es ist auch einem Dominikaner zu verdanken, dass die Reisebeschreibungen von Christoph Kolumbus erhalten geblieben sind.

Die Frage, wie eigentlich Kolumbus, ein Seemann ohne tiefere Schulausbildung, auf die Idee kam, im Westen ein ostasiatisches Land zu suchen, lässt sich nicht restlos beantworten. Man stößt bei der Suche nach einer Antwort aber auf gleich drei Kardinäle. Der erste hieß Pierre d'Ailly; sein 1480 erschienenes Werk «Imago mundi» (Das Bild der Welt) stellte für Kolumbus die wichtigste Inspirationsquelle dar. D'Aillys Vorstellung, dass es möglich wäre, auf dem Westweg über den Atlantik nach Indien zu kommen, hatte den Seefahrer so stark beeindruckt, dass er sie zum Inhalt seines zukünftigen Lebens machte.

Weitere wertvolle Informationen für sein abenteuerliches Unternehmen fand Kolumbus in der Schrift «Historia rerum ubique gestarum locorumque description» (Geschichtliche Verhältnisse) von Kardinal Enea Piccolomini. Vielleicht kannte Kolumbus auch die 1474 geführte Korrespondenz des Florentiner Kosmographen Paolo Toscanelli mit dem portugiesischen Kardinal Fernando Martin über die transatlantische Seeroute nach Osten.

Die Idee, Asien vom Westen zu erreichen, beruhte selbstverständlich auf der Grundvorstellung, dass die Erde eine Kugel sei. Diese Ansicht wurde zuerst in der Antike von Pythagoras und Parmenides entwickelt und dann von Platon, Aristoteles und Ptolemäus übernommen. In der Spätantike unterstützten die Kirchenväter Ambrosius von Alexandrien († 251) und Augustinus († 430) gleichfalls die Erdkugellehre.

Im Mittelalter blieb die Lehre von der Erdkugel weiterhin lebendig und das vorwiegend dank der westchristlichen Geistlichen. Sie wurde sowohl von Mönchen vertreten und verbreitet, wie von Beda Venerabilis (Beda der Ehrwürdige) um 700, als auch von kirchlichen Würdenträgern, wie von Bischof Virgil von Salzburg um 750 oder von Kardinal von Kues (Nicolaus Cusanus) um 1440. Auch viele Heilige wie Hildegard von Bingen, Albertus Magnus und Thomas von Aquin sowie Päpste wie Sylvester II. und Pius II. waren von der Kugelgestalt der Erde überzeugt. Als Kolumbus mit seinem Plan kam, bezweifelte daher niemand die theoretische Möglichkeit, ihn zu realisieren.

Der Grund, warum er zunächst abgelehnt wurde, lag hauptsächlich in der Befürchtung, dass man die gefährliche und materiell doch sehr aufwändige Expedition praktisch nicht durchführen könne.

Der Ozean war nämlich nach der Meinung der prüfenden Gelehrtenkommissionen viel größer, als Kolumbus behauptete. Von den entferntesten im Atlantik liegenden Inseln, den um 1430 entdeckten Azoren, so die gelehrte Argumentation, sei es bis nach Indien noch sehr weit. Viel aussichtsreicher, um Indien zu erreichen, schien es daher, Afrika zu umzufahren; das Kap der Guten Hoffnung wurde doch erst kürzlich, nämlich im Jahr 1486, vom Seefahrer und Entdecker Bartolomeu Diaz (Dias) erreicht. Er war es auch, der als Erster die Südspitze Afrikas umsegelte.

Was zur Zeit des Kolumbus kaum bekannt war, war die Tatsache, dass man den Atlantik schon einige Jahrhunderte früher überquert hatte. Die erste transatlantische, bis zur amerikanischen Küste geführte Seefahrt sollte sich gemäß einer Legende aus dem zehnten Jahrhundert schon im Frühjahr 551 abgespielt haben. Eine Gruppe irischer Mönche, angeführt vom Heiligen Brendan, dem Abt von Clonfert, hatte sie angeblich realisiert. Historisch wahrscheinlicher sind allerdings Berichte von Atlantiküberquerungen durch die Normannen. So sollte 1121 der grönländische Bischof Erik Upsi und 1266 dann eine ganze Gruppe von isländischen Priestern Nordamerika erreicht haben.

Das auf Island stehende Denkmal des Amerika-Entdeckers stellt nicht Kolumbus, sondern Leif Eriksson dar. Die Seefahrten der Normannen zum neuen Kontinent dauerten bis zum Ende des 14. Jahrhunderts an. Weltgeschichtliche Folgen hatten sie jedoch nicht. Dass sie einen neuen Kontinent betreten hatten, war den nordischen Völker damals nämlich keineswegs bewusst. Sie hatten zwar Amerika gesehen, es aber nicht «entdeckt».

Um die Durchführung seines riskanten Planes, Indien auf dem kürzesten Weg vom Westen her zu erreichen, musste Kolumbus jahrelang hart kämpfen. Sowohl den portugiesischen als auch den spanischen König vermochte er zuerst nicht für die Idee zu begeistern. Der Vorsitzende der spanischen Untersuchungskommission, die seinen Vorschlag 1487 abgelehnt hatte, war zwar ein Mönch, aber es gab wieder andere Mönche, die den Vorschlag von Kolumbus doch unterstützten. So der Prior des Franziskanerklosters La Rabida, Juan Perez, bei dem Kolumbus Unterschlupf fand, oder der Dominikaner Diego Deza, der Bischof, Professor an der Universität von Salamanca und Großinquisitor war und dieses Amt mit großer Strenge ausübte.

Als Kolumbus schließlich 1491 Spanien enttäuscht verlassen wollte, war es jener Pater Perez, der ihm abriet aufzugeben und gleichzeitig die Königin Isabella überzeugen konnte, mit Kolumbus noch einmal zu verhandeln. Und so kam es mit Hilfe der Franziskaner im April 1492 doch zu dem Vertrag, in dem die Seereise des Kolumbus vom königlichen Paar Isabella und Ferdinand II., die gemeinsam regierten, endlich bewilligt wurde.

Kolumbus ging es nicht nur um Ruhm, Geld und Abenteuer, sondern auch um eine christliche Mission. Im Vorwort zu seinem Bordbuch schreibt er:

«In nomine domini nostri Jesu Christi. An die allerchristlichsten Fürsten, den König und die Königin der spanischen Länder. Im gegenwärtigen Jahre 1492, nachdem Eure Hoheiten dem Kriege gegen die Mauren, die noch in Europa herrschten, in Granada ein Ende bereitet hatten und nach der Vertreibung aller Hebräer aus Ihren Königreichen, erwogen Sie in ihrer Eigenschaft als katholische Christen, als Verbreiter des heiligen christlichen Glaubens, ernstlich mich, Christoph Kolumbus, nach den Gegenden Indiens zu entsenden, um jene Völker aufzusuchen und die Möglichkeit zu erwägen, wie man sie zu unserem heiligen Glauben bekehren könnte.»

Er beendet dann sein Tagebuch von der ersten Reise mit der Überzeugung, dass es hauptsächlich die Gnade Gottes war, die sie zu einem glücklichen Ende brachte:

«Ich bin von ganzer Seele davon überzeugt, dass die Allmacht Gottes alles Gute wirkt und dass alles gut ist, was keine Sünde darstellt. Der glückliche Ausgang meiner Reise ist der göttliche Beweis dessen, was ich behauptet habe. Überdies beweisen dies auch die zahlreichen Wunder, die Er während meiner Fahrt gewirkt hat. Ich will zu Gott hoffen, dass die von mir vollbrachte Tat zur höchsten Ehre der Christenheit gereichen werde. Deo gratias.»

Und er glaubt weiter, dass «die Bekehrung der neu entdeckten Völker dem Christentum neuen Aufschwung geben wird». Überraschenderweise nahm Kolumbus aber für die erste Reise keinen einzigen Geistlichen mit; vielleicht sah er in sich selbst einen Missionar. Die ersten Missionare betraten Amerika erst Ende 1493, bei der zweiten Reise des Kolumbus. Die tausendköpfige Expedition wurde von Bischof Juan Rodríguez de Fonseca organisiert. Zu den zwölf mitfahrenden Mönchen gehörte auch der Franziskanerpater Buyl, der dann auch das oft zu harte Vorgehen der Spanier gegen die Indianer scharf kritisierte. Bruder Buyl wird auch im berühmten Kolumbusfilm «Eroberung des Paradieses» (1992) vorgestellt.

Dass sich Kolumbus als Missionar fühlte, beweisen auch zahlreiche entsprechende Notizen in seinem Bordbuch. Gleich nach dem ersten Kontakt mit den Eingeborenen am 12. Oktober 1492 schreibt er:

«Es handelt sich um Leute, die man weit besser mit Liebe als mit dem Schwert retten und zu unserem heiligen Glauben bekehren könnte. Ich glaube, dass sie leicht zum Christentum übertreten können.» Und einige Tage später: «Was nun die Religion anbelangt, so dünkt es mich, dass sie gar keine eigene Religion besitzen und dass es so nicht schwierig sein dürfte, aus ihnen Christen zu machen.»

Man kann Kolumbus als einen wahren Laienmönch bezeichnen. Denn er trug sehr oft ein Franziskanergewand, ließ seinen Sohn von Franziskanern erziehen und fasste auch bei den Franziskanern seine wichtigsten Lebensentscheidungen.

Es waren Franziskaner, die Kolumbus Schiffe gesegnet hatten, und als er – von der Welt vergessen – starb, wurde sein Leichnam in einem Franziskanerkloster beigesetzt.

Jahrhundertelang dachte niemand mehr an Kolumbus. Der neue Erdteil wurde entweder «Neue Welt» genannt gemäß Peter

Martyr Vermigli, dem zur Reformation konvertierten Augustiner, oder nach dem Vorschlag des Kanonikus Martin Waldseemüller «Amerika». Nicht ganz zu unrecht. Denn Kolumbus war stets überzeugt, dass er in Asien gelandet war und hatte auch das amerikanische Festland nie betreten. Amerigo Vespucci überquerte zwar den Atlantik später, entdeckte aber auch Südamerika und erkannte als Erster, dass es sich da um einen bislang unbekannten Kontinent handelte.

Auf der 1540 in Basel vom Franziskaner Sebastian Münster gedruckten ersten Karte Amerikas fehlt daher vom Namen des Kolumbus jede Spur. Dass wir heute von Kolumbus überhaupt etwas wissen, verdanken wir vorwiegend dem Dominikaner Bartholomé de Las Casas, der das Bordbuch von Kolumbus gerettet hat. La Casas «Historia de las Indias» (1550) ist die erste Geschichte Amerikas. Las Casas wurde als erster Christ in der neuen Welt in der Dominikanermission in Santo Domingo zum Priester geweiht. Unermüdlich setzte er sich lebenslang für die Rechte der Indios ein.

Erst im 19. Jahrhundert entstand in Frankreich eine Bewegung, die die Heiligsprechung des Kolumbus durchsetzen wollte. Dies propagierten Rosely de Lorgues in seiner Kolumbus-Biographie (1856) und der Kardinal Ferdinand-François-Auguste Donnet. Das Thema kam auf dem Konzil von 1870 auch wirklich zur Sprache, allerdings ohne Erfolg. Das Leben von Kolumbus – er hatte ja einen unehelichen Sohn – entsprach trotz seiner tiefen Religiosität doch nicht den Vorstellungen vom Leben eines Heiligen.

Spanisches Schiff aus der Zeit des Kolumbus.

Priester gegen Sklaverei und Tierquälerei

Der Dominikaner Las Casas, der Jesuit Petrus Claver und die Pietisten Dann und Knapp

Sklaven gehörten seit dem Altertum zum Alltag fast jeder Hochkultur, Griechenland und Rom inbegriffen, und man findet kaum einen antiken Philosophen, den das gestört hätte. Dies wurde im Mittelalter nicht viel anders. Die Sklaverei existierte weiter sowohl im Christentum und Islam als auch ganz selbstverständlich in allen anderen Glaubensgemeinschaften. Sogar für die Humanisten der frühen Neuzeit war die Sklaverei noch kein Thema.

Auch Christen, meistens Kriegsgefangene der Araber, wurden von Muslimen als Sklaven gehalten. Zwei christliche Orden, die Trinitarier und Mercedarier, beide um 1200 gegründet, hatten sich zum Loskauf der christlichen Sklaven verpflichtet.

Mit der Entdeckung der Neuen Welt wurde auch die Sklaverei der Alten Welt naturgemäß dorthin verpflanzt. Zuerst traf es die einheimischen Indianer, später dann die Übersee-Afrikaner. Die Ersten und praktisch Einzigen, die gegen die unmenschliche Behandlung der Ureinwohner protestierten, waren die Missionare.

Der aus Sevilla stammende Dominikaner Bartolomé de Las Casas ging schon als 18-Jähriger nach Amerika und wurde dort 1510 zum Priester, dem ersten in der Neuen Welt (!) geweiht. Er hat sich für die Rechte versklavter Indianer eingesetzt, allerdings – obwohl er erreichte, dass Papst Paul III. 1537 eine Bulle (Sublimus Dei) gegen die Versklavung der Indianer herausgab – ohne großen Erfolg. Der Missionar kehrte schließlich nach Spanien zurück und starb im Alter von 82 Jahren in Madrid. Sein kritischer «Bericht von der Verwüstung der westindischen Länder» wurde in Spanien längere Zeit verboten; heute wird Las Casas als Vorkämpfer der Menschenrechte gesehen.

Mehr Erfolg als Las Casas konnte in Südamerika hundert Jahre später sein Landsmann, der Jesuit Petrus (Pedro) Claver, verbuchen. Auch er wurde in der Neuen Welt zum Priester geweiht, allerdings erst im Alter von 36 Jahren. Claver wirkte in der nordkolumbianischen Stadt Cartagena, wo er auch 74-jährig starb. Der karibische Hafen diente damals als Umschlagplatz für den Sklavenhandel.

Der junge Missionar leistete hier, nach dem Vorbild von Pater Alonso de Sandoval, den schwarzen Afrikanern die grundlegende humane Hilfe.

Er unterrichtete sie, pflegte die Kranken und taufte die Bereitwilligen. Als «Apostel der Schwarzen» wurde er 1888 heilig gesprochen.

Offiziell verboten wurde die Sklaverei in Spanien im Jahr 1758, in den USA 1863 und in Brasilien 1888. Die Französische Revolution von 1789 proklamierte zwar feierlich die «Freiheit» des Menschen, dachte dabei allerdings keineswegs auch an die Sklaven in den französischen Kolonien. Erst am 4. Februar 1794 wurde – und das auf den Antrag eines Geistlichen (!) hin – den Sklaven in den französischen Kolonien die Freiheit gewährt:

Der Befreier der französischen Sklaven hieß Henri Grégoire; bekannt war er aber als Abbé Grégoire. Vor der Revolution war er Pfarrer, später wurde er zum Bischof von Blois ernannt. Der Abbé befürwortete zwar die Revolution und wurde sogar zum Präsidenten des Konvents gewählt, blieb aber dem Stand der Kleriker treu; so wagte er es mutig, in seinem Priestergewand auf den Pariser Straßen zu laufen. Er setzte sich auch für die Wiedereröffnung der Kirchen und die Aussöhnung mit dem Vatikan ein. Abbé Grégoires politischer Einsatz für die Emanzipation der schwarzen Sklaven führte schließlich zum Erfolg.

In Europa existierte zwar keine klassische Sklaverei, man kann aber die dort herrschende Leibeigenschaft, in der die Menschen eines großen Teils ihrer persönlichen Freiheit beraubt wurden, auch als eine Variante von Sklaverei betrachten. Und die dauerte gleichfalls recht lange: in Österreich bis 1781, in Preußen bis 1807 und in Russland bis 1861, also praktisch so lange wie die Sklaverei in den USA.

Wurden die Schwarzen nicht als Menschen betrachtet, so wurden auch die Tiere, zumindest rechtlich, nicht als Lebewesen, sondern als Sachen behandelt. Die Ersten, die sich in Deutschland zu Anfang des 19. Jahrhunderts öffentlich gegen die Tierquälerei stellten, waren die Pietisten Christian Adam Dann und Albert Knapp.

Pfarrer Christian Adam Dann verfasste zwei Schriften zum Tierschutz: «Bitte der armen Tiere, der unvernünftigen Geschöpfe, an ihre vernünftigen Mitgeschöpfe, die Menschen» (1822) und «Notgedrungener Aufruf zur Linderung der Leiden der in unserer Umgebung lebenden Tiere» (1832).

Im ersten Buch schreibt er:

«Wird denn, möchte ich fragen, ein muthwilligr Thierquäler zugleich ein Menschenfreund seyn können? Wer sich an einem Geschöpfe muthwillig vergreift – wie könnte der den Schöpfer ehren? Wen eines Thieres Quaal erfreut, der kann Gott auch nicht lieben.»

Zehn Jahre danach dann:

«Der Herr hilft Beiden, Menschen und Vieh! Der Mensch plagt Beides, Menschen und Vieh!»

Er führt in seinen Büchern zahlreiche Beispiele unnötiger Tierquälerei an, aber auch Fälle, in denen die Polizei die Täter bestrafte.

Der um vierzig Jahre jüngere Stuttgarter Pfarrer Albert Knapp konkretisierte Danns Vorschläge und gründete Ende 1837 den ersten Tierschutzverein Deutschlands. Auch er betrachtete den Tierschutz als ein christliches Anliegen und berief sich dabei auf den Römerbrief des Apostels Paulus. Und auch er schildert das Leid der Tiere an vielen negativen Beispielen. Interessanterweise stellen für ihn aber die Araber ein positives Beispiel dar:

«Während der Araber seinem edlem Pferde abends sorgfältig den Gerstensack umhängt, sind sehr viele Pferde unserer christlichen Länder bloß abgehetzte, zu seelenlosen Werkzeugen herabgeprügelte Geschöpfe.»

Pietismus

Pietismus (Frömmigkeit) war eine Reformbewegung innerhalb der Reformierten und der Lutheranischen Kirche, die sich nach dem Dreißigjährigen Krieg zuerst im deutschsprachigen Raum entwickelte, später aber auch in anderen Gebieten ausbreitete. Er stellt eine Bibel-Laienbewegung dar, welche die subjektive Seite des Glaubens betont. Das Bibelstudium ist ihm wichtiger als der Gottesdienst.

Die Söhne und Schüler der Geistlichen

Leonhard Euler, Samuel Finley Breese Morse und Sherlock Holmes

Gebunden durch das Zölibat blieben die katholischen Geistlichen (meist) kinderlos. Als Lehrer und Erzieher haben sie aber zahlreichen begabten Jugendlichen zu späterem Ruhm verholfen – so absolvierten sowohl Johannes Gutenberg als auch Galileo Galilei eine Klosterschule, René Descartes, Pierre Simon Laplace und Voltaire waren Schüler von Jesuitenkollegien. Das war in den Familien der nichtkatholischen Geistlichen anders: Dort wurden viele bedeutende Männer geboren und erzogen, wie folgende Beispiele zeigen.

Pfarrersöhne

Georg Ernst Stahl war neben Johann Joachim Becher Hauptbegründer der Phlogiston-Theorie, die erst durch Antoine Lavoisier widerlegt wurde. In dieser Lehre wird die Wärme als ein stoffliches Fluidum betrachtet. Sie wurde im 18. Jahrhundert von den meisten Gelehrten vertreten. Georg Ernst Stahl war Sohn eines evangelischen Pfarrers. Er wirkte als Medizinprofessor und Leibarzt von König Friedrich Wilhelm I. Stahl war auch ein erfolgreicher Chemiker und gilt als Vorläufer der Wissenschaft der Psychosomatik.

Emanuel Swedenborg, der schwedische Mineraloge und Bergbaufachmann, war Sohn eines Pfarrers und späteren Bischofs. Seine wichtigsten naturwissenschaftlichen Werke «Opera philosophica et mineralia» (Das philosophische und mineralogische Werk) und «Principia rerum naturalium» (Grundlagen der Naturlehre) erschienen 1734. Er war einer der Ersten, die die Theorie des Magnetismus auf der Idee der Elementarmagnete aufbauten.

Auch der Vater des schwedischen Naturwissenschaftlers und Botanikers Carl Nilsson von Linné (Carolus Linaeus) war ein protestantischer Pfarrer; die Mutter war eine Pfarrerstochter. Berühmt wurde Linné durch seine Systematisierung der Flora und Fauna, die er im Jahr 1758 in seinem Hauptwerk «Systema naturae» (Systematik der Tiere) darstellte. Er entwickelte die Grundlagen der modernen Taxonomie (binomenale Nomenklatur): Das Linné'sche System. Von ihm sind an die 180 wissenschaftliche Werke überliefert.

Der Mathematiker Leonhard Euler (1707-1783) war Sohn eines evangelischen Pfarrers in Basel. Er wirkte in Berlin und in St. Petersburg und hat ein großes wissenschaftliches Werk hinterlassen, das bis heute noch nicht aufgearbeitet ist und von dessen Erkenntnissen noch Generationen zehren können. Von ihm stammen die Symbole «e» für die Basis der natürlichen Logarithmen und «i» für die imaginäre Einheit. Er löste viele Probleme sowohl der Mechanik als auch der Astronomie. Sein populärwissenschaftliches Buch «Briefe an eine deutsche Prinzessin» (1769) ist noch heute lesenswert.

Schon mit 33 Jahren erblindete er auf einem Auge durch eine Krankheit. Später verlor er sein Augenlicht vollständig. Das hinderte ihn aber nicht daran, weiter seine Erkenntnisse und Entdeckungen aufschreiben zu lassen. Seine 866 Publikationen zeigen seine extreme Produktivität.

Die Schweizerische Post gab zu seinem 300. Geburtstag im Jahr 2007 eine Sondermarke heraus.

Der Physiker und satirische Dichter Georg Christoph Lichtenberg war das (siebzehnte!) Kind eines Dorfpfarrers, des späteren Stadtpredigers in Darmstadt. Ähnlich wie bei Linné, stammte auch seine Mutter aus einer Pfarrerfamilie. Er war körperlich schwer behindert, denn er litt unter Kyphoskoliose (Wirbelsäulenverkrümmung), die zu einem ausgeprägten Buckel und geringer Körpergröße führte. Das Atmen wurde durch die beengten Lungen für ihn immer schwieriger. Wie so oft sehen wir an diesem Beispiel, dass körperliche Hinfälligkeit einen Genius nicht daran hindern kann, seine Ideen und Visionen zu verwirklichen. Mit Margarethe Elisabeth Kellner lebte er seit 1783 zusammen. 1789 ehelichte er sie, um ihr und den gemeinsamen Kindern das Erbe zu sichern. Berühmt wurde Lichtenberg durch seine «elektrischen Figuren» (1777). Er wirkte auch als erster deutscher Professor für Experimentalphysik und als Mathematikprofessor. Seine Vorlesungen waren nicht trocken – er würzte sie mit praktischen

Vorführungen. In Göttingen errichtete er den ersten Blitzableiter, gründete die Zeitschrift «Magazin der Wissenschaften und Literatur» und führte in die Physik die Zeichen für Plus und Minus ein.

Der Autor der Schrift «Wie die Alten den Tod gebildet» (1769), der Dramaturg und – nach Heinrich Heine – «der witzigste Mensch in Deutschland», Gotthold Ephraim Lessing, war Sohn eines sächsischen Pfarrers. Und der Großvater war ebenfalls Pastor. So begann auch Lessing seine Studienjahre mit dem Fach Theologie, wechselte aber nach zwei Jahren zur Medizin. Als Arzt war er allerdings nie tätig, sondern ging stattdessen als bedeutender Dichter in die Geschichte ein.

Sohn eines Geistlichen war auch der schwedische Chemiker Jöns Jacob Berzelius, der als Begründer der modernen Chemie gilt. Berzelius schuf 1813 die heute übliche Anfangsbuchstaben-Bezeichnung der Elemente in der Chemie und entdeckte das Element Silizium, ohne das man die Computertechnik nicht hätte entwickeln können. Er prägte unter anderem den Begriff «Katalysator».

Der schweizerische Geologe Louis Agassiz (1807-1873) wurde durch seine bahnbrechenden Eiszeitstudien weltbekannt. Er betrachtete Gletscher als «Pflugschar Gottes» und fasste seine Untersuchungen 1840 in der Schrift «Etudes sur les glaciers» (Studien über die Gletscher) zusammen. 1846, knapp vierzig Jahre alt, emigrierte Agassiz – Sohn eines protestantischen Pastors im Kanton Fribourg – in die USA, wo er bis zum Ende seines Lebens blieb. Er hielt Vorlesungen für Zoologie, Paläontologie und Geologie an der Harvard-University. Anlässlich seines 200. Geburtstags am 28. Mai 2007 wurde er in der Schweiz und weltweit gefeiert. Als er zum ersten Mal mit Afroamerikanern in Berührung kam, war er geschockt. Als Rassentheoretiker verfocht er die Apartheid. Der Schweizerische Bundesrat verurteilte sein «rassistisches Denken» im September 2007.

Der Vater des Telegraphenerfinders Samuel F. B. Morse war calvinistischer Stadtpfarrer im amerikanischen Charlestown. Morse, eigentlich ein Kunstmaler, war sehr fromm; er glaubte, er sei vom Himmel zu seiner Erfindung auserwählt worden, und so hieß auch die erste Nachricht, die durch die erste telegraphische

Linie Amerikas zwischen Washington und Baltimore im Jahr 1844 übertragen wurde: «Was Gott erwirkt hat.»

Die in der Mathematik bekannte «Riemannsche» Geometrie – die Theorie von der Existenz von mehr als drei Dimensionen – wurde um 1850 von dem Deutschen Bernhard Riemann, einem bedeutenden Mathematiker, entwickelt. Als Sohn eines Pastors sollte er ursprünglich auch Theologe werden, wechselte dann aber zur Mathematik.

Riemann wird als Wegbereiter der Relativitätstheorie von Einstein angesehen. Er starb sehr jung, kaum 40 Jahre alt.

Rudolf Clausius war der Schöpfer des zweiten Hauptsatzes der Thermodynamik – Energie ist nicht in beliebigem Maße in andere Arten umwandelbar – und des physikalischen Begriffes der Entropie (etwa zu übersetzen mit Unordnung – damit bewies er die Unmöglichkeit des Perpetuum mobile) im Jahr 1865. Er wirkte jahrelang als Physikprofessor in Berlin, Zürich und Bonn. Weltbekannt wurde seine Arbeit «Über die Art der Bewegung, die wir Wärme nennen». Clausius stammte aus Pommern (im heutigen Polen), wo sein Vater in der Ostseeregion Pfarrer war.

Der Nobelpreisträger für Medizin 1904, Iwan Petrowitsch Pawlow, wurde als Sohn eines orthodoxen Pfarrers geboren und verbrachte neun Jahre in einem Priesterseminar. Erst danach ging er nach St. Petersburg, um Physiologie zu studieren. Berühmt wurde er durch seine Hundeexperimente, respektive durch die Entdeckung der «bedingten Reflexe» (Pawlowscher Reflex).

Ebenso gehört der Elektriker Nicola Tesla zu den berühmten Pfarrersöhnen. Tesla wurde als Sohn eines serbisch-orthodoxen Pfarrers in einem kroatischen Dorf geboren. Er sollte dort auch als Dorfpfarrer dienen, wurde aber zu einem der berühmtesten Elektrotechniker Nordamerikas.

In den Häusern von Geistlichen wurden auch zahlreiche berühmte Schriftsteller und Dramatiker geboren, wie z.B. Friedrich Dürrenmatt oder Hermann Hesse.

Schließlich war der Schweizer Carl Gustav Jung, der Begründer der analytischen Psychologie, gleichfalls ein Pfarrersohn.

Klosterschüler

Die Liste der berühmten Männer, die von Geistlichen ausgebildet wurden, ist lang. Neben den oben schon erwähnten berühmten Schülern der Jesuitenkollegien – Descartes, Laplace und Voltaire – erhielten auch viele andere große Gelehrte ihren wissenschaftlichen Unterricht von Mönchen, Pfarrern und Theologen.

So auch der italienische Physiker und Astronom Galileo Galilei; er verbrachte vier Jahre im Benediktinerkloster Vallombrosa bei Florenz. Es gefiel ihm dort so gut, dass er Mönch werden wollte und nur auf die Aufforderung seines Vaters hin einen anderen Lebensweg wählte.

Genauso erhielt Galileis Mitarbeiter Evangelista Torricelli eine geistliche Ausbildung am Jesuitenkollegium. Sein Lehrer war der Naturwissenschaftler und Benediktinerpater Castelli. Torricelli gilt als Entdecker des technischen Vakuums; er konstruierte 1643 den ersten Quecksilber-Barometer. Er machte sich auch einen Namen in der theoretischen Mechanik und Hydraulik.

Der Mitautor der großen französischen Enzyklopädie (1751-1772), Denis Diderot, studierte fünf Jahre lang im Jesuitenkolleg in Langres und weilte dann bei den Janseniten in Paris. Ursprünglich war er entschlossen, in die Dienste der Kirche einzutreten. Dass er später, wie Voltaire, zum scharfen Kirchenkritiker wurde, hatte vorwiegend familiäre Gründe.

Der Jesuitenschüler Jérôme Lalande entwickelte sich später sogar zum Atheisten, blieb aber weiter ein Bewunderer der Jesuiten. Als Astronom machte er sich bei den Bahnbestimmungen der Kometen und der genauen Berechnung der Erdbahn verdient. Lalande galt zwar als ein äußerst hässlicher Mann: Sein Schädel war auberginenförmig, sein langer Haarschopf folgte ihm wie ein Kometenschweif und er war stolz auf seine Hässlichkeit. Er verfasste trotzdem (oder deshalb) 1785 die «Astronomie des dames», worin er die Bedeutung weiblicher Forscher betont. Er lebte zusammen mit der ersten Astronomie-Professorin Frankreichs, Louise-Elisabeth-Félicité du Piery. Mit ihr hatte er eine illegitime Tochter namens Amélie Harlay, die seine Mitarbeiterin wurde. 1791 wurde er Rektor des Collège de France und ließ erstmals auch Studentinnen zu. Er führte seit 1795 die Pariser Sternwarte.

Der durch seine «Magnetkuren» gegen Ende des 18. Jahrhunderts bekannt gewordene deutsche Arzt Franz Anton Mesmer war fest davon überzeugt, er habe um 1780 den «tierischen Magnetismus» entdeckt. Zu seinen Anhängern gehörten damals viele bekannte Persönlichkeiten wie der französische Schriftsteller Victor Hugo, der deutsche Philosoph Arthur Schopenhauer oder der schweizerische Prediger Johann Caspar Lavater. Erst später wurde erkannt, dass Mesmer eigentlich über hypnotische Fähigkeiten verfügte und in Wirklichkeit die Hypnose entdeckt hatte.

Die erste Bildung erhielt Mesmer von Geistlichen. Zuerst war er in der Klosterschule Grünenberg, dann absolvierte er das Priesterseminar in Dillingen und schließlich die Jesuiten-Universität in Ingolstadt. Erst im 25. Lebensjahr begann er, in Wien Medizin zu studieren.

Der große italienische Elektrophysiker, Erfinder der ersten elektrochemischen Batterie (1800), Alessandro Volta absolvierte in Como eine Jesuitenschule und ein Jesuitenseminar.

Volta stammte aus einer religiösen Familie; sein Vater war Ex-Jesuit, seine beiden Onkel waren Geistliche.

Die bekannten Purkinje-Zellen (Neuronen) der Kleinhirnrinde wurden vom tschechischen Arzt und Physiologen Johannes Evangelista Purkinje anno 1837 entdeckt. Purkinje war Schüler eines piaristischen Gymnasiums in Mähren, dem östlichen Teil Tschechiens, welcher damals zu Österreich gehörte. Der Orden der Piaristen führte in Österreich zwei Dutzend Gymnasien.

Sein Landsmann, der große Philologe Josef Jungmann, war ebenfalls Schüler eines piaristischen Gymnasiums.

Karl Ernst von Baer, der Begründer der modernen Embryologie, erhielt seine Grundausbildung in der Domschule zu Reval (Tallin) in Estland (damals Russland). Er wirkte in Königsberg und St. Petersburg. 1826 entdeckte er die Eizelle der Säuger, inklusive der Menschen. In der Embryologie ist ein von ihm entdecktes Gesetz unter dem Begriff «Baersche Regel» bekannt.

Der weltberühmte Romanautor Arthur Conan Doyle, der 1891 die literarische Figur des Amateurdetektivs Sherlock Holmes schuf, besuchte die Jesuitenschule im englischen Stonyhurst und weilte einige Zeit auch bei den österreichischen Jesuiten in Feldkirch. Insgesamt verbrachte Doyle sechs Jahre bei den Jesuiten.

Die gleiche Grundausbildung erhielt im 17. Jahrhundert der französische Dramatiker Molière (Jean-Baptiste Poquelin).

Auch der Prager Dichter Rainer Maria Rilke begann seine Laufbahn bei den Geistlichen; die ersten vier Schuljahre verbrachte er in einer katholischen Klosterschule.

Laientheologen

Es gab auch Forscher, die ihre wissenschaftliche Tätigkeit abbrachen und sich dem religiösen Leben widmeten. Ein Beispiel dafür ist das Leben des französischen Mathematikers Blaise Pascal (1623-1662).

Obwohl durch seine Kegelschnitte, die Wahrscheinlichkeitstheorie, die Vakuumexperimente und den Bau der Rechenmaschine namens «Pascaline» weltberühmt, verließ er im Jahr 1654 die Forschung. Am 23. November 1654 hatte er ein religiöses Erweckungserlebnis, das er noch nachts aufzuzeichnen versuchte (das Papier ist noch erhalten). Er zog sich aus der Pariser Gesellschaft zurück, um sich den jansenistischen «Einsiedlern» (solitaires), d.h. Gelehrten und Theologen, die sich im Umkreis des Hauptklosters von Port-Royal niedergelassen hatten, anzuschließen. Er verfasste nun seine bekannten «Pensées sur la Religion» (Gedanken zur Religion). Als er im August 1662 schwer erkrankte, ließ er seinen ansehnlichen Hausstand zugunsten mildtätiger Zwecke verkaufen. Er starb einige Tage später, erst 39 Jahre alt.

Ähnlich der schwedische Mineraloge Emanuel Swedenborg. Im Jahre 1747, knapp 60-jährig, beendete er seine wissenschaftliche Laufbahn und warf sich auf die religiösen Probleme.

In seinen Visionen verkehrte er mit Geistern. Er glaubte, dass die meisten Himmelskörper, der Erdmond inbegriffen, bewohnt seien. Früher konstruierte er Flugmaschinen, nun reiste er in seinen Träumen mit Hilfe der Engel durch das Universum.

Zu diesem Thema verfasste er 1758 die Schrift «Erdkörper in unserem Sonnensystem, welche Planeten genannt werden, und einige Erdkörper am Fixsternhimmel, sowie ihre Bewohner, Geister und Engel. Nach Gehörtem und Gesehenem». Swedenborgs Anhänger trennten sich nach seinem Tod von den schwedischen Lutheranern und gründeten in England eine eigene «Neue Kirche» (New Jerusalem Church).

Andererseits haben einige Forscher, die am Anfang den Weg eines Geistlichen gehen wollten, sich dann doch für eine bürgerliche Lebensweise entschieden. So in Frankreich der Staatstheoretiker Jean Bodin und der Mathematiker Jean Baptiste Joseph Fourier.

Bodin, 1530 geboren, erhielt seine Ausbildung in einem Karmeliterkloster, wollte Mönch werden, wurde aber noch vor seinem 20. Lebensjahr von seinem Gelübde wieder entbunden. Sein Hauptwerk «Les six livres de la république» – «Über den Staat» (1583) machte ihn zum Klassiker der Staatstheorie.

Er vergleicht hier die drei Staatsgrundformen – Demokratie, Aristokratie und Monarchie – und kommt überraschenderweise zum Resultat, dass die Monarchie die beste Staatsform darstellt. Seine Kritik an der Demokratie hat auch nach mehr als vierhundert Jahren nichts an Aktualität verloren.

«Es gibt keinen Staat», schreibt er, «der so viele Gesetze, Ämter und Kontrolleure aufweist wie die Demokratie.» Und: «Die Schlechtesten sind die Grundlage der Demokratie. Die der Monarchie innewohnenden Gefahren sind groß. Aber es gibt größere Gefährdungen in Aristokratien und noch größere in Demokratien.»

Bodin, der sich auf die Erfahrungen der Antike beruft, kennt aber doch eine Ausnahme: die Schweiz! Dass sich hier die Demokratie bewährt hat, hat seiner Meinung nach zwei Gründe:

«Erstens sind Land und Leute geeignet für die Demokratie. Zweitens sind die aufsässigsten Leute in den Dienst fremder Fürsten getreten, so dass die Masse des einfachen Volkes leicht zu lenken ist.» Darüber hinaus «haben die am besten regierten Schweizer Kantone zwar eine demokratische Staatsform, aber eine aristokratische Regierungsform».

Fourier trat als 19-Jähriger in ein Benediktinerkloster ein, hat den Orden aber nach zwei Jahren wieder verlassen. Er lebte im Zeitalter der Napoleonischen Kriege und begleitete Napoleon bei seinem Feldzug nach Ägypten als Wissenschaftler. Heute ist Fourier in der Technik und Naturwissenschaft hauptsächlich als Entdecker der Harmonischen Analyse bekannt.

Die Fourier-Analyse ermöglicht es, jeden beliebigen periodischen Vorgang, sei es der Herzschlag, das Spiel der Gezeiten oder das Auftreten von Telefonstörungen, als eine Reihe von idealen harmonischen Schwingungen darzustellen und so das «Innenleben» des Vorganges besser zu verstehen.

Von links nach rechts:

Pfarrersohn Nicola Tesla gehört zu den berühmtesten Elektrotechnikern des 19. Jahrhunderts.

Pfarrersohn Leonhard Euler war einer der größten Mathematiker des 18. Jahrhunderts.

Pfarrersohn Samuel Morse gilt als der Erfinder des Telegraphen.

Vom Morgenrot zur Gewitternacht

Das Ende des monastischen Zeitalters

Die Schweiz gehörte zu den ersten christianisierten Ländern Europas. Das erste Kloster wurde 515 in St. Maurice gebaut und bis zum Jahr 1200 stieg die Anzahl der Klöster auf mehr als 60 an. 1227 entstand dann auch im aargauischen Wettingen ein Kloster der Zisterzienser, das sechs Jahrhunderte später in die schweizer Geschichte einging als die Geburtstätte der Nationalhymne, des Schweizerpsalms.

Komponiert wurde das als «Trittst in Morgenrot daher» bekannte Vaterlandslied vom Zisterziensermönch und klösterlichen Kapellmeister Alberich Zwyssig im Jahr 1841, und zwar auf der Grundlage seines schon 1835 entstandenen Kirchenliedes «Diligam te Domine» (Ich will Dich lieben, Herr). Das Stück war zwar im Schweizervolk beliebt, als provisorische Landeshymne wurde es aber erst 1961 offiziell anerkannt; der definitive Entscheid dazu fiel 1981, 690 Jahre nach der Gründung der Eidgenossenschaft.

Ausgerechnet im selben Jahr, in dem der Mönch Zwyssig das Vaterlandslied komponierte, haben die Landesväter sein Kloster – es handelte sich angeblich um eine «moralische Notwendigkeit» – aufgehoben und damit den Komponisten des Schweizerpsalms zum Verlassen der Schweiz gezwungen. Aus dem friedlichen Morgenrot der ersten Strophe wurde für den vertriebenen Geistlichen unerwartet die Gewitternacht der letzten Strophe. Als dann endlich 1854 außerhalb der Schweiz für die obdachlosen Zisterzienser ein Ersatzkloster gefunden werden konnte, war dies für den Komponisten schon zu spät. Er starb noch im gleichen Jahr, erst 46 Jahre alt.

Die Zeiten hatten sich für das Mönchstum mit der Reformation dramatisch verändert. Auch der Schweizer Dichter Gottfried Keller, ein eifriger Leser von Feuerbachs philosophischem Werk «Wesen des Christentums», hat dazu einen kleinen Beitrag geleistet. In seiner «Mönchspredigt» von 1846 stellte er dem Schweizerpublikum die Mönche wie folgt vor:

«Es schlägt der Mönch aufs Kanzelbrett
Und macht gar schlimme Witze;
Sein Hals ist kurz, der Atem fett,
Sein Wort voll roter Hitze.»

In der «Geschichte des Kantons Aargau» von Heinrich Staeheli wird die Klosterschließung mit dem Urteil: «Das Vorgehen des aargauischen Großen Rates trug den Stempel der Willkür» und: «Vom bundesrechtlichen Standpunkt war dieser Akt zumindest fragwürdig» bewertet. Es handelte sich um einen «frechen Übergriff».

Die Blütezeit des Zeitalters der Mönche in Europa endete mit der Reformation. Paradoxerweise waren es Mönche, Priester und Theologen, durch die das europäische Mönchtum den ersten Rückschlag erhielt. Die Klöster gehörten so in einem Teil des Abendlandes bereits seit der Mitte des 16. Jahrhunderts der Vergangenheit an: 1260 Klöster wurden durch die Reformation aufgehoben. Man hat sie nicht reformiert, sondern geschlossen. In Zürich wurden durch eine Abordnung des Rats am 3. Dezember 1524 alle Mönche zusammengeführt; in die Klöster zurückkehren durften sie nicht mehr. England, obwohl es abseits der Reformation stand, machte mit und löste seine Klöster im Jahr 1530 auf.

Den zweiten Schlag erhielten die Ordensbrüder und -schwestern durch die Aufklärung. Auch diesmal wurden die Mönche nicht aufgeklärt, sondern per Gesetz aus den Klöstern verjagt; 1781 hob Kaiser Joseph II. im katholischen Österreich 700 katholische Klöster auf. Vierzig Jahre danach folgte Spanien mit 800 und 1866 Italien mit unglaublichen 4000 Klöstern.

Es ging aber nicht nur um die Klöster und ihr Vermögen. Auch Jesuiten, obwohl sie keine Klöster besaßen, waren betroffen: Am 21. Juli 1773 löste Papst Klemens XIV., einer der schwächsten Päpste überhaupt, die Gesellschaft Jesu mit den treuesten päpstlichen Dienern und der Elite der geistlichen Gelehrsamkeit auf. Als vierzig Jahre später der übernächste Papst, Pius VII., den Orden wieder zuließ, war es für seine effektive Wiederbelebung schon zu spät.

In der Schweiz – wo man auf die päpstliche positive Entscheidung betreffend der Jesuiten keine Rücksicht nehmen musste – wurde der Jesuitenorden 1848 verboten und das Verbot gleich in die neue christlich-demokratische Verfassung aufgenommen. Damit wurde das Schweizervolk 125 Jahre lang vor der «Kampftruppe des Katholizismus» geschützt. Ein Schicksalsschlag, den keine atheistische Vereinigung verursacht hatte. Mehr Paradoxien als in der Geschichte findet man in keiner anderen Wissenschaft.

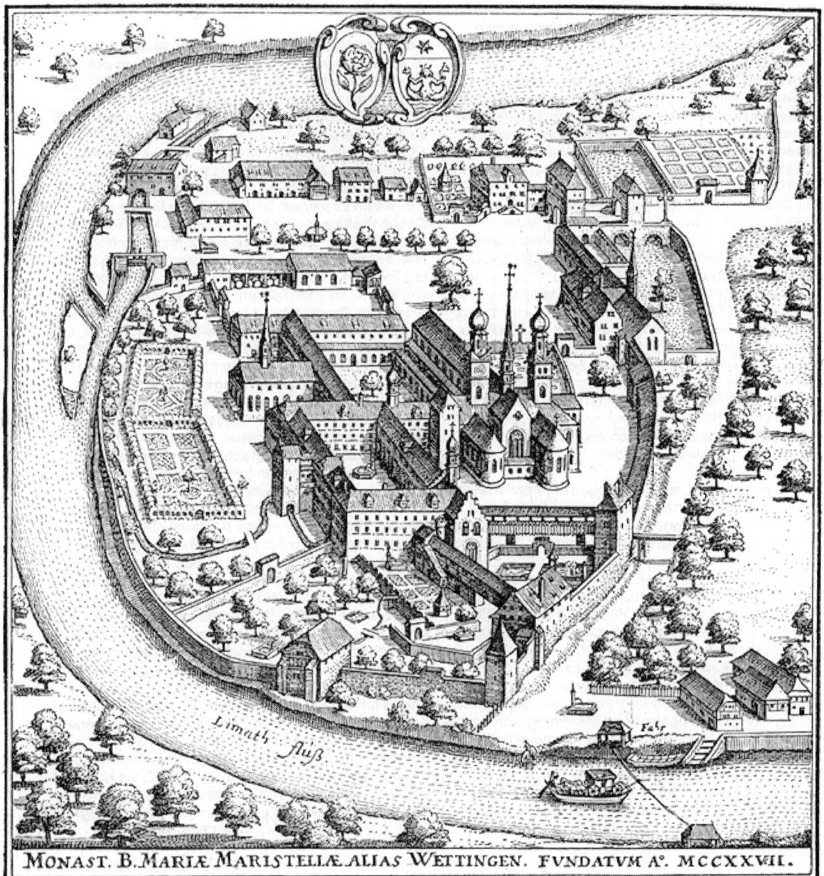

Klosteranlage Wettingen. Aus Merians Topographie (1642).

Epilog

Nach dem Streifzug durch die Geschichte der Erfolge, welche die Geistlichen in den Wissenschaften erreichten, stellt sich die Frage, was sie eigentlich zu ihren Forschungen getrieben hat? Was war die innere Motivation der christlichen Mönche, Pfarrer, Bischöfe und Kardinäle, sich jahrzehntelang Dingen und Themen zu widmen, die eigentlich mit den Aufgaben, die sie als Geistliche erfüllten, nichts zu tun hatten? Warum haben sie sich mit Problemen gequält, von deren Lösung sie wirtschaftlich nicht profitierten und auch keinen persönlichen Ruhm erwarten konnten?

Warum sind die westchristlichen Mönche nicht einfach in ihren sicheren Klöstern, wie es die Mönche der Ostkirche oder des Buddhismus taten, geblieben, sondern setzten lieber ihre Gesundheit oder gar Leben in der Fremde aufs Spiel? Warum haben die Pfarrer nicht ruhig in ihren Pfarreien die Gemütlichkeit genossen, sondern sich lieber mit gefährlichen physikalischen Experimenten beschäftigt? Warum haben Kanoniker die Nächte anstatt im warmen Bett, lieber unter dem kalten Sternenhimmel verbracht?

Der Katalog der Fragen ist lang und was die Antworten betrifft, so können wir nur Spekulationen aufstellen. Wir können höchstens herausfinden, wie jemand auf die entsprechende Entdeckung oder Erfindung kam, aber kaum warum er das tat. Denn wer weiß schon, warum ihm etwas einfällt oder warum ihm eine Idee kommt, und warum er den Drang hat, den Problemen auf den Grund zu gehen!

Was aber sicher möglich ist, ist den Gedankenreichtum, den uns die Geistlichen hinterließen, zu bewundern und über ihren Mut und ihre körperlichen Leistungen, die sie zur Verwirklichung ihrer Ideen oft erbrachten, zu staunen. Im Mittelalter gab es zwar keine Olympiaden, die körperlichen Leistungen der Geistlichen waren aber trotzdem enorm. Wer würde es heute wagen, zu Fuß von Europa aus in die Mongolei zu laufen, ohne moderne Ausrüstung den Himalaya und die Wüste Gobi zu überqueren oder in Schiffe «Baujahr 1550» zu steigen, um nach China oder Amerika zu segeln?

Die Abenteuer der modernen Romanhelden wirken im Vergleich zu den realen Erlebnissen der Apostel, Heiligen und Missionare blass. War es vielleicht auch die Abenteuerlust, die sie in die unbekannte Welt der neuen Ideen getrieben hat? Das ist gut möglich. Sicher ist aber: Wer es wagt, den historischen Weg der wissenschaftlichen und kulturellen Leistungen der Geistlichen zu verfolgen, wird viele Überraschungen erleben.

Literatur

Spätantike

Aurelius Augustinus: Bekenntnisse, 398
Aurelius Augustinus: Der Gottesstaat, 426

Mittelalter

Cosmas von Prag: «Chronica Boemorum» – «Kronika ceska», 1125
Hildegard von Bingen: Physica, 1158
Nikolaus von Kues: Die belehrte Unwissenheit, 1440
Christoph Kolumbus: Bordbuch, 1492

Frühe Neuzeit

Nikolaus Kopernikus: Commentariolus – Bewegungen am Himmel, 1514
Martin Luther: Tischreden, 1546
Giordano Bruno: Das Aschermittwochsmahl, 1584
Giordano Bruno: Über das Unendliche, das Universum und die Welten, 1584

17.-19. Jahrhundert

Johann A. Comenius: Das Labyrinth der Welt, 1630
Johann A. Comenius: Orbis sensualium pictus, 1658
Athanasius Kircher: Neue Hall- und Thonkunst, 1684
Blaise Pascal: Gedanken über die Religion, 1687
Joseph Priestley: Geschichte der Elektrizität, 1772
David Knowles: Geschichte des christlichen Mönchtums, 1869
Johann Ch. Poggendorff: Geschichte der Physik, 1879
Siegmund Günther: Geschichte des mathematischen Unterrichts, 1887
Camille Flammarion: L'Atmosphère – Météorologie populaire, 1888

20. Jahrhundert

Giovanni Schiaparelli: Die Astronomie im Alten Testament, 1904
Silvanius P. Thomson: Michael Faraday, Leben und Wirken, 1900
E. O. Winstedt: The Christian Topography of Cosmas Indicopleustes, 1909

Albert Schweitzer: Geschichte der Leben-Jesu-Forschung, 1913
Oswald Spengler: Der Untergang des Abendlandes, 1923
Rene Fülöp Miller: Macht und Geheimnis der Jesuiten, 1929
Lucie Varga: Das Schlagwort vom finsteren Mittelalter, 1932
Hans U. von Balthasar: Origenes – Geist und Feuer, 1938
Felix A. Plattner: Jesuiten zur See, 1946
Teilhard de Chardin: Der Mensch im Kosmos, 1948
Alfons Rosenberg: Zeichen des Himmels – Das Weltbild der Astrologie, 1949
Edmund O. V. Lippmann, Beiträge zur Geschichte der Naturwissenschaften, 1953
Thomas S. Kuhn: Die kopernikanische Revolution, 1957
Arthur Koestler: Die Nachtwandler, 1959
Rudolf Pfister: Kirchengeschichte der Schweiz, 1964
Vitalis Pantenburg: Das Porträt der Erde, 1970
Joseph Mac Donnell: Jesuit Geometres, 1971
Leo Rosten: Religions of America, 1975
Joseph Ratzinger: Eschatologie, 1977
Hermann Villiger: Deutsche Literatur, 1978
Klaus Speich, Hans R. Schläpfer: Kirchen und Klöster in der Schweiz, 1978
Jean Gimpel: Die industrielle Revolution des Mittelalters, 1980
Walter Nigg: Benedikt von Nursia – Vater des abendländischen Mönchtums, 1980
Anders Piltz: Die gelehrte Welt des Mittelalters, 1982
Otto Borst: Alltagsleben im Mittelalter, 1983
Manfred Barthel: Die Jesuiten, 1984
Hans J. Eynseck, David Nias: Astrologie – Wissenschaft oder Aberglaube? 1984
Gianni Granzotto: Christoph Kolumbus, 1985
Kurt Flasch: Das philosophische Denken im Mittelalter, 1986
Albert Kloss: Von der Electricitaet zur Elektrizität, 1987
Karel Clayes: Die Bibel bestätigt das Weltbild der Naturwissenschaft, 1987
Albert Fries: Albertus Magnus – Ausgewählte Texte, 1987
Peter Niehenke: Kritische Astrologie, 1987
Helmut Swoboda: Der Traum vom besten Staat – Th. Morus, Th. Campanela ... 1987
Karl Suso Frank: Geschichte des christlichen Mönchtums, 1988
Wilhelm Knappich: Geschichte der Astrologie, 1988
David Christie Murray: A History of Heresy, 1989
Kurt Flasch: Aufklärung im Mittelalter?, 1989

Reclams Lexikon der Heiligen, 1991
Rudolf Simek: Erde und Kosmos im Mittelalter, 1992
David H. Farmer: The Oxford Dictionary of Saints, 1992
Johanna Lanczkowski: Kleines Lexikon des Mönchtums, 1993
Norbert Ohler: Reisen im Mittelalter, 1993
Peter Niehenke: Astrologie, 1994
Wilfried Härle, Harald Wagner: Theologenlexikon, 1994
Albert Kloss: Geschichte des Magnetismus, 1994
Lutz E. v. Padberg: Die Christianisierung Europas im Mittelalter, 1998
Reinhard Krüger: Das Überleben des Erdkugelmodells in der Spätantike, 2000
Peter C. Hartmann: Die Jesuiten, 2001
Georg Schweiger, Manfred Heim: Orden und Klöster, 2002
Mordechai Feingold: Jesuit Science, 2003
Gudrun Gleba: Klosterleben im Mittelalter, 2004
Marcus Hellyer: Catholic Physics, 2005
Friedrich Hauck, Gerhard Schwinge: Theologisches Fach- und Fremdwörterbuch, 2005
Herbert Gutschera u.a.: Geschichte der Kirchen, 2006

Zeittafel: Pionierleistungen der Geistlichen

Astronomie – Kosmologie

180 – Clemens von Alexandrien, Kirchenvater: «Vor der Erschaffung der Welt gab es keine Zeit.»

220 – Origenes von Alexandria, Priester: «Die Welten werden in ewiger Reihenfolge geboren und vernichtet.»

420 – Aurelius Augustinus, Heiliger: «Die Welt wurde nicht in, sondern mit der Zeit erschaffen.»

550 – Cassiodor, Abt: Unterstützt die Erdkugellehre.

720 – Beda Venerabilis, Benediktiner: Vertritt die Erdkugellehre.

750 – Virgilius von Salzburg, Heiliger: «Die Erde ist eine Kugel; deshalb existieren auch Antipoden.»

1140 – Honorius Augustodunensis, Mönch: Schreibt «Imago mundi» (Bild der Welt), eine Kosmologie.

1230 – Johannes de Sacrobosco, Mönch: Verfasst Traktat über die Himmelskugel («Tractatus de Sphaera»).

1360 – Nicolai Oresme, Bischof: «Die Erde rotiert. Die Planetenbewegung entstand nicht bei der Schöpfung.»

1440 – Nicolaus Cusanus, Kardinal: «Die Erde bewegt sich und ist nicht Mittelpunkt der Welt.»

1511 – Johannes Stöfler, Pfarrer: Konstruiert in Tübingen die astronomische Rathausuhr.

1543 – Nicolaus Copernicus, Kanonikus: «Die Erde rotiert und läuft um die Sonne.»

1576 – Gregor XIII., Papst: Baut astronomischen Beobachtungsturm in Rom.

1584 – Giordano Bruno, Dominikaner: «Das Universum ist grenzenlos.»

1610 – Christoph Scheiner, Jesuit: «Auf der Sonne sind dunkle Flecken.»

1615 – Paolo A. Foscarini, Karmeliter: «Die kopernikanische Lehre widerspricht der Bibel nicht.»

1618 – Johann B. Cysat, Jesuit: «Kometen laufen um die Sonne. Im Orion ist ein Nebel.»

1623 – Johann Terrenz, Jesuit: Bringt das erste Teleskop nach China.

1630 – Nicolai Zucchi. Jesuit: «Jupiter hat einen roten Fleck.»

1639 – Giovanni B. Zupi, Jesuit: «Der Merkur weist Phasen wie der Mond auf.»

1646 – John Flamsteed, Pfarrer: Gründet das Oxford-Observatorium.

1650 – Giovanni Riccioli, Jesuit: «Es existieren Doppelsterne. Die Mondkrater sollen Namen erhalten.»

1650 – Gerolamo Sersale, Jesuit: Zeichnet eine genaue Mondkarte.

1656 – Athanasius Kircher, Jesuit: «Die Planeten sind nicht bewohnt.»

1675 – Jean Picard, Priester: Publiziert das erste astronomische Jahrbuch.

1725 – James Bradley, Vikar: Entdeckt die Aberration des Lichts.

1730 – William Whiston, Prediger: Hält als einer der Ersten die Kometen für periodische Erscheinungen.

1734 – Joseph Franz, Jesuit: Errichtet die erste öffentliche Sternwarte in Wien.

1748 – James Bradley, Vikar: Entdeckt die Nutation (kleine, periodische Schwankung) der Erdachse.

1750 – Nicolas L. de Lacaille, Abbé: «Auch am Südhimmel sind Sternbilder.»

1751 – Joseph Stepling, Jesuit: Richtet in Prag eine Sternwarte ein.

1774 – Gründung des päpstlichen Observatoriums in Rom.

1783 – John Michell, Pfarrer: «Sehr schwere Sterne senden kein Licht aus – es sind schwarze Löcher.»

1817 – Johann G. F. Bohnenberger, Pfarrvikar: Baut eine «Maschine zur Erläuterung der Umdrehung der Erde».

1840 – Francesco de Vico, Jesuit: Erklärt die Zusammensetzung der Saturnringe.

1867 – Angelo Secchi, Jesuit: «Sterne kann man nach ihren Lichtspektren in Klassen einteilen.»

1927 – Georges Lemaître, Priester: «Die Welt begann mit einer Explosion, einem Urknall.»

1981 – George Coyne, Jesuit: Führt das Vatikanobservatorium in Arizona, USA.

Mathematik – Zeitbestimmung

820 – Hrabanus Maurus, Erzbischof: Verfasst die Schrift «De computo» (Das Rechnen).

999 – Silvester II,, Papst: Führt das arabische Ziffernsystem und die Null ins europäische Rechnen ein.

1040 – Hermann von Reichenau, Benediktiner: Teilt die Stunde in Minuten ein.

1260 – Albertus Magnus, Heiliger: Erwähnt den Begriff «vierte Dimension».

1274 – Raimundus Lullus, Franziskaner: Entwirft in «Ars magna» (Große Kunst) eine logische Maschine (die Lullsche Maschine kann als erster Computer der Welt bezeichnet werden).

1494 – Luca Pacioli, Franziskaner: Entwickelt die doppelte Buchführung.

1554 – Michael Stifel, Augustiner: Schreibt das erste Buch über Logarithmen.

1574 – Ignazio Danti, Dominikaner: Entdeckt die 11-tägige kalendarische Lücke.

1582 – Christophorus Clavius, Jesuit: Begründet mathematisch die gregorianische Kalenderreform.

1591 – Matteo Ricci, Jesuit: Übersetzt Euklids «Elemente» ins Chinesische.

1595 – Bartholomaeus Pitiscus, Kaplan: Führt den Begriff «Trigonometrie» und den Dezimalpunkt ein.

1608 – Christoph Scheiner, Jesuit: Erfindet den Pantographen.

1623 – Wilhelm Schickard, Diakon: Baut eine Rechenmaschine.

1626 – Marin Mersenne, Franziskaner: Publiziert eine Liste der Primzahlen.

1635 – Paul Guldin, Jesuit: Beschreibt die Schwerpunktregel für Rotationskörper.

1650 – Johann Adam Schall, Jesuit: Verbessert den chinesischen Kalender.

1660 – Athanasius Kircher, Jesuit: Baut eine Mathematik-Lernmaschine.

1668 – Gaspar Schott, Jesuit: Publiziert «Organum mathematicum», ein Handbuch der Mathematik.

1699 – Tomasso Ceva, Jesuit: Entwickelt eine Methode der Winkelteilung.

1701 – William Whiston, Prediger: Wird Stellvertreter Newtons.

1701 – Johann Ch. Sturm, Pfarrer: Gibt das erste Mathematiklehrbuch für die Jugend heraus.

1760 – Vincenzo Riccati, Jesuit: Untersucht hyperbolische Funktionen.

1764 – Thomas Bayes, Prediger: Führt eine spezielle Verteilung in die Wahrscheinlichkeitstheorie ein.

1773 – Philipp Matthäus Hahn, Pfarrer: Konstruiert eine Rechenmaschine.

1851 – Bernard Bolzano, Priester: Bereichert die Topologie und die Unendlichkeitslehre.

Physik – Naturwissenschaft

840 – Rabanus Maurus, Benediktiner: Schreibt Enzyklopädie «De universo» (Über das Universum).

1225 – Robert Grosseteste, Bischof: Schreibt über das Licht in «De luce» und über den Regebogen in «De iride».

1235 – Bartolomaeus Anglicus, Franziskaner: Verfasst die erste Enzyklopädie: «Ordnung der Dinge».

1250 – Vincent von Beauvais, Dominikaner: Verfasst den «Speculum Naturale» (Spiegel der Naturwissenschaft).

1270 – Roger Bacon, Franziskaner: «Der Mond verursacht Gezeiten. Wärme ist kein Stoff.»

1278 – John Peckham, Franziskaner: Schreibt über die die Themen Optik und Perspektive.

1305 – Dietrich von Freiberg, Dominikaner: Entwirft die erste wissenschaftliche Theorie des Regenbogens.

1350 – Konrad von Megenberg, Pfarrer: Publiziert das erste deutsche naturwissenschaftliche Buch.

1445 – Nicolaus Cusanus, Kardinal: «Man sollte Messinstrumente benützen.»

1613 – Franciscus Aguilonius, Jesuit: «Sechs Bücher über die Optik».

1635 – Paul Guldin, Jesuit: Entwickelt die Schwerpunktregel.

1640 – Pierre Gassendi, Priester: Führt die Atomlehre in die neuzeitliche Physik ein.

1648 – Emanuel Maignan, Franziskaner: Beweist, dass im Vakuum Glocken nicht klingen.

1651 – Athanasius Kircher, Jesuit: Gründet in Rom das erste naturwissenschaftliche Museum.

1657 – Gaspar Schott, Jesuit: Veröffentlicht als Erster die Vakuumexperimente von Guericke.

1660 – Ignace G. Pardies, Jesuit: Beschäftigt sich mit der Theorie des Lichts.

1662 – Francesco Maria Grimaldi, Jesuit: Entdeckt die Diffraktion des Lichts.

1670 – Edme Mariotte, Abbé: Entdeckt das Gasgesetz von Boyle-Mariotte.

1673 – Athanasius Kircher, Jesuit: Verfasst eine Enzyklopädie der Akustik – «Phonurgia Nova».

1681 – Johann Ch. Sturm, Pfarrer: Publiziert eine Sonnenuhr-Kunde.

1733 – Daniel E. Jablonski, Pfarrer: Präsident der Berliner Akademie.

1758 – Roger Boscovich, Jesuit: Entwirft die erste moderne Atomtheorie.

Magnetismus

230 – Origenes von Alexandria, Priester: Erwähnt in seinen Schriften den Naturmagneten.

391 – Rufinus von Aquileia, Mönch: Schreibt über den Magneten im Serapis-Tempel.

420 – Aurelius Augustinus, Heiliger: Beschreibt erste Experimente mit Naturmagneten.

1186 – Alexander Neckam, Augustiner: Schreibt den ersten Bericht über den Navigationskompass.

1267 – Roger Bacon, Franziskaner: «Nicht der Polarstern, sondern der Himmel zieht die Kompassnadel an.»

1533 – Sebastian Münster, Franziskaner: Beschreibt Sonnenuhren mit Kompass.

1539 – Olaus Magnus, Bischof: Zeichnet den magnetischen Nordpol.

1564 – Johann Mathesius, Pastor: Schreibt in der Bergpostille über den Kompass im Bergbau.

1572 – Jean Taisner, Jesuit: Publiziert ein Buch über ein magnetisches Perpetuum mobile.

1616 – William Barlow, Kaplan: Schafft den Begriff «Magnetismus».

1629 – Nicolai Cabeo, Jesuit: Zeichnet das erste Magnetfeld.

1633 – Henry Gellibrand, Pfarrer: Entdeckt die zeitlichen Schwankungen der Deklination.

1634 – Pierre Gassendi, Priester: Entdeckt den Blitzmagnetismus.

1696 – Pierre Vallemont, Abbé: Entdeckt die spontane Magnetisierung. Zeichnet das Magnetfeld der Erdkugel.

1716 – William Derham, Prediger: «Durch Biegen geht der Magnetismus verloren.»

1718 – William Whiston, Theologe: Zeichnet die erste Inklinationskarte (Inklination = (Geophysik) Neigungswinkel des Erdmagnetfeldes zur Horizontalen).

1725 – Jonathan Swift, Priester: Schreibt über eine durch Magnetkraft getriebene fliegende Insel.

1748 – Laurent Beraud, Jesuit: Schreibt über den Zusammenhang von Elektrizität und Magnetismus.

1827 – Anyos Jedlik, Pfarrer: Konstruiert einen der ersten elektromagnetischen Motoren.

1831 – Michael Faraday, Prediger: Entdeckt die elektro-magnetische Induktion.

Elektrizität

1639 – Nicolai Cabeo, Jesuit: Entdeckt zahlreiche elektrisierbare Stoffe.

1665 – Honore Fabri, Jesuit: Entdeckt die elektrische Abstoßung.

1675 – Jean Picard, Priester: Entdeckt das elektrische Leuchten der Quecksilberdämpfe.

1729 – John Desaguliers, Prediger: Entdeckt die Luftelektrizität sowie Leiter- und Nichtleiterstoffe.

1740 – George Gordon, Benediktiner: Baut Elektrisiermaschinen.

1745 – Ewald J. Kleist, Dekan: Erfindet den elektrischen Kondensator.

1748 – Ebenezer Kinnersley, Prediger: Demonstriert in den USA, dass Elektrizität durch Wasser fließen kann.

1752 – Raulet, Pfarrer: Nimmt am Feldversuch mit dem Erweis der Elektrizität des Blitzes teil.

1752 – Mangin, Abbé: Publiziert die erste Geschichte der Elektrizität.

1753 – Jean A. Nollet, Abbé: Überträgt Elektrizität über eine Reihe von 180 Personen.

1754 – Prokop Divisch, Pfarrer: Baut den ersten Blitzableiter Europas.

1754 – Wendelin Ammersin, Franziskaner: Erste Untersuchung der elektrischen Leitfähigkeit von Holz.

1755 – Martin Planta, Pfarrer: Baut die erste Scheiben-Elektrisiermaschine.

1760 – Johann G. Sulzer, Priester: Beobachtet als Erster den Galvani-Effekt.

1767 – Joseph Priestley, Prediger: Verfasst die erste große Geschichte der Elektrizität.

1769 – Johann I. Felbiger, Augustiner: Stellt den ersten Blitzableiter Schlesiens auf.

1769 – Johann J. Hemmer, Hofkaplan: Stellt auf den Schlössern in Kurpfalz Blitzableiter auf.

1772 – Giuseppe Toaldo, Priester: Stellt in Padua einen Blitzableiter auf.

1775 – Giovanni B. Beccaria, Piarist: Untersucht mittels Raketen die Luftelektrizität.

1778 – Cölestin Steiglehner, Benediktiner: Untersucht den Zusammenhang von Elektrizität und Magnetismus.

1782 – Johann F. Mauch, Pastor: Stellt in Neustadt-Mandelsloh einen Blitzableiter auf.

1787 – Josef Weber, Priester: Stellt auf dem Dillinger Schloss einen Blitzableiter auf.

1791 – Johann G. Herder, Prediger: Führt den Begriff «elektrischer Strom» ein.

1798 – Gottlieb Ch. Bohnenberger, Pfarrer: Baut Elektrisiermaschinen für hohe Spannung.

1812 – Giuseppe Zamboni, Priester: Konstruiert eine der ersten elektrischen Batterien.

1817 – René-Just Haüy, Priester: Entdeckt die Pyroelektrizität.

1828 – Anyos Jedlik, Benediktiner: Baut einen der ersten Elektromotoren.

1832 – Salvatore dal Negro, Abbé: Baut eine der ersten elektromagnetischen Maschinen.

1840 – Michael Faraday, Prediger: Führt die Begriffe «Anode» und «Kathode» in die Elektrizitätslehre ein.

Nachrichtenübertragung

840 – Leon der Mathematiker, Bischof: Baut den byzantinischen Feuertelegraphen.

1629 – Nicolai Cabeo, Jesuit: Erwähnt die Möglichkeit einer magnetischen Telegraphie.

1643 – Athanasius Kircher, Jesuit: Beschreibt das Prinzip eines magnetischen Telegraphen.

1665 – Joseph Glanvill, Kaplan: Schreibt über die Zukunftstelephonie.

1673 – Athanasius Kircher, Jesuit: Untersucht die akustische Signalübertragung.

1767 – Joseph Bozolus, Jesuit: Konstruiert einen elektrostatischen Telegraphen.

1794 – Johann Böckmann, Benediktiner: Konstruiert einen elektromechanischen Telegraphen.

1794 – Claude Chappé, Abbé: Baut die erste optische Signaltelegraphie.

1850 – Athanasius Tschopp, Benediktiner: Baut einen Kopiertelegraphen.

1865 – Giovanni Caselli, Abbé: Realisiert mit seinem Pantelegraphen die erste Bild-Fernübertragung.

Technik – Architektur

370 – Das erstes Kloster Europas wird in Aquileia (Norditalien) gebaut.

529 – In Italien wird das Kloster Monte Cassino gebaut.

612 – Das Kloster St. Gallen (Schweiz) wird gegründet.

744 – Das Kloster in Fulda (Deutschland) wird gebaut.

850 – In Klöstern werden die ersten Wassermühlen verwendet.

934 – Kloster Einsiedeln (Schweiz) wird gegründet.

993 – Kloster Brevnov in Böhmen wird gegründet.

1137 – Suger von Saint-Denis, Benediktiner: Entwickelt den Baustil der Gotik.

1197 – In Schweden gründen Zisterzienser eine Eisenhütte.

1227 – Kloster Wettingen (Schweiz) wird gebaut.

1283 – Im Augustinerkloster Dunstable, England, wird eine mechanische Uhr aufgestellt.

1305 – Giordano da Rivalto, Dominikaner: Erwähnt als Erster die Erfindung der Brille.

1359 – Bertholdus Niger, Franziskaner: Entdeckt das Schießpulver.

1610 – Stanislaus Solski, Jesuit: Entwirft ein hydraulisches Perpetuum Mobile.

1624 – Jean Leurechon, Jesuit: Führt die Bezeichnung «Thermometer» in die Physik ein.

1646 – Athanasius Kircher, Jesuit: Entwickelt für das Jesuitentheater die «Laterna Magica».

1657 – Gaspar Schott, Jesuit: Publiziert das erste Buch mit dem Begriff «Technik» im Titel.

1670 – Francesco Lana-Terzi, Jesuit: Entwirft das erste Luftschiff mit evakuierten Ballonen.

1674 – Ferdinand Verbiest, Jesuit: Stellt für den chinesischen Kaiser Militärgeschütze her.

1765 – Leonard Ximenes, Jesuit: Organisiert Entwässerungsarbeiten in der Toskana.

1767 – Jean F. Marcy, Abbé: Baut in Wien eine Schreibmaschine.

1767 – Jacob Ch. Schäffer, Pastor: Beschreibt eine Waschmaschine.

1784 – Ulrich Schiegg, Benediktiner: Führt die erste bemannte Ballonfahrt Deutschlands durch.

Sprachforschung – Übersetzung

630 – Isidor von Sevilla, Bischof: Verfasst die «Ethymologie», eine Sprach-Enzyklopädie.

1000 – Notker Labeo, Benediktiner: Begründet die deutsche Rechtschreibung.

1142 – Petrus Venerabilis, Benediktiner: Lässt den Koran auf Latein übersetzen.

1150 – Gerhard von Cremona, Theologe: Übersetzt naturwissenschaftliche Texte vom Arabischen ins Lateinische.

1400 – Jakob Twinger, Priester: Verfasst ein deutsch-lateinisches Wörterbuch.

1406 – Johannes Hus, Prediger: Reformiert die tschechische Orthographie.

1460 – Marsilio Ficino, Priester: Übersetzt die griechischen Platoniker.

1555 – Konrad Gessner, Theologe: Begründet die Linguistik.

1556 – Pierius Velerianus, Theologe: Verfasst das erste neuzeitliche Buch über Hieroglyphen.

1668 – John Wilkins, Bischof: Versucht eine Universalsprache zu entwickeln.

1680 – Johann Ch. Sturm, Pfarrer: Übersetzt lateinische Fachausdrücke ins Deutsche.

1700 – Johann K. Dippel, Pietist: Führt den Begriff Aufklärung in die Literatur ein.

1790 – Anton Bernolak, Pfarrer: Verfasst eine Grammatik der slowakischen Sprache.

1720 – Dominique Parrenin, Jesuit: Wirkte in China als Übersetzer.

1792 – Josef Dobrovsky, Jesuit: Veröffentlicht die Geschichte der böhmischen Sprache.

1836 – Jan Kollar, Priester: Untersucht die Gemeinsamkeiten zwischen den slawischen Sprachen.

Geographie – Geologie – Meteorologie

570 – Brendan, Mönch: Unternimmt (Legende) eine Atlantikreise.

825 – Dicuil, Mönch: Schreibt den frühesten Bericht über Island.

830 – Ansgar von Bremen, Benediktiner: Beschreibt als Erster Skandinavien.

1085 – Adam von Bremen, Theologe: Beschreibt Nordeuropa.

1201 – Albert von Buxhoeveden, Bischof: Gründet Livlands Hauptstadt Riga.

1250 – Johannes Carpini, Franziskaner: Beschreibt als Erster die Mongolei.

1254 – Wilhelm von Rubruk, Franziskaner: Reist in die Mongolei. Beweist, dass das Kaspische Meer ein See ist.

1330 – Jordanus Catalanus, Franziskaner: Beschreibt Indien.

1410 – Pierre d Ailly, Kardinal: Verfasst «Imago mundi» (Bild der Welt); wurde später von Kolumbus benützt.

1442 – Didakus / Diego, Franziskaner: Beschreibt die Kanarischen Inseln; Missionar der Guanchen (Ureinwohner); er gründete das Kloster «Fortaventure» auf Fuerte Ventura.

1448 – Andreas Walsperger, Benediktiner: Zeichnet eine berühmte Weltkarte.

1459 – Fra Mauro, Kamaldulenser: Zeichnet eine Weltkarte mit den portugiesischen Afrika-Seereisen.

1461 – Pius II., Papst: Beschreibt in seiner Kosmographie Asien.

1507 – Martin Waldseemüller, Kanonikus: Nennt auf seiner Weltkarte erstmals die Neue Welt «Amerika».

1531 – Kilian Leib, Augustiner: Stellt das erste Wettertagebuch Deutschlands her.

1544 – Sebastian Münster, Franziskaner: Veröffentlicht seine berühmte «Cosmographia».

1550 – Olaus Magnus, Bischof: In dem Buch «Wunder des Nordens» beschreibt er Skandinavien.

1555 – Peter M. Vermigli, Augustiner: Kreiert den Begriff «Neue Welt».

1565 – Andreas de Urdaneta, Augustiner: Entdeckt den Seeweg von Mexiko zu den Philippinen.

1590 – Matteo Ricci, Jesuit: Zeichnet die erste Weltkarte Chinas, auf der der amerikanische Kontinent eingezeichnet ist.

1598 – Richard Hakluyt, Kaplan: Beschreibt geographische Entdeckungen englischer Seefahrer.

1605 – Bento de Gois, Jesuit: Beweist, dass Marco Polos «Cathay» China war: Er sieht die Chinesische Mauer.

1618 – Pedro Paez, Jesuit: Entdeckt die Quellen des Blauen Nil.

1625 – Antonio F. de Andrade, Jesuit: Überquert als erster Europäer den Himalaya und besucht Tibet.

1640 – Jean de Brébeuf, Jesuit: Gilt als erster Ethnologe Kanadas.

1650 – Caspar Castner, Jesuit: Zeichnet eine Landkarte Chinas.

1653 – Martino Martini, Jesuit: Erstellt den ersten Atlas Chinas.

1658 – Mauritius Knauer, Zisterzienser: Erstellt den Hundertjährigen (Wetter-)Kalender.

1661 – Johann Gruber, Jesuit: Erforscht als Erster Tibet.

1668 – Niels Stensen, Bischof: Begründet die moderne Geologie.

1673 – Jacques Marquette, Jesuit: Entdeckt die Quellen des Mississippi.

1680 – Louis Hennepin, Franziskaner: Erkundet die Niagara-Wasserfälle.

1692 – Thomas Burnet, Kaplan: Verfasst eine theologische Theorie der Geologie.

1696 – William Whiston, Kaplan: Schreibt die «Theorie der Erde». Erklärt die Sintflut durch den Vorbeiflug eines Kometen.

1702 – Eusebio Kino, Jesuit: Beweist endgültig, dass Kalifornien keine Insel ist.

1702 – Heinrich Scherer, Jesuit: Erstellt einen großen Atlas.

1763 – Joseph Amiot, Jesuit: Führt die erste Langzeit-Wetterbeobachtung Chinas durch.

1780 – Johann J. Hemmer, Kaplan: Baut das erste internationale Netz von Wetterstationen auf.

1781 – Erste Bergwetterstation der Welt von Augustinern in Hohenpeißenberg, Bayern, gegründet.

1810 – Jean Senebier, Pfarrer: Publiziert die «Praktische Meteorologie».

1842 – Franz J. Hugi, Pfarrer: Schreibt die erste Gletscherkunde.

Musik

1025 – Guido von Arezzo, Benediktiner: Begründet eine neue musikalische Notenschrift.

1300 – Johannes de Grocheo, Priester: Schreibt «Ars musicae» (Die Kunst der Musik). Benützt erstmals das Wort «Kirchenmusik».

1537 – Michael Vehe, Dominikaner: Gibt das erste katholische Gesangbuch Deutschlands heraus.

1582 – Erste jesuitische Operette in Innsbruck uraufgeführt.

1636 – Marin Mersenne, Franziskaner: Publiziert die «Harmonie universelle», eine Theorie der Musik.

1841 – Alberich Zwyssig, Zisterzienser: Komponiert die Schweizer Nationalhymne.

1847 – Peter Singer, Franziskaner: Publiziert «Blicke in die Tonwelt». Konstruiert ein mechanisches Klavier.

1860 – Pavel Krizkovsky, Augustiner: Komponiert die Kantate «Die Heiligen Kyrill und Method».

Geschichte – Philosophie – Staatslehre – Anthropologie

221 – Sextus Africanus, Bischof: Verfasst die erste Weltchronik. Begründet die christliche Chronographie.

325 – Eusebius von Caesarea, Kirchenvater: Schreibt die erste Kirchengeschichte.

418 – Paulus Orosius, Priester: Schreibt die «Geschichte gegen die Heiden».

450 – Nemesius von Emesa, Bischof: Verfasst «Über die Natur des Menschen», die erste Antrophologie.

525 – Dionysius Exiguus, Mönch: Begründet die christliche Zeitrechnung (nach Christus).

730 – Beda Venerabilis, Benediktiner: Publiziert eine Kirchengeschichte Englands.

747 – Paulus Diaconus, Benediktiner: Handelt die Geschichte der Langobarden ab.

908 – Regino von Prüm, Benediktiner: Verfasst die Weltchronik «Chronicon».

1054 – Hermann von Reichenau, Benediktiner: Verfasst die Weltchronik «Chronicon», die erste in deutscher Sprache geschriebene Chronik.

1075 – Adam von Bremen, Kleriker: Beschreibt die Geschichte Nordeuropas.

1099 – Frutolf von Michelsberg, Benediktiner: Verfasst die Weltchronik «Chronica».

1119 – Cosmas von Prag, Kanoniker: Stellt die erste Chronik Böhmens zusammen.

1146 – Otto von Freising, Bischof: Schreibt «Geschichte der zwei Reiche».

1220 – Jacques de Vitry, Kardinal: Schildert die Geschichte des Orients, des Nahen Ostens.

1245 – Johannes Carpini, Franziskaner: Schreibt die erste Geschichte der Mongolei.

1250 – Vincent von Beauvais, Dominikaner: Verfasst die Weltgeschichte «Speculum Historiale».

1270 – Martin von Troppau/Opava, Dominikaner: Verfasst eine Chronik der Päpste und Kaiser.

1320 – Wilhelm v. Ockham, Franziskaner: Verlangt die Trennung von Staat und Kirche. Schafft die Grundlagen der Logik.

1352 – Ranulf Higden, Benediktiner: Verfasst «Polychronicon», eine Weltgeschichte.

1420 – Andreas von Regensburg, Augustiner: Verfasst eine Chronik der bayerische Fürsten.

1475 – Silvio Piccolomini, Papst: Verfasst die Geschichte Böhmens: «Historia Bohemica».

1515 – Diebold Schilling, Priester: Schreibt Luzerner Chronik.

1526 – Johann E. v. Günzburg, Franziskaner: Übersetzt «Germania» von Tacitus.

1529 – Kaspar Hedio, Theologe: Führt den Begriff «Abendland» ein.

1554 – Johannes Stumpf, Priester: Schreibt die «Schwytzerchronik».

1576 – Jean Bodin, Karmelit: Untersucht in «Sechs Bücher über den Staat» verschiedene Staatssysteme.

1582 – Gregor XIII., Papst: Führt neuen Kalender ein.

1590 – José de Acosta, Jesuit: Verfasst eine Geschichte der Indianer.

1600 – Caesar Baronius: Verfasst die erste moderne Kirchengeschichte.

1630 – Denis Pétau, Jesuit: Führt den Zeitbegriff «vor Christus» ein.

1643 – Hermann Conring, Kameralist: Schreibt die erste deutsche Rechtsgeschichte.

1676 – Bohuslav Balbin, Jesuit: Schreibt die Geschichte Böhmens.

1678 – Nicolas Malebranche, Priester: Publiziert das philosophische Werk «Von der Erforschung der Wahrheit».

1681 – Jean Mabillon, Benediktiner: Begründet die historischen Hilfswissenschaften.

1713 – Gabriel Daniel, Jesuit: Verfasst eine Geschichte Frankreichs.

1740 – George Berkeley, Bischof: Als Erkenntnistheoretiker vertritt er einen radikalen subjektiven Idealismus.

1750 – Sigismund Calles, Jesuit: Verfasst eine Geschichte Österreichs: «Annales Austriae».

1767 – Joseph Priestley, Prediger: Verfasst eine berühmte Geschichte der Elektrizität.

1781 – Adrian Rauch, Piarist: Schreibt eine Geschichte Österreichs.

1791 – Johann G. Herder: Prediger: Schreibt «Ideen zur Philosophie der Geschichte der Menschheit».

1863 – Ferdinand Ch. Bauer, Theologe: Publiziert «Kirchengeschichte».

1913 – Albert Schweitzer, Priester: Veröffentlicht die Geschichte der Leben-Jesu-Forschung.

1929 – Pierre Teilhard de Chardin, Jesuit: Entdeckt den «ersten Chinesen», den Sinanthropus.

Menschenrechte – Tierschutz

1520 – Bartolomé de Las Casas, Dominikaner: Setzt sich für die Rechte der indianischen Sklaven ein.

1535 – Paul III., Papst: Verbietet in der Bulle «Sublimus Dei» die Versklavung der Indianer.

1620 – Petrus Claver, Jesuit: Setzt sich als Apostel der Schwarzen für die Sklaven in Amerika ein.

1789 – Henri Gregoire, Abbé: Setzt sich für die Befreiung der Sklaven in den französischen Kolonien ein.

1833 – Christian A. Dann, Pfarrer: Schreibt einen Aufruf zur Linderung des Leidens der Tiere.

1837 – Albert Knapp, Pfarrer: Gründet den ersten Tierschutzverein Deutschlands.

Biologie – Botanik – Medizin – Nahrung

726 – Im Kloster St. Gallen wird der erste Rebberg angelegt.

795 – Im Benediktinerkloster Lorscher wird ein Arzneibuch verfasst.

827 – Walafrid Strabo, Benediktiner: Schreibt über den Gartenbau.

1070 – Bertharius von Monte Cassino, Benediktiner: Stellt eine Sammlung von Rezepten zusammen.

1150 – Hildegard von Bingen, Benediktinerin: Schreibt über die «Ursachen der Krankheiten» und ihre Heilungen.

1154 – Im Kloster Pforta bauen Zisterzienser Weinberge auf.

1250 – Petrus Hispanus (Papst Johannes XXI.): Schreibt über Augenheilkunde.

1280 – Teodorico Borgnoni, Dominikaner: Gehört zu den ersten Chirurgen des Mittelalters.

1300 – Raymundus Lullus, Franziskaner: Beschreibt in seinem Traktat über die Fünfte Essenz verschiedene Heilmethoden.

1540 – Michael Servetus, Theologe: Entdeckt den «Kleinen Blutkreislauf».

1580 – José de Acosta, Jesuit: Beschreibt als Erster die Höhenkrankheit.

1596 – Johannes Dubravius, Bischof: Schreibt das erste Buch über Teiche und Fischzucht.

1632 – Barnabas Cobo, Jesuit: Bringt das erste Chinin nach Europa.

1661 – Marcelo Malpighi, Monsignor: Entdeckt die Kapillaren durch Beobachtung lebender Frösche unter dem Mikroskop. Erkannte, dass die Kapillaren die Arterien mit den Venen verbinden.

1662 – Francesco M. Brancaccio, Kardinal: Setzt sich für den Genuss von Schokolade ein.

1670 – Edme Mariotte, Abbé: Entdeckt den «Blinden Fleck» im menschlichen Auge.

1690 – Dom Therry Ruinart, Benediktiner: Weinwissenschaftler; sein Haus wurde später zum Champagnerhaus.

1695 – Georg J. Kamel, Jesuit: Gründet in Manila eine Apotheke. Beschreibt die Pflanzenwelt der Philippinen.

1700 – Dom Perignon, Benediktiner: Erfindet den Champagner.

1706 – Stephen Hales, Pfarrer: Führt erste Blutdruckmessungen durch.

1713 – William Derham, Priester: Gründet ein Insekten- und Vogelmuseum.

1717 – Gianmaria Lancisi, Monsignore: Entdeckt Mücken und Moskitos als Krankheitsüberträger.

1748 – John Turberville Needham: Publiziert eine Theorie der spontanen Erzeugung von Leben.

1755 – Jerome Maubec, Kartäuser: Entwickelt den Kräuterlikör Chartreuse.

1759 – Jacob Ch. Schäffer, Pastor: Publiziert «Artzney» (Kräuterwissenschaft).

1768 – Lazzaro Spallanzani, Priester: Entdeckt die Regenerationsfähigkeit des Salamanders.

1772 – Johann C. Lavater, Pfarrer: Publiziert «Von der Physiognomik – über die Menschenkenntnis».

1780 – Maximilian Hell, Jesuit: Macht Versuche mit Heilmagnetismus.

1787 – Felice Fontana, Abbé: Untersucht das Gift Curare; stellt anatomische Wachsmodelle des Menschen her.

1788 – Jean Senebier, Pfarrer: Publiziert ein Werk über die Pflanzenphysiologie.

1825 – Jan Ev. Purkinje, Piarist: Veröffentlicht eine Physiologie der Sinne.

1850 – Sebastian Kneipp, Priester: Führt die Wasserkur als Heilmethode ein.

1866 – Gregor Mendel, Augustiner: Entdeckt Vererbungsgesetze. Wird zum Vater der Genetik.

Literatur – Theater

850 – Ottfried von Weißenburg, Benediktiner: Der erste deutsche Dichter.

1436 – Fra Angelico, Dominikaner: Malt in Florenz das Bild «Annunciation» (Maria Verkündigung).

1499 – Fra Bartolomeo, Dominikaner: Malt in Florenz das Bild «Jüngstes Gericht».

1509 – Erasmus von Rotterdam, Priester: Publiziert «Das Lob der Torheit».

1516 – Thomas Morus, Heiliger: Verfasst die erste Utopie.

1532 – François Rabelais, Franziskaner: Schreibt den humoristischen Roman «Gargantua, père de Pantagruel».

1539 – Juan de Zumarraga, Franziskaner: Baut in Mexiko die erste Buchdruckerei Amerikas auf.

1551 – Erste Vorführung des Jesuitentheaters in Messina.

1555 – Erste Aufführung des Jesuitentheaters in Wien.

1602 – Jakob Bidermann, Jesuit: Sein Drama «Cenodoxus» (Ruhmsucht) wird in Augsburg uraufgeführt.

1610 – Francis Godwin, Bischof: Verfasst den Mondroman «Man in the Moon».

1619 – Johann V. Andreae, Hofprediger: Schreibt die christliche Utopie «Christianopolis».

1623 – Tommaso Campanella: Publiziert die Utopie «Sonnenstaat».

1631 – Johann A. Comenius, Bischof: Schreibt die satirische Utopie «Labyrinth».

1638 – John Wilkins, Bischof: Verfasst den Mondroman «World in the Moon».

1656 – Athanasius Kircher, Jesuit: Verfasst den «Extatischen Himmelspfad», eine utopische Weltraumreise.

1675 – Angelus Silesius, Priester: Publiziert den «Cherubinischen Wandersmann».

1685 – Juana Inés de la Cruz, Hieronymitin: Publiziert als erste Dichterin Amerikas «Der Traum».

1696 – François Fénelon, Priester: Publiziert «Abenteuer des Telemach».

1726 – Jonathan Swift, Priester: Publiziert «Gullivers Reisen».

1900 – Jan Karafiat, Pfarrer: Schreibt ein erfolgreiches Kinderbuch: «Johanniswürmchen».

Bildung

740 – In Eichstätt wird die erste Klosterschule Deutschlands gegründet.

790 – Waldo von Reichenau, Benediktiner: Begründet im Kloster Reichenau eine Bibliothek.

795 – Alkuin, Benediktiner: Als Berater Karls des Großen wirkte er bei der Gründung des Schulsystems mit.

1268 – Robert de Sorbon, Kaplan: Begründet das «Collège de Sorbonne» für arme Theologiestudenten in Paris. Später ging daraus die Universität Sorbonne hervor.

1348 – In Prag wird erste Universität nördlich der Alpen gegründet. Die Vorlesungen finden in Klöstern statt.

1356 – Benedikt XII., Papst: Verpflichtet die Mönche zum Studium.

1440 – Privileg von Papst Pius II. zur Eröffnung der Basler Universität.

1503 – Gregor Reisch, Kartäuser: Publiziert «Margarita philosophica».

1542 – In Portugal entsteht das erste Jesuitische Kollegium.

1548 – Jesuitenkollegium in Messina wird gegründet.

1553 – In Rom wird das Collegium Romanum gegründet.

1553 – Ein Jesuitenkollegium in Wien wird gegründet.

1556 – In Prag gründet der Jesuit Canisius ein Kollegium.

1562 – In Innsbruck wird ein Jesuitengymnasium eröffnet.

1559 – In München wird ein Jesuitenkollegium gegründet.

1563 – Das Jesuitengymnasium in Mainz wird gegründet.

1564 – In Dillingen wird die erste deutsche Jesuitenuniversität eröffnet.

1568 – In Braunsberg wird eine Jesuitenhochschule gegründet.

1573 – In Graz wird ein Jesuitenkollegium gegründet.

1577 – Das Jesuitengymnasium in Luzern wird gegründet.

1580 – Das Jesuitengymnasium in Molsheim wird eröffnet.

1581 – Das Jesuitenkollegium in München wird gegründet.

1595 – In Hildesheim wird ein Jesuitengymnasium gegründet.

1604 – In Klagenfurt und Konstanz werden Jesuitengymnasien eröffnet.

1615 – In Passau wird ein Jesuitengymnasium eröffnet.

1621 – Das Jesuitengymnasium in Gdansk wird gegründet.

1626 – Das Jesuitengymnasium in Bratislava/Pressburg wird gegründet.

1629 – In Linz wird ein Jesuitengymnasium gegründet.

1657 – Johann A. Comenius, Bischof: Publiziert «Orbis Pictus», das erste Bildwörterbuch.

1659 – Das Jesuitenkollegium in Breslau wird gegründet.

Anhang

Epochen der europäischen Geschichte – Richtdaten

Altertum: 3500 v. Chr. - 500 n. Chr.
Antike: 800 v. Chr. - 500 n. Chr.
Mittelalter: 500 n. Chr. - 1500 n. Chr.
Renaissance: 1300 n. Chr. - 1600 n. Chr.
Gotik: 1150 n. Chr. - 1500 n. Chr.
Neuzeit: 1500 n. Chr. - dauert bis heute an
Barock: 1575 n. Chr. - 1700 n. Chr.
Aufklärung: 1600 n. Chr. - 1800 n. Chr.

Christianisierung des europäischen Kulturraumes – Richtdaten

2. Jh. Malta
3. Jh.
4. Jh. Armenien, Georgien, Äthiopien, Italien, Spanien
5. Jh. Irland, Frankreich
6. Jh. Griechenland, Schottland
7. Jh.
8. Jh. England, Österreich, Friesland, Dalmatien
9. Jh. Sachsen
10. Jh. Böhmen, Bulgarien, Russland
11. Jh. Ungarn, Polen, Slowakei
12. Jh. Dänemark, Norwegen, Schweden, Island, Serbien,
13. Jh. Livland, Estland
14. Jh. Litauen

Gründungsdaten der christlichen Orden

6. Jh. Benediktiner
11. Jh. Augustiner, Zisterzienser, Kamaldulenser
12. Jh. Prämonstratenser, Karmeliten, Kartäuser, Templer, Trinitarier

13. Jh. Dominikaner, Franziskaner, Minoriten
14. Jh. Hieronymiten
15. Jh. Paulaner
16. Jh. Jesuiten, Kapuziner
17. Jh. Piaristen, Jansenisten, Lazaristen, Trappisten

Geistliche Titel

Abt = Klostervorsteher
Abbé = Weltgeistlicher, Priester ohne Ordenzugehörigkeit
Bruder = Mönch ohne Priesterweihe, italienisch Fra
Dechant = Vorsteher eines Dekanats
Diakon = Kirchlicher Amtsträger mit erster Stufe des Weihesakraments
Dom = Ehrentitel
Domherr = Beamter geistlicher Fürsten; Kapitular
Fürstbischof = Bischof mit weltlicher Macht
Heilige = Durch eine Heiligsprechung geehrte Geistliche oder Laien
Kanonikus = Mitglied des Domkapitels; unter der Leitung eines Bischofs
Kapitular = Priester, der in einer Kathedralkirche feierliche Messen halten kann
Kaplan = Pfarrer-Hilfskraft, auch Vikar genannt
Kirchenvater = Bedeutender christlicher Autor der ersten Jahrhunderte n. Chr.
Monsignore = Ehrentitel
Pastor = evangelischer oder katholischer Pfarrer
Pater = Ordenspriester, Jesuit mit Priesterweihe
Prälat = Hoher kirchliche Amtsträger
Prior = Vertreter des Abtes
Reverend = Hochwürdiger, Geistlicher
Theologe = Geistlicher Theoretiker, Absolvent einer höheren theologischen Schule
Vikar = Hilfskraft, Stellvertreter des Pfarrers
Weltpriester = Geistlicher, der keinem Orden angehört

MAX THÜRKAUF

Wissen ist noch lange nicht Weisheit

Aphoristische Notizen eines Naturwissenschaftlers
84 Seiten, 24 Fotos, Pb.

Jene Menschen sind besonders interessant, deren Biografie nicht geradlinig verläuft. Der Lebenslauf Max Thürkaufs (1925-1993) erlitt einen eklatanten Bruch, als er erkannte, dass die ausschließlich rationalistisch-materialistische Wissenschaft in eine Sackgasse geführt hat. Immer klarer wurde ihm der tragische Aberglaube einer so genannt wertfreien Naturwissenschaft bewusst. So vertauschte er nach seiner Bekehrung seine wissenschaftliche Karriere mit der bewussten Nachfolge Christi. «Mein Weg», so schrieb er, «ging vorwärts, heimwärts, christuswärts...» Thürkauf wurde zum Mahner in einer Welt des wissenschaftlichen, gottleugnerischen Materialismus und durch seine rund zwanzig Bücher auf hohem gedanklichen und sprachlichen Niveau zum Rufer in der Wüste unserer wissenschaftsgläubigen und säkularisierten Welt.

Die hier zusammengestellten Aphorismen zeigen in konzentrierter Form sein Denken, seine innere Wandlung und seine Abkehr von der nur auf das «Know how» reduzierten Naturwissenschaft hin zu einer Wissenschaft, die auf den Gesetzen des Lebens aufgebaut ist.

Der Leser mag in diesen Aphorismen einerseits die Begabung eines Naturwissenschaftlers erkennen, die Problematik der heutigen Naturwissenschaft sowie Lösungsansätze für deren Krise pointiert zur Sprache zu bringen, und er mag andererseits den Hunger verspüren, sich tiefer zu beschäftigen mit dem Denken dieses Propheten im Zeitalter der modernen Naturwissenschaft. In einer Zeit, in der die Informationsflut und damit das Wissen durch die modernen Medien (z.B. Internet) einen neuen Höhepunkt erreicht hat, benötigt der Mensch Kriterien, um zu entscheiden, was wirklich wichtig ist. Dieses Buch bietet dazu eine Hilfe.

MAX THÜRKAUF

Die Gottesanbeterin

Zwei Naturwissenschaftler auf der Suche nach Gott

149 Seiten, 4 Abb.

Das Buch ist eigentlich ein Vermächtnis des berühmten Basler Biologen Adolf Portmann an seinen Schüler und nachmaligen Kollegen Max Thürkauf. Es enthält die Substanz von vielen Gesprächen, die der Autor mit dem großen Gelehrten geführt hat. Mit aller Deutlichkeit stellt sich die tiefe Religiosität Portmanns gegen den Atheismus einer darwinistischen Erklärung der Schöpfung. Das letzte Buch, das Prof. Portmann schreiben wollte, sollte «Die Gottesanbeterin» heißen; er konnte es nur noch in Gedanken konzipieren, doch Prof. Thürkauf hat dieses Werk weitergeführt und im Geiste seines Meisters vollendet.

Jedem Naturwissenschaftler, der Augen für die Schönheit der Schöpfung und den Mut zur Demut hat, muss es vor der Lieblosigkeit und daher Hässlichkeit der darwinistischen Mechanismen grauen. Gewiss spielen Mutation und Selektion in der Schöpfung eine Rolle, aber keine ausschließliche.

Im Wissen, dass es keine Schöpfung ohne Schöpfer geben kann, ringen in diesem Buch zwei namhafte Naturwissenschaftler um letzte Erkenntnisse, um eine Wissenschaft der moralischen Verantwortbarkeit und einen neuen Weg zu Gott.

CHRISTIANA-VERLAG · CH-8260 STEIN AM RHEIN

BÜCHER VON BERNHARD UND KARL PHILBERTH

Der Dreieine

Anfang und Sein – Die Struktur der Schöpfung

536 Seiten, Ganzleinen mit Schutzumschlag

Bernhard Philberth, der bekannte deutsche Atomforscher legt hier ein Werk vor, wie es selten auf dem Buchmarkt erscheint.

Philberth veröffentlicht in diesem Buch u.a. seine Entdeckungen über Ursache und Wesen der Schwerkraft, damit zusammenhängend Anfang und Ende des Weltalls; weiterhin Ursache und Wesen der Kernkraft; ihre quantitative Erfassung mit Berechnung der geheimnisumwitterten Massenverhältnisse von Elektron und Pion zum Proton bis auf zehntel Promille; schließlich die Wesenszusammenhänge zwischen den drei komplementären Säulen der Physik: der Relativitätsphysik, der Quantenphysik und der mit diesem Buch begründeten Existentialphysik.

Die konkreten Darbietungen stehen in einem geradezu unbegrenzten Rahmen: Das Sein ist strukturiert in Analogie zur Dreifaltigkeit Gottes. Die Welt ist Spiegelbild, Gleichnis Gottes.

Das All – *Physik des Kosmos*

2. Aufl., 342 Seiten, 8 Farbtafeln

Dieses Buch enthält eine Sensation: Erstmals ist es einem Physiker gelungen, eine Formel zu finden, die über Einstein hinausgeht. Eine ganz neue Sicht des Kosmos wird möglich! Das Lebenswerk der Brüder Philberth leitet eine neue Phase in der Erkenntnis des Weltalls ein.

In der 2. Auflage stellt Karl Philberth seine «existenzielle kosmische Energiegleichung» vor, die aus der Allgemeinen Relativitätstheorie die existenziellen kosmischen Energien quantitativ herleitet. Deren Summe verschwindet: Die Gesamt-Energie des Kosmos ist Null. Auf diesem Urphänomen beruht die Existenz des Kosmos. Die neue Konzeption ist Grundlage der modernen Existenzphysik. Das Buch ermöglicht einen großartigen Blick in das Weltall. Es enthält nur 20 Seiten harte Mathematik; der übrige Teil ist für gebildete Leser gut verständlich.

KAREL CLAEYS

Die Bibel bestätigt das Weltbild der Naturwissenschaft

2. Aufl., 715 Seiten, geb., mit Schutzumschlag, zahlreiche Fotos und Abb.

Der Autor hat auf seinen Fahrten in die geheimnisvollen Landschaften des Hebräischen und Griechischen neue Zusammenhänge zwischen den Texten der Bibel und der modernen Naturwissenschaft entdeckt.

Claeys gelingt der Nachweis: Die Bibel ist Wort Gottes und die Schöpfung ist das Werk Gottes und daraus folgt, dass es zwischen dem Werk und dem Wort Gottes keinen Widerspruch geben kann.

Von dieser Voraussetzung ausgehend, horcht der Autor mit geradezu genialem musikalischem Sprachempfinden immer wieder auf die entscheidenden Passagen im Urtext der Bibel und analysiert behutsam jene Bibelstellen, die vom Aufbau der Schöpfung handeln, wobei er sie mit den gesicherten Ergebnissen der modernen Naturwissenschaften konfrontiert. Dabei gelingen ihm frappierende Nachweise, wie die Bibel – oft bis in kleinste Details hinein – Dinge offenbart, die von der Naturwissenschaft entdeckt wurden: die Expansion des Weltalls, die Konvektionsströmungen des Erdmantels, die elektrischen Vorgänge bei einem Gewitter, das Polarlicht, die Funktion der Ionosphäre, die innerozeanischen Schwellen, die Evolution des Lebens, die Abstammung des Menschen und die Kugelgestalt der Erde.

Nicht nur werden viele vermeintliche Widersprüche zwischen Glauben und Wissen aus der Welt geschafft, es zeigt sich sogar, dass die Bibel bis hin zu neuesten wissenschaftlichen Erkenntnissen up to date ist.

CHRISTIANA-VERLAG · CH-8260 STEIN AM RHEIN

HEINRICH SEUSE

Das Büchlein der Ewigen Weisheit

3. Aufl., 216 Seiten, 5 Fotos, geb., Hardcover

Heinrich Seuse (1295-1366), ein Schüler von Meister Eckhart, schlug seiner Mutter nach, einer gemütstiefen und feinfühligen Frau. Heinrich Seuse ist mehrmals entrückt worden; Christus, die Ewige Weisheit, weihte ihn in die Geheimnisse seiner Lehre und seines Leidens ein. Das Büchlein der Ewigen Weisheit ist der Niederschlag dieser Unterweisungen. Es ist kein trockenes Lehrstück, eher eine glühende Liebesgeschichte, eine Ballade vom Minnesänger Gottes. Die Menschen heute, die hinter ihren Computern vertrocknen, sehnen sich wieder nach der Sprache eines Visionärs, nach der Weisheit eines geistlichen Lehrers. Das Büchlein der Ewigen Weisheit gehört zu den Perlen der Weltliteratur, zu den Meisterwerken der Mystik.

GERTRUD DIE GROSSE

Gesandter der göttlichen Liebe

3. Aufl., 507 Seiten, 26 Abb., Hardcover, € 16.-, Fr. 26.40

Das berühmteste Frauenkloster im Mittelalter war in Helfta. Dort lebte die hl. Gertrud. Im Alter von 26 Jahren erschien ihr Christus und sagte: «Fürchte dich nicht. Ich will dich retten und frei machen.» Gertrud entbrannte in zärtlicher Liebe zu Christus, ihrem geistlichen Bräutigam. Es begann eine Liebesgeschichte zwischen einer menschlichen Seele und Gott von einer solchen Zartheit, Vertraulichkeit und schrankenlosen Offenheit, wie sie in der ganzen mystischen Literatur einmalig ist. Alle ihre geistlichen Gespräche mit Christus fanden ihren Niederschlag in diesem ihrem Hauptwerk, das den Leser nicht mehr los lässt.

CHRISTIANA-VERLAG • CH-8260 STEIN AM RHEIN

HUGO STAUDINGER

Kirchengeschichte als Interpretation der Weltgeschichte

244 Seiten, 109 s/w-Fotos, Pb.

Die Ereignisse der Weltgeschichte datieren wir heute weltweit nach der Geburt Jesu Christi. Alle Versuche, andere Zeitrechnungen einzuführen, sind gescheitert. Ist diese Hinordnung der gesamten Weltgeschichte auf Jesus Christus nur eine Gewohnheit? Christen sind überzeugt, dass in und für Jesus Christus alles geschaffen wurde. Aber wie verhält es sich mit der Realität unserer geschichtlichen Entwicklung? Der Autor zeigt in überraschender Deutlichkeit, dass Jesus Christus tatsächlich der Schlüssel zur Weltgeschichte ist. Geschichte wird nur «Sub specie aeternitatis – auf dem Hintergrund der Ewigkeit» transparent. Ohne die Impulse des Christentums gäbe es keine eine Welt und letztlich auch keine Weltgeschichte. Eine spannende Lektüre!

ELSBETH STAGEL

Deutsches Nonnenleben

Das Leben der Schwestern zu Töß und der Nonne von Engelthal

288 Seiten, 21 s/w-Abb.

Schwere Wolken ballten sich über dem Abendland des 13./14. Jahrhunderts zusammen: Die kriegerischen Auseinandersetzungen zwischen Kaiser und Papst, Naturkatastrophen, Erdbeben, Heuschreckenschwärme, Missernten, Pest erweckten in vielen Menschen eine Endzeitstimmung. Gerade damals gelangte das geistliche Leben zu neuer Blüte. Frauen vor allem machten mit dem Grundwissen der großen Gottdenker Ernst und wuchsen in deren Lehre mit Selbsthingabe hinein. Prof Alois Haas schreibt im Vorwort: «Es ist auch heute ein erregender Vorgang, der Erweckung einer Seele zu Gott im Spiegel ihrer Selbstdarstellung beiwohnen zu dürfen. Alle denkbare Umsetzung in unsere Zeit vorausgesetzt, bleibt es ein geistiges Abenteuer ...»

WOLFGANG KUHN

Stolpersteine des Darwinismus

Ende eines Jahrhundertirrtums

3. Aufl., 204 Seiten, 66 Fotos, 27 Skizzen, € 12.50, Fr. 20.60

Die Kritik an Darwins Evolutionstheorie richtet sich gegen den Versuch, die Evolution der Lebewesen allein durch zufällige erbliche Veränderungen (Mutationen) in Körperbau und Verhalten sowie die nachträglich angeblich allein Ordnung stiftende Auslese (Selektion) zu erklären. Zu offenkundig war die Unwahrscheinlichkeit eines solchen Geschehens. Wie sollte man auch ernsthaft glauben können, allein die sinn-, plan- und ziellose, mithin «geistlose» Zufallsmutation und der erbarmungslose «Kampf ums Dasein» hätten die so sinnvolle Ordnung der Welt zustande gebracht, die wir trotz unserer Wissenschaft und Technik nicht einmal nachzuahmen imstande sind? So liefert denn die Vollkommenheit aller Lebewesen die Hauptargumente gegen den Darwinismus. Heute, da wir selbst Computer konstruieren und programmieren, denen die sich selbst aufbauenden, erhaltenden und fortpflanzenden Organismen als «lebende Computer» immer noch unendlich überlegen sind, wissen wir zudem, wie viel «know-how», Wissen und Können, wieviel «Information» dazu erforderlich ist.

Die moderne Wissenschaft der Informatik aber hat gezeigt, dass diese unverzichtbare Information im Computer wie im Lebewesen niemals Produkt des Zufalls, sondern stets des Geistes ist. Sie ist der letztlich entscheidende «Stolperstein» des Darwinismus!

CHRISTIANA-VERLAG · CH-8260 STEIN AM RHEIN